ESPLENDOR Y CAÍDA DE
EL CHAPO

RAFAEL RODRÍGUEZ CASTAÑEDA

Coordinador

con el equipo de reporteros de la revista *Proceso*

ESPLENDOR Y CAÍDA DE EL CHAPO

EL FIN DEL NARCOTRAFICANTE MAS PODEROSO DEL MUNDO

Planeta

Diseño de portada: Óscar O. González

© 2012, 2019, Rafael Rodríguez Castañeda
© 2012, 2019, CISA Comunicación e Información, S.A. de C.V.

Derechos reservados

© 2019, Editorial Planeta Mexicana, S.A. de C.V.
Bajo el sello editorial PLANETA M.R.
Avenida Presidente Masarik núm. 111, Piso 2
Colonia Polanco V Sección
Delegación Miguel Hidalgo
C.P. 11560, Ciudad de México
www.planetadelibros.com.mx

Primera edición en formato epub: mayo de 2019
ISBN: 978-607-07-5892-8

Primera edición impresa en México: mayo de 2019
ISBN: 978-607-07-5866-9

Impreso en los talleres de EDAMSA Impresiones, S.A. de C.V.
Av. Hidalgo núm. 111, Col. Fracc. San Nicolás Tolentino, Ciudad de México
Impreso y hecho en México – *Printed and made in Mexico*

Índice

4. LA CÁRCEL EFÍMERA

5. MUJERES, MUJERES

6. CAPO DE EXPORTACIÓN

7. EL PROTEGIDO

8. RECAPTURA Y FUGAS

9. EL JUICIO

Prólogo

Nacido en Sinaloa, donde históricamente tienen sus raíces los principales cárteles del narcotráfico mexicano, Joaquín Guzmán Loera se volvió un arquetipo de los capos del crimen organizado en nuestro país en los tiempos modernos. Discreto en su vida personal y familiar, los testimonios disponibles lo presentaban como hombre agradecido con su tierra y con su ámbito social. Lo menos que se decía de él en Badiraguato y sus alrededores era que *El Chapo* se mostraba generoso con los suyos y sabía corresponder, de igual manera, favores, silencios y lealtades.

Eso no bastaría, sin embargo, para convertirlo en lo que fue: una especie de héroe mítico en las agrestes zonas serranas del noroeste de México.

El Chapo fue, sobre todo, exitoso. Era el líder indiscutible del cártel del narcotráfico más poderoso del país y, ante el declive de las grandes mafias colombianas, sin duda uno de los más extendidos del mundo. En el ámbito criminal no puede aspirarse a ser grande si no se desafía a la autoridad y si no se tienen, en la misma autoridad, cómplices o complacencias. Guzmán Loera demostró ambas cualidades. Sus fugas de las cárceles de alta seguridad son solo una muestra dorada.

Además no sabía ni le gustaba perder. A su primer escape de prisión, donde permaneció ocho años, convocó a los capos que le eran leales y estableció objetivos claros: la expansión del cártel de Sinaloa a todo el territorio nacional y más allá de las fronteras, y el fin de los cárteles rivales: el de Juárez, con los Carrillo a la cabeza; el de Tijuana, de los Arellano Félix, y el de Los Zetas, derivación del cártel del Golfo... Tras la extradición de Osiel Cárdenas, este último poco a poco se fue plegando a las órdenes de Guzmán Loera y de su compadre y segundo de a bordo, Ismael *El Mayo* Zambada...

La historia de *El Chapo* Guzmán estuvo en permanente evolución. Durante los gobiernos panistas tuvo las facilidades necesarias para convertirse en una versión mejorada de los narcoempresarios tipo Colombia. Con tanta fortuna que, insólitamente, la revista *Forbes* lo incluyó en su tradicional lista de los hombres más ricos del mundo. Durante 2012, *El Chapo* se transformó en una pieza de caza apetecible tanto para el presidente Felipe Calderón como para Barack Obama, este último en busca de su reelección. El golpe no llegó a tiempo para el mandatario mexicano y su partido, el PAN, fue casi arrasado en las elecciones del 1 de julio, entre otras razones, por la inconsecuente guerra contra el narco que ensangrentó al país durante su sexenio. En el caso del gobierno de Estados Unidos, sus agencias antinarcóticos aseguraban confidencialmente que les pisaban los talones a los líderes del cártel de Sinaloa.

Pero toda esa historia terminó. Recapturado en México en 2016, extraditado un año después a Estados Unidos y juzgado en Nueva York, *El Chapo* conoció el fin de su leyenda.

Con base en reportajes, entrevistas y crónicas publicados en *Proceso* a lo largo de varias décadas, en este libro ofrecemos una suerte de película sobre el origen, encumbramiento y caída de *El Chapo* Guzmán, a quien allá en las montañas de Sinaloa se conocía como El Señor del Gran Poder, y a quien el Departamento del Tesoro de Estados Unidos llegó a describir, textualmente, como "el narcotraficante más poderoso del mundo."

RAFAEL RODRÍGUEZ CASTAÑEDA

1

EN SUS DOMINIOS

Sinaloa: el reino del narco

Alejandro Gutiérrez

Se alude a ellos con la afectuosa expresión de "paisanos" y son vistos como benefactores. "Ellos son gente buena, son los únicos que nos ayudan", dice un lugareño. Antihéroes que cuentan con las simpatías de mucha gente, sus apellidos encabezan los principales cárteles del narcotráfico en México: se trata de los Caro Quintero, los Fonseca, los Guzmán Loera, los Quintero Payán, los Palma, quienes gozan aquí de gran respeto.

"Esperamos más de ellos que del gobierno", dice la señora Ernestina, en el patio de su casa en Santiago de los Caballeros, ranchería donde nació Ernesto *Don Neto* Fonseca, quien en el penal de máxima seguridad de La Palma purga una sentencia por delitos contra la salud y a quien se acusó de haber participado en el homicidio del agente de la Administración para el Control de Drogas de Estados Unidos (DEA) Enrique Camarena Salazar, en febrero de 1985.

De hecho, a principios de 2005, el nombre de Badiraguato cruzó nuevamente las fronteras cuando se difundió un cartel con fotografías privadas de Joaquín *El Chapo* Guzmán, en las que se veía al capo bailando en una fiesta, divirtiéndose con su gente en una ranchería de El Vallecito, lugar adonde posterior-

mente arribaron las fuerzas especiales del Ejército y aseguraron una computadora en la cual encontraron las imágenes del
capo, por quien la DEA ofrece una recompensa de 5 millones
de dólares.

"Aquí ya se sabía que *El Chapo* andaba por estos rumbos",
confía un lugareño.

—¿Cómo lo ven ahora que salieron los carteles con su foto?
¿Qué piensan de él?

—Pues todo mundo dice: "Pobre, a ver si no lo atrapan"
—responde el hombre.

A raíz de la detención de Iván Archivaldo Guzmán Díaz, hijo
de *El Chapo* Guzmán, el 13 de febrero de 2005, la Procuraduría
General de la República (PGR) intensificó su búsqueda. Según
versiones de las autoridades, el narcotraficante está copado, por
lo que su detención podría ser inminente.

Meca de gomeros y, posteriormente, de moteros, porque la
tierra es pródiga con los cultivos de amapola y mariguana, este
municipio —el segundo en extensión de Sinaloa— también es
la cuna de buena parte de los capos mexicanos y fue el escenario principal de la controvertida *Operación Cóndor* del Ejército,
que acabó con sembradíos, costó vidas y obligó a los narcos a
emigrar a Jalisco a principios de los ochenta.

En las 457 comunidades que conforman el municipio, ubicado en el corazón del *Triángulo Dorado* del narcotráfico, el cultivo y el trasiego de drogas se ven bajo una óptica distinta: se
destacan los beneficios que reciben y se minimizan los efectos
del tráfico y el consumo.

"Ellos son gente buena. El problema es que cuando los aga-
rra (detiene) el Ejército, los pueblos se caen, porque la verdad
son los únicos que nos ayudan", dice a los enviados Rigoberto

Inzunza, comisario ejidal de Santiago de los Caballeros, desde cuya casa se domina todo el poblado.

Los relatos que aquí se cuentan revelan la singular relación que los habitantes del municipio guardan con estos personajes. Un ejemplo: poco antes de caer preso, el jefe de uno de los cárteles entregó las llaves de un vehículo último modelo a quien fuera su maestro de primaria, en agradecimiento porque en sus días de escuela había sido muy feliz. El narrador pide a los enviados omitir los nombres de los protagonistas.

La ley de *los chacas*

Aunque en algunos lugares de la región pueden verse destacamentos militares, en la mayor parte se percibe una ausencia total de autoridad, como si se tratara de una zona de excepción. Fue aquí donde el Ejército descubrió que su LXV Batallón de Infantería, acantonado en Guamúchil, se había corrompido y cuidaba sembradíos de enervantes, debido a lo cual el general Gerardo Clemente Vega García, titular de la Secretaría de la Defensa Nacional, desapareció dicho cuerpo militar.

"Es una tierra montañosa, con sus propias reglas y segura… a pesar de que casi en todas las casas hay armas de fuego", explica un hombre originario de este municipio, entrevistado en Culiacán.

"Claro, Badiraguato es seguro, siempre y cuando entres con permiso y en compañía de gente del municipio", precisa.

—¿De lo contrario?

—De lo contrario, en la primera ranchería te salen hombres armados que te impiden seguir —dice el entrevistado, quien reconoce que otra regla fundamental es "el silencio y la discreción... son el seguro de vida", y por eso pide permanecer en el anonimato, como casi todos aquí.

—Entonces, ¿la autoridad no pone las reglas?

—No. No. Son *los chacas* los que ponen las reglas y los que castigan a los suyos —dice en referencia a los jefes de los cárteles, como Guzmán Loera, Ismael *El Mayo* Zambada y la familia Quintero, entre otros, o bien a los lugartenientes de estos en la zona, quienes controlan la producción para estas organizaciones.

—Pero si esos jefes están en guerra en el país, ¿cómo conviven aquí?

—Si yo soy de una ranchería que trabaja para *El Chapo* Guzmán —Joaquín Guzmán Loera— y otra ranchería trabaja para los Carrillo, nada más no te metas conmigo y yo no me meto contigo. Eso no quiere decir que no llegue a haber *carraqueo* (tiroteo con fusiles de alto poder).

"Prácticamente todos están enganchados a un *chaca*", dice otro hombre consultado en Badiraguato, quien agrega que muchos jóvenes de esta zona, así como de Chihuahua y Durango, se "enganchan" como pistoleros de las organizaciones, como ocurre con los muchachos que pelean en el bando de *El Chapo* Guzmán en Nuevo Laredo.

—¿Sabes manejar armas? —se le pregunta al entrevistado, quien apenas rebasa los 25 años.

—Yo sí. Todos. Mira, aquí a los seis, siete u ocho años te enseñan a usar armas y conoces de todas, hasta un *cuerno* (*de chivo*, como se les llama a los fusiles AK-47) —explica.

Con una población de alrededor de 50 mil habitantes, Badiraguato ha sido gobernado tradicionalmente por el Partido Revolucionario Institucional mediante el control político de Octavio

Lara Salazar. Durante el periodo 2001-2004, María Lorena Pérez Olivas, la primera mujer en alcanzar la presidencia municipal, rompió con él, aunque con la llegada del nuevo alcalde, Antonio López, Lara retomó el control.

En lo que a riesgos y diferencias se refiere, en esta tierra nadie se encuentra a salvo, y menos aún los políticos. La excandidata a diputada federal por el Partido de la Revolución Democrática, Adela *La Prieta* Elenes, sufrió un atentado luego de denunciar el homicidio de su hermano Humberto Elenes Araujo, cuyo cuerpo fue encontrado con signos de tortura el 12 de mayo de 2003, 11 días después de su desaparición en El Potrero de Sataya.

A la abanderada perredista la *carraquearon* (emboscaron) en el poblado Pericos, del municipio de Mocorito, el 2 de noviembre de ese año, al salir de un sepelio. En el atentado murieron uno de sus escoltas y un vecino del lugar.

Guiados por elementos de la Dirección de Seguridad Pública Municipal de Badiraguato, en un vehículo oficial, los enviados recorrieron la ruta Santiago de los Caballeros, La Noria, Babunica y Bamopa.

Los mapas registran, a partir de la cabecera municipal, una carretera trazada a través de la Sierra Madre Occidental que se extiende hasta Hidalgo del Parral, Chihuahua, pero esta no existe. En realidad los caminos son brechas de terracería que en algunos puntos obligan a transitar por el lecho de los arroyos que atraviesan gran parte de este municipio serrano.

En ciertos tramos del trayecto se percibe el olor a mariguana, porque ya es la época de la cosecha. De día por el camino no transitan muchos vehículos, pero por la tarde, cuando comienza a oscurecer, se intensifica el tráfico de camionetas de una tonelada o Thorton que se internan en la zona montañosa.

Los enviados ingresaron en rancherías como Santiago de los Caballeros —lugar de nacimiento de Ernesto Fonseca—, La Noria —donde nacieron Rafael y Miguel Ángel Caro Quintero—, Babunica —terruño del patriarca de los Quintero, Emilio Quintero Payán, y de su hermano Juan José— y Bamopa —donde yacen los restos del revolucionario Valente Quintero.

Bonifacio Osorio Quintero es primo hermano del ya fallecido Emilio y de Juanjo Quintero Payán —detenido en Guadalajara como operador de Amado Carrillo—, y tío de Rafael Caro Quintero. Durante los últimos 10 años ha sido comisario ejidal de Babunica y el principal promotor de "la obra" de sus parientes: construcción del camino, introducción de la energía eléctrica y del agua potable, construcción de pozos, casas, la plazuela, la iglesia y el kiosco…

Nos muestra el colosal mausoleo que guarda los restos de Emilio, quien murió en un enfrentamiento con la policía en Ciudad Satélite, Estado de México, el 29 de abril de 1993.

Es una construcción blanca con retoques azules que sobresale por encima de todas las edificaciones del pueblo. Minutos antes Osorio responde a una llamada telefónica. Informa a su interlocutor de la presencia de los enviados, tal y como ocurrió en todas las rancherías adonde llegaban.

El mausoleo tiene tres niveles. En el primero descansan el capo y su madre. Una fotografía de Emilio Quintero y su caballo adorna el sitio. "A ese caballo lo adoraba, porque lo montaba y el animal de inmediato bailaba. En una ocasión unos chamacos asustaron al animal que cayó y se mató, por ello mi primo ordenó que lo enterraran como si fuera una persona", cuenta.

Desde la parte superior del mausoleo se observa una base de cemento, en un descanso de una cañada a la orilla del pueblo.

Ahí se pensaba instalar una réplica del Cristo de Corcovado de Río de Janeiro, pero "con la muerte de Emilio Quintero quedó inconcluso."

Como todos los oriundos de esta tierra, Bonifacio jamás se refiere directamente al cultivo y tráfico de drogas. Sus declaraciones están codificadas conforme a los "valores entendidos" en la zona. Así, explica que "Emilio (Quintero) sí trabajaba y trabajaba en grande, por eso le fue bien. A su familia le dejó mucho dinero; creo que nadie se imaginaba qué tanto."

Aunque su familia cercana vive fuera de Babunica, la viuda de Emilio Quintero acude al pueblo en ciertas fechas, especialmente el día que murió el capo, con piñatas y regalos para los niños.

Para llegar a Babunica —cuyo nombre aparece en el título del narcocorrido de Emilio Quintero: "El barón de Babunica"— desde la cabecera municipal es necesario transitar unos 60 kilómetros por un accidentado camino que pasa por el rancho La Vainilla —que se menciona en otro corrido: "Hijo de tigre, pintito"—, el rancho Guanajuato, Santiago de los Caballeros y La Noria.

—¿Y cómo era su primo? —se le pregunta.

—Le gustaba ayudar a todos. No fue un hombre de *bola tapada*; por el contrario, era muy derecho. Sí le gustaba echar bala, la verdad, no le digo que no, pero cuando él vivía aquí el pueblo estaba alegre —dice mientras muestra la iglesia del pueblo, que llegó a ser custodiada por hombres armados y hoy es visitada solo cuando oficia misa un sacerdote que viene desde Culiacán.

—¿Y Rafael Caro Quintero?

—Fíjese: Rafael nunca traía tanto dinero encima, 5 o 10 mil pesos, pero siempre ayudaba. Él metió la energía eléctrica en La

Noria. Es una lástima que a esa gente la tengan encerrada, más de 20 años, pues ¿cuál delito les ha hecho? Yo, la verdad, creo que lo tienen ahí encerrado por pura política —reclama Bonifacio.

La familiaridad con estos personajes es habitual. A 80 kilómetros de la cabecera municipal se encuentra Bamopa, lugar donde aún se recuerda al extinto Baltazar Díaz Vega, lugarteniente del cártel de Juárez en la época de Amado Carrillo, *El Señor de los Cielos*. "Mi compadrito *Balta*", lo llama el comisario ejidal del pueblo, Leoncio Ortiz, quien muestra a los enviados la tumba del subteniente Valente Quintero, quien se batió en duelo con el mayor Martín Elenes en marzo de 1922, suceso que ha sido tema de películas y corridos.

En Bamopa viven alrededor de 70 personas y hay unas 15 casas abandonadas, explica el hijo del patriarca Avelino Ortiz Velarde, un comerciante que ayudó a la población. Son tan pocos habitantes que, asegura el comisario, incluso han dejado de realizar la fiesta de la Virgen del Rosario, festejo en el que participaban matachines, y a la primaria apenas asisten 28 niños.

A su vez, Santiago de los Caballeros —a unos 45 kilómetros de la cabecera— aparece en el accidentado camino con un rasgo distintivo: en la parte alta de una loma sobresalen las cúpulas de los mausoleos del panteón local. Entre estos multicolores monumentos funerarios destaca el descuidado mausoleo de Ernesto Fonseca. "Ahí quiere que queden sus restos", dice un lugareño a los enviados.

En medio de la ranchería, de unas 50 casas, está la iglesia que mandó construir Fonseca, exjefe del cártel de Guadalajara.

"Mucha gente se ha ido del pueblo, ya hay muchas casas vacías. Se van a Estados Unidos, Culiacán, a otros lugares", dice el comisario ejidal Rigoberto Inzunza.

Añade: "Pero la gente regresa regularmente el Día de Muertos, para las fiestas de Navidad, Semana Santa y el 25 de julio, que es día de Santiago. Son las fechas que obligan a muchos a volver."

Muy cerca de La Noria los enviados encuentran una construcción cuyo perímetro ha sido enrejado: se trata del mausoleo de la familia Caro Quintero. En el pueblo sobresale la finca de Rafael Caro Quintero. Desde el exterior se observa una arboleda que adorna las cúpulas de la capilla.

A los enviados se les niega el permiso para entrar, pero quienes la conocen relatan que hay bancas de herrería —similares a las de los parques— que son regalos especiales: "Para Rafael Caro Quintero de su compadre Juan José Esparragoza Moreno", narcotraficante conocido como *El Azul*.

Durango: una pesada presencia

Patricia Dávila

Al candidato del presidente Calderón a la gubernatura de Durango, José Rosas Aispuro Torres —"descendiente de la misma rama familiar que Emma Coronel Aispuro", con quien según testimonios se casó *El Chapo* Guzmán—, no le causa molestia el vínculo familiar que se le atribuye con uno de los hombres más buscados por la DEA, que ofrece 5 millones de dólares a quien conduzca hasta el capo.

Registrado el 1 de febrero de 2010 como candidato a gobernador por la coalición Lo que Nos Une Es Durango —integrada por el PAN, el PRD y Convergencia— después de haberse reunido con el presidente de la República, José Rosas Aispuro Torres nació en el poblado de Amacuable, municipio de Tamazula. De esta misma región son originarios Blanca Estela Aispuro Aispuro e Inés Coronel Barrera, padres de Emma, quien el 2 de julio de 2007, según diversos testigos, se convirtió en la esposa del capo, prófugo desde el 19 de enero de 2001, cuando escapó del penal federal de Puente Grande, Jalisco (*Proceso* 1609).

De acuerdo con algunas versiones, *El Chapo* Guzmán se estableció desde aquel entonces en La Angostura, localidad que, perteneciente al municipio de Canelas, colinda con Tamazula. Fue allí, en La Angostura, donde conoció a Emma a finales de 2006.

El municipio de Tamazula incluye una parte del *Triángulo Dorado* del Narcotráfico —integrado por Durango, Sinaloa y Chihuahua—, conocido así por su elevada producción de mariguana y amapola, además de colindar con La Tuna, poblado de Badiraguato, Sinaloa, tierra natal de *El Chapo* Guzmán.

El control del capo sobre los municipios de Tamazula y Canelas es tal que en este último, tierra del candidato de la coalición electoral, el cártel de Sinaloa instaló un laboratorio que, por su estructura y complejidad, puede ser uno de los más grandes y sofisticados del mundo.

El 5 de agosto de 2009, en la comunidad de Las Trancas, el narcolaboratorio ocupaba 240 hectáreas. Albergaba 164 tambos de 200 litros de capacidad, con productos químicos utilizados para procesar *ice* y *cristal*, además de 10 toneladas de mariguana. Había cuatrimotos, camionetas pick-up y retroexcavadoras; armas como AK-47; equipos de telefonía celular, radios de intercomunicación y servicios de internet satelital. El área disponía de cocina, lavandería, frigobar, sistema de ventilación, red eléctrica, casas-habitación y una residencia para el jefe del complejo, según datos de la X Zona Militar, ubicada en Durango.

En dicho municipio también nacieron María del Rosario Calderón y José Isabel Vizcarra Rodríguez, padres de Jesús Vizcarra Calderón, entonces precandidato del PRI a gobernador por el estado de Sinaloa, a quien los servicios de inteligencia del gobierno federal investigan por sus presuntos vínculos con Ismael *El Mayo* Zambada, segundo en el mando del cártel de Sinaloa (*Proceso* 1744).

Además fue en el mismo estado de Sinaloa donde el candidato por la coalición de Durango, José Rosas Aispuro Torres, fungió —entre los múltiples cargos que ha tenido dentro del PRI— como delegado estatal del CEN, de 2007 a 2008.

"El PRI es de los gobernadores"

En entrevista con *Proceso* realizada el 24 de febrero de 2010, después del registro de la coalición Lo que Nos Une Es Durango ante el Instituto Electoral y de Participación Ciudadana de Durango (IEPCD) —al que asistió acompañado por los presidentes nacionales del PAN, César Nava; del PRD, Jesús Ortega, y de Convergencia, Luis Walton Aburto—, José Rosas Aispuro Torres narra primero los detalles de su renuncia al PRI después de 25 años de militancia, así como de su nueva postulación: "Decidí participar en la coalición porque el PRI se apartó de los intereses de la gente y prevaleció el interés del grupo en el poder encabezado por el gobernador Ismael Hernández Deras, quien quería imponer a sus candidatos. Hubo ofrecimientos de su parte, pero yo no pedía que me regalaran ninguna candidatura, sino que me dejaran participar en igualdad de condiciones. Si perdía, apoyaba al que ganara. En 25 años pude conocer bien el estado, a su gente, sus problemas, y si aceptaba sus condiciones, estaría condenado a la sumisión. Tomé la decisión más difícil de mi vida, pero fui congruente con mi proyecto. Por respeto a la gente y por dignidad propia decidí renunciar."

—Habla de diversos ofrecimientos. ¿Cuáles son?

—Me ofrecían espacios en el ámbito legislativo, en el ayuntamiento de Durango o una tarea en el Comité Ejecutivo Nacional del PRI.

—Entonces ¿también estaba de acuerdo la presidenta del CEN, Beatriz Paredes?

—A ella siempre la vi con disposición; sin embargo, ahora, en los estados el PRI es de los gobernadores. En el caso de Durango, está secuestrado por el grupo en el poder; por eso no acepté sus condiciones.

—¿Por qué el interés del gobernador en apoyar a Jorge Herrera Caldera como su sucesor?

—Porque es quien le garantiza que su proyecto se mantenga, no solo en lo político sino en lo económico. En el primero, porque piensan que ya tienen facturado el estado de aquí a 30 años y que los siguientes gobernadores van a depender de él. Y en lo económico todos sabemos de los grandes negocios que se han hecho en este gobierno.

El Güero, como se le conoce en su tierra a José Rosas Aispuro, se niega a precisar cuáles son esos negocios y se limita a mencionar que Hernández Deras, en el sector de la construcción, asigna las obras a gente cercana a él.

El último día de enero de 2010 el duranguense Rodolfo Elizondo Torres —entonces todavía secretario de Turismo— fue enviado a "formalizar" la invitación para postular a José Rosas Aispuro Torres; sin embargo, se trató solo de un acto protocolario porque en realidad los acuerdos ya los había tomado el CEN del PAN. Elizondo lo catalogó como "el mejor" candidato para disputar la gubernatura de Durango.

Vestido con traje negro y camisa blanca, sin corbata, Rosas Aispuro agrega: "Antes de mi renuncia al PRI, César Nava me llamó en dos ocasiones para proponerme ser el candidato de la coalición." Posteriormente, el mismo Nava promovió una entrevista entre el presidente Felipe Calderón y Rosas Aispuro.

"Se dio el encuentro a finales de enero, cuando acepto la candidatura por la coalición porque, para mí, entrarle a un proyecto de esta naturaleza no solo implicaba el proyecto de partido, sino el respaldo que pudiera haber. Era necesario saber de qué manera podía coordinarme con el gobierno federal: ver la creación de empleos, el valor agregado a los productos primarios del estado, en fin, darle mi visión del estado, y yo conocer los compromisos del gobierno federal.

"Calderón me dijo que su compromiso es trabajar en dos aspectos: la inseguridad y la industrialización del estado para generar empleos. Para mí eso es bueno, ya que la falta de empleos está llevando a muchas personas a que, sin tener ningún vínculo (con el narcotráfico), se involucren (en él)… Vamos a las colonias, a los ejidos y hay hambre. Hay familias que no tienen para comer tres veces al día y son presa fácil de la delincuencia organizada. A nivel nacional estamos en tercer lugar en muertes por violencia. ¿Cómo condenamos a esa gente si no le damos otra opción?"

En su opinión, la sociedad de Durango espera que la seguridad se resuelva sin que exista presencia del Ejército: "Si lo seguimos exponiendo en las calles puede debilitarse, ya no hay la misma confianza. Haciendo cuentas, entre Durango, Chihuahua y Sinaloa el fracaso de la guerra contra el narcotráfico es contundente. Hoy cualquier persona está dispuesta a hacer cosas que jamás imaginó, hasta sembrar o matar para el narco."

Y continúa: "Yo he visto la inconformidad, la angustia de las autoridades municipales. Los alcaldes pasan buena parte de su tiempo en la capital del estado por temor. Debemos ver qué está pasando, porque no son casos aislados. Asesinaron a los acaldes de Topia, Otáez, Ocampo, a dos expresidentes municipales de San Juan del Río y recientemente al de El Mezquital, y no ha habido ningún resultado en la investigación."

—Entonces, ¿en Durango está ganando la guerra el narco?

—Yo creo que sí.

—Si aquí se casa *El Chapo* y el arzobispo de Durango, Héctor González Martínez, afirma que el capo vive más adelante de Guanaceví, colindante con Tamazula, ¿quiere decir que *El Chapo* goza de protección en Durango, algo similar a lo que sucede en Sinaloa, como lo afirma el panista Manuel Clouthier?

—Sí.

—¿Hay coordinación entre los gobiernos estatal y federal en la lucha contra el narcotráfico?

—Yo diría que hay un intercambio de opiniones y de lo que pasa, pero si no hay esa coordinación, lo único que provoca es que este señor… siga viviendo en La Angostura.

—La mamá de Emma es Aispuro y también es de Tamazula. ¿Cuál es el lazo familiar con usted?

—El apellido Aispuro es de origen vasco; es característico de Tamazula. Allí hay apellidos Aispuro Aispuro (como el de la mamá de Emma). El origen familiar es el mismo, aunque a lo mejor el lazo familiar se perdió. No dudo que muchos sí seamos de veras parientes. Si así fuera, no tendría ningún problema en aceptarlo.

—¿Ya hizo contacto con usted gente de alguno de los cárteles?

—Nunca me ha buscado nadie, aunque no dudo que eso pueda ser una realidad; pero, en el momento en que yo aceptara una situación de esa naturaleza, no tendría calidad moral ni los resultados que espero.

La entrevista se realiza dos días después de que Jorge Herrera Caldera, el candidato del PRI, denunció que fue interceptado por un comando armado.

—¿Ha sido amenazado o interceptado por algún comando?

—No. Y siempre ando solo. No traigo ninguna persona de seguridad; incluso, a veces, yo mismo manejo, usted ya vio…

2

ENTRE DUELOS Y GUERRAS

Contra Osiel Cárdenas, a muerte

GLORIA LETICIA DÍAZ

El asesinato del subdirector operativo de la Policía Ministerial de Guerrero, Julio Carlos López Soto, el 2 de agosto de 2005, y el posterior mensaje enviado presuntamente por Antonio Ezequiel Cárdenas Guillén a la gente de Joaquín *El Chapo* Guzmán que opera en este puerto, alertaron sobre el enfrentamiento que desde hacía por lo menos año y medio libraban los cárteles del Golfo y de Sinaloa en territorio guerrerense.

Los pistoleros de una y otra organización criminal, Los Pelones y Los Zetas, respectivamente, eran los protagonistas de esta guerra que había dejado por lo menos 40 muertos en lo que iba del año en los sitios turísticos más importantes de la entidad, Acapulco y Zihuatanejo, además del reporte de unos 27 tamaulipecos levantados, es decir, secuestrados por sicarios del narco.

Ante este escenario de violencia, el gobernador Zeferino Torreblanca Galindo —que llegó al poder estatal el 1 de abril del mismo año, postulado por el Partido de la Revolución Democrática— en un arranque de sinceridad aceptó su impotencia para combatirla desde su ámbito.

"Ni quiero ni puedo ni tengo que combatir al narcotráfico." es la frase del mandatario que reprodujeron los diarios naciona-

37

les y que le acarreó severas críticas de legisladores, columnistas y comentaristas de medios de comunicación electrónicos.

Entrevistado por *Proceso* en Acapulco, Guerrero, Torreblanca Galindo sostiene: "Lo que dije es que yo solo no puedo combatir al crimen, porque no es mi responsabilidad. No puedo porque no tengo elementos jurídicos. Me toca la colaboración y la prevención. No tiré la toalla, pero necesitamos el apoyo del gobierno de la República, económico, en infraestructura y en materia legal."

De la supuesta irrupción de Los Zetas, quienes presuntamente se adjudicaron la ejecución del jefe policiaco, Torreblanca asegura que los datos que le han presentado los encargados de las investigaciones indican que "no es la forma de actuar que (aquellos) acostumbran." En su opinión, los autores del crimen "tratan de confundir y se trata de imitarlos, pero más allá de que sean zetas o pelones, la realidad es que hay problemas, hechos de sangre e intereses en los cuales tiene que ver el crimen organizado."

Historia sangrienta

Los antecedentes de los grupos de sicarios que pelean la plaza de Acapulco se remontan a 2001, cuando capos locales fueron desplazados a raíz de la muerte de Abel Arizmendi, cabeza del cártel del 30, quien fue torturado y ejecutado junto con su hijo del mismo nombre. Fue entonces cuando llegaron a Guerrero células del cártel de Juárez, primero, y después del de Sinaloa en calidad de aliadas.

En 2002, meses después de la fuga de *El Chapo* del penal de Puente Grande, Inteligencia Militar empezó a recibir reportes que daban cuenta de la presencia del jefe del cártel de Sinaloa en Acapulco, así como de los hermanos Beltrán Leyva, quienes solían rentar casas en los fraccionamientos más exclusivos del puerto: Las Brisas, Joyas de Brisamar, Brisas Guitarrón y La Cima, que cuentan con una férrea seguridad privada.

En junio de 2003 la revista local *Controversia* dio a conocer la presencia de Los Pelones, grupo de gatilleros formado por exmilitares al servicio de los Beltrán y que se encargaban de controlar la plaza mediante la eliminación de narcos locales.

A sus anchas, Los Pelones se movían desde entonces por las calles de este centro turístico en camionetas, ostentando armas de grueso calibre y en ocasiones amenazando a lugareños y paseantes.

Un año después empezaron a ocurrir hechos violentos, que las autoridades locales calificaron de sucesos aislados, pero que salían de los parámetros de la violencia común en Guerrero, estado donde se registran dos asesinatos diarios, en promedio.

Entre los casos más relevantes, por la saña utilizada, están los asesinatos de los colombianos Gustavo Adolfo Escobar Escobar y Diego Radilla Hoyos, cuyos cadáveres presentaban huellas de tortura, así como el hallazgo de cuatro hombres originarios de Tamaulipas —Carlos Castro Ramírez, Heriberto Montañés Vargas, Pablo González Araujo y Francisco Zúñiga Martínez—, quienes fueron enterrados vivos y sus cuerpos encontrados en Coyuca de Benítez.

La violencia siguió creciendo: el jueves 4 de junio de 2005 el diario local *El Sur* reveló que la Procuraduría General de Justicia del Estado abrió la averiguación previa TAB/3/TUR/1/

AM/98/2005, mediante la que se investigan 27 levantones de tamaulipecos en Acapulco de mayo pasado a esa fecha.

La indagatoria refiere que supuestos miembros de la Agencia Federal de Investigación (AFI) detuvieron a los tamaulipecos y después los entregaron a Édgar Valdés Villarreal, *La Barbie*, lugarteniente de los hermanos Beltrán en este puerto.

El primer antecedente de estas desapariciones se conoció en el semanario *La Palabra*, en su edición de la última semana de mayo de 2005, que obtuvo informes acerca de ocho tamaulipecos detenidos presuntamente por la AFI y entregados a *La Barbie*, jefe de Los Pelones.

La Barbie y Arturo Beltrán aparecen mencionados en un recado que se encontró entre las ropas de un ejecutado en Nuevo Laredo. El texto parece tener relación con la guerra que los cárteles de Osiel Cárdenas y *El Chapo* Guzmán libran en Guerrero. "Pinche Barby y Arturo Beltrán, ni con el apoyo de las fuerzas especiales de apoyo van a entrar ni matando a gente inocente", se lee en el mensaje, atribuido a Los Zetas.

El 31 de julio de 2005, tras una persecución que terminó en el fraccionamiento La Cima —propiedad del empresario Jaime Camil— y en la cual participó al menos un centenar de efectivos del Ejército, así como policías estatales y municipales, fueron detenidos Miguel Ángel Méndez Rosas, Uriel Vázquez de la Cruz y Arturo Guajardo de León, además de decomisarse fusiles de asalto y autos. Estos tres sujetos fueron liberados al día siguiente.

El armamento y los autos, según las investigaciones, pertenecían al cártel de los Beltrán, y se descubrió que una casa de dicho fraccionamiento, marcada con el número LC22, propiedad de Leopoldo Klashky, había sido rentada por Édgar Valdés Villarreal, alias *La Barbie*.

La presencia de Los Zetas se detectó en Acapulco en noviembre de 2004, cuando por accidente policías preventivos municipales encontraron en la cajuela de un taxi colectivo un arsenal: *cuernos de chivo*, fusiles AR-15, pistolas MP-5K, calibre 9 milímetros y otra más de 40 milímetros, granadas de fragmentación y más de mil cartuchos útiles de diferentes calibres.

Por la posesión del armamento se consignó al guatemalteco Ricardo Takej Tiul, que según las indagaciones judiciales forma parte del cártel del Golfo y quien llevaba instrucciones de utilizar el armamento para atentar contra *La Barbie*.

Meses después, granadas del mismo lote de las que fueron encontradas a Takej Tiul —L/2/82, de fabricación estadounidense— estallaron en destacamentos policiacos en Acapulco y Zihuatanejo el 5 de febrero y los días 18 y 19 de junio de 2005, así como en una serie de atentados contra policías municipales.

A raíz de un atentado en Zihuatanejo, perpetrado el 19 de julio de ese año y que dejó un saldo de tres personas muertas, se detuvo a Pedro González Alcorta, originario de Nuevo Laredo, y Albertano Rojas Romero, de Ometepec, Guerrero, como presuntos participantes. Recluidos inicialmente en el penal de ese puerto, de inmediato fueron trasladados a Acapulco, después de que el director del Cereso de Zihuatanejo, Carlos Coronel Avitia, recibió una llamada en la que le advertían: "Los vamos a sacar", información que consta en el expediente penal 9606-Z como parte del proceso que se les sigue a los detenidos.

Después del operativo de traslado, en el que participaron militares y policías estatales, Coronel Avitia renunció.

En el expediente, que se basa en la averiguación previa AZUE/SC/03/267/2005, los tres detenidos admiten haber sido contratados y entrenados por Los Zetas. Específicamente mencionan a Heriberto Rodríguez Garza, alias *El Alebrije*, quien les habría proporcionado una granada de fragmentación.

González Alcorta declaró en el interrogatorio que tenía cinco meses trabajando con el grupo Los Zetas, "el cual tiene aglutinada a gente de la milicia, de quienes recibí instrucciones en el manejo de granadas, armas cortas y armas largas."

Los pistoleros detenidos tenían un salario de mil 500 pesos semanales, y para trasladarse de Acapulco a Zihuatanejo les dieron 4 mil pesos.

Según su propia versión, Albertano Rojas, quien fungió como chofer en el operativo, escuchó que González Alcorta y Rodríguez Garza fueron responsables del atentado del 18 de julio de 2005 en Acapulco, en el que murió un policía acribillado y también lanzaron una granada.

El 8 de agosto de ese año fue atacado el cuartel de policía del estado en el mismo puerto, también con dos granadas de fragmentación, una de las cuales no estalló.

Previamente, el 5 de agosto, el policía ministerial Pedro Noel Villeda Aguilar, quien había sido secuestrado por el comando que ejecutó al jefe policiaco Julio Carlos López Soto la madrugada del 2 de agosto, fue el portavoz de un mensaje para Los Pelones enviado por Antonio Ezequiel Cárdenas Guillén, alias *Tony Tormenta*: "Que ya estaban aquí en Guerrero con 120 elementos de Los Zetas, para rajarle la madre a Los Pelones y a los que participaron en el reparto del dinero que le habían entregado al subdirector" (López Soto).

Después ocurrirían más ejecuciones en Acapulco, seis el 11 de agosto, de las que no hay pistas.

Presencia de *El Chapo*

El asesinato del subdirector operativo de la Policía Ministerial del estado, Julio Carlos López Soto, tiene relación con el hallazgo de un arsenal en vehículos en una residencia del fraccionamiento La Cima, conjunto que es custodiado por la empresa de seguridad privada Tafoya, SA de CV, propiedad de José Alberto Gómez Tafoya.

De acuerdo con indagaciones policiacas y de Inteligencia Militar, hay indicios de que, además de *La Barbie*, en esa casa se encontraba *El Chapo* Guzmán con su familia, quienes al parecer fueron ayudados por López Soto a salir del cerco policiaco y militar.

López Soto fue guardaespaldas del gobernador Rubén Figueroa Alcocer, así como subdirector de la Policía Judicial en Morelos, corporación en la que estuvo bajo las órdenes de Agustín Montiel, actualmente preso por sus vínculos con Juan José Esparragoza, *El Azul*. Fue amigo de Mario Arturo Acosta Chaparro, también preso por vínculos con el narcotráfico; guardaespaldas del empresario y exdiputado federal Fernando Navarrete Magdalena —quien lo recomendó con Torreblanca, su compadre—, y aunque su sueldo mensual no sobrepasaba los 30 mil pesos, era dueño de autos importados, de una residencia en Joyas de Brisamar, un lujoso departamento en Caleta, una casa de descanso en Cuernavaca, Morelos, y hasta un yate.

Recientemente, la diputada federal Eliana García Laguna, que estuvo en calidad de presa política en Acapulco durante el periodo de la llamada guerra sucia, señaló a funcionarios con negros antecedentes que trabajan en el gobierno de Torreblanca y que en su contra tienen recomendaciones de la Comisión de Defensa de Derechos Humanos (Coddehum).

En cuanto a Rey Hilario Serrano, director de Gobernación, reportes de Inteligencia Militar retoman versiones sobre presuntos vínculos de este funcionario con el narcotraficante Gilberto García Mena, alias *El June*.

En relación con las denuncias como la de Coddehum, el gobernador Torreblanca admite: "No puedo negar que no solo hay policías con recomendaciones, sino también que incurren en corrupción y eso no lo puedo negar, pero no puedo sacar a 500 policías a la calle. Tengo antes que preparar a más."

Añade que la limpieza de las corporaciones tiene un proceso, que apenas se inicia, pero "acabar con el crimen, ni en Suecia."

La frágil tregua

Patricia Dávila

Los principales cárteles del narcotráfico, que han ensangrentado el país con sus confrontaciones, acordaron en diciembre una tregua indefinida que ha tenido alcance nacional y se refleja en una relativa disminución de balaceras, enfrentamientos, matanzas y ajustes de cuentas, reveló en su edición del 11 de enero de 2009 el semanario local *Ríodoce*, que se dedica prioritariamente a temas del narcotráfico.

La información, publicada bajo el título de "Pactan los narcos. La Secretaría de la Defensa Nacional (Sedena) lo promueve y el Centro de Investigación y Seguridad Nacional (Cisen) lo registra", sostiene que el cese al fuego se pactó "para recuperar el control del tráfico de enervantes que, debido a su concentración en la guerra, estaban perdiendo" los cárteles. Además, se estableció que cada organización "cobraría los ajustes de cuentas" que tenía pendientes antes de llegar a este acuerdo.

Durante un recorrido que *Proceso* realizó del 14 al 21 de enero de 2009 por los municipios de Culiacán, Navolato y Badiraguato, se constató que en estas localidades el Ejército no realiza patrullajes y quitó los retenes, con excepción de uno, cercano a la caseta que está a la salida de Culiacán, por la carretera inter-

nacional que lleva al límite entre Durango y Sinaloa. Justo el llamado *Triángulo Dorado* del narcotráfico.

Desde diciembre de 2008, en calles, plazas, taxis, restaurantes, hoteles y comercios se habla de esa negociación entre los
jefes de los cárteles. Para los lugareños esto se hizo evidente
los días 24 y 31 de ese mes, cuando dejaron de escuchar los disparos de *cuerno de chivo* a los que están acostumbrados.

Los enfrentamientos por el control de esta plaza, así como
de las correspondientes a otras ciudades y estados, entre ellos
Tijuana, Chihuahua, Durango, Michoacán, Guerrero, Zacatecas y la Ciudad de México, se recrudecieron a partir del 30 de
abril de 2008, cuando los hermanos Beltrán Leyva se escindie-
ron del cártel de Sinaloa y pactaron con Vicente Carrillo Fuentes, aliado de Los Zetas. Estas tres organizaciones, al igual que
los Arellano, combatían al cártel de Sinaloa.

Esta guerra, que aparentemente entró en una tregua después
de casi ocho meses de ejecuciones y enfrentamientos, en 2008
dejó un saldo de 5 mil 500 ejecuciones en el país, mil 156 de
ellas en Sinaloa.

Esto convierte a la entidad en una de las más violentas y
muestra el incremento de este delito, ya que en 2007 se registraron en Sinaloa 743 asesinatos relacionados con el narcotráfico,
mientras que en 2006 fueron 605. Hasta el 11 de enero de 2009,
la Procuraduría General de Justicia del Estado había registrado
25, pero un monitoreo en medios arrojó que se habían difundido
46 de estos crímenes, aunque no todos se relacionaron explíci-
tamente con el crimen organizado.

Según el semanario *Ríodoce*, "en el acuerdo de cese al fuego
al parecer participaron representantes de organizaciones que
dirigen Ismael *El Mayo* Zambada, Joaquín *El Chapo* Guzmán,

Arturo Beltrán Leyva, los hermanos Arellano Félix, además de (Vicente *El Viceroy*) Carrillo Fuentes."

Señala que el primer acercamiento estuvo a cargo de representantes de segundo nivel de estas organizaciones y se llevó a cabo en un privado de un conocido restaurante de Culiacán especializado en mariscos.

"De estos encuentros tuvieron conocimiento la Sedena y el Cisen, instancias que montaron discretos operativos y se mantuvieron informadas de los avances de esas negociaciones", afirma *Ríodoce*.

"Uno de los argumentos planteados por los capos de las organizaciones criminales que participaron en la tregua es que se han olvidado del mercado y del negocio local de la droga por priorizar las ejecuciones y enfrentamientos entre bandas contrarias. Descuidaron el negocio y son otros los que lo están operando, y no precisamente con autorización de los jefes", añade la nota.

Sin embargo, se afirma en el semanario, acordaron que todavía realizarán las ejecuciones que tienen pendientes como parte de anteriores "ajustes de cuentas."

Hasta el 23 de enero de 2009 *Ríodoce* no recibió ningún desmentido acerca de esta información, ni siquiera de las dependencias mencionadas en la nota (la Sedena y el Cisen).

Cuestión de negocios

La última vez que los capos del narcotráfico mexicano se reunieron para firmar un pacto fue en agosto de 2007, cuando en al menos siete encuentros los cárteles de Sinaloa y del Golfo definieron el reparto de territorios y se comprometieron a respetarlo, así como a cesar las ejecuciones entre miembros de ambas organizaciones.

Y la cumbre más célebre entre grupos antagónicos dedicados al tráfico de drogas se realizó tras la caída de Miguel Ángel Félix Gallardo, quien hasta abril de 1989 fue jefe del cártel del Pacífico.

En aquella ocasión, Félix Gallardo logró reunir en Acapulco a todos los capos y les repartió el territorio. Asistieron, entre otros, los hermanos Arellano Félix, *El Güero* Palma y Rafael Aguilar Guajardo, este último encargado de realizar todos los preparativos. Las negociaciones fueron exitosas, aunque después comenzó la disputa territorial que hasta la fecha sigue vigente (*Proceso* 1600).

Una fuente cercana al cártel de Sinaloa, anónima por razones obvias, comentó que tiene conocimiento de que la iniciativa para este encuentro fue de Joaquín *El Chapo* Guzmán, quien contactó a los jefes de otras organizaciones a través de un emisario al que los cárteles identifican como *El M1*.

Lo primero que se estableció fue que el acercamiento inicial se llevara a cabo en este estado, tierra natal de la mayoría de los capos: los Arellano Félix, los Carrillo Fuentes, Guzmán Loera y los Beltrán Leyva, así como Zambada y Esparragoza. La fuente consultada señala que, según su información, a ese primer encuentro del 11 de diciembre de 2008, efectuado en el restaurante al que identifica como Los Arcos de la capital sinaloense, solo asistieron representantes de segundo nivel, con la misión de allanar el camino para el acuerdo principal.

Inicialmente las organizaciones pactaron dos puntos fundamentales: "El cese al fuego hasta el día 30 de enero de 2009 y las cuentas (ejecuciones) que cada cártel tenía pendientes de cobrar. Cada uno cede y acuerdan concluir los ajustes pendientes", reitera la fuente.

Dos días después del primer encuentro, continúa, los jefes de los cárteles sellaron el pacto. En esta ocasión se reunieron durante cinco horas en el centro recreativo Nuevo Altata, a 20 minutos del municipio de Navolato y a 40 de Culiacán.

—¿Quiénes asistieron y qué asuntos concretos trataron? —inquiere la reportera.

—Se supo que asistieron Vicente Carrillo, por el cártel de Juárez; los Arellano Félix, por el de Tijuana; Joaquín Guzmán Loera, del cártel de Sinaloa, y Arturo Beltrán Leyva.

"Tenemos información de que a la segunda reunión también se sumaron representantes de La Familia, operadora de Michoacán", y del cártel del Golfo, de Tamaulipas, agrega.

—¿Quiénes estuvieron presentes en representación de esos cárteles?

—Lo único que puedo decirle es que se sumaron.

—¿Hubo acuerdos?

—Al parecer, coincidieron en que la guerra entre cárteles por el control del mercado los estaba llevando a descuidarlo. Tenían identificadas a cinco personas o familias que, aprovechando los vacíos que estaba dejando la disputa, empezaron a trabajar solas. Incluso lograron amarrar contactos directos con los que pactaron en Colombia, Panamá y Argentina.

"Las pérdidas económicas por los decomisos en realidad para la gente de los cárteles no significan un fuerte golpe, porque se recuperan. Lo importante para ellos era alinear a los que estaban despegando solos, sobre todo en Sonora, Durango, Michoacán, Jalisco y Sinaloa.

—¿Cómo harán para alinear a los que trabajaban por cuenta propia?

—Se ha manejado que a través de El Mayo Zambada.

—¿Qué pasará si alguno trata de quedarse con el mercado?

—Tienen inteligencia, pero no estructura. Tengo entendido que les falta capacidad, porque su fuerza la basan en 50 o 60 personas en cada estado. No tienen volumen de fuego, mientras los grandes capos tienen cientos.

Otras versiones, obtenidas entre miembros de la Secretaría de Seguridad Pública (SSP) estatal, coinciden en que el pacto entre capos es real. Uno de ellos señala: "Prueba de ello es que dejaron de registrarse las frecuentes balaceras y múltiples ejecuciones que tuvimos hasta las dos primeras semanas de diciembre. Incluso, de manera simultánea a la tregua de cese al fuego concertada por los capos, el gobierno federal retiró una buena parte de los operativos de las calles de Culiacán. No hay soldados ni policías federales. Nosotros mismos retiramos las unidades y a los elementos asignados al operativo Culiacán-Navolato, iniciado en mayo pasado."

Según más testimonios de la policía local, dos de los cinco batallones del Ejército ya no estaban operando en Culiacán, además de que fue enviado a otra región del país el Sexto Regimiento Blindado, cuyas unidades Hummer y artilladas desfilaban diariamente por la capital sinaloense.

También abandonaron la plaza cuando menos un centenar de los 250 agentes de la Policía Federal (PF) adscritos a Culiacán-Navolato; el resto permanece replegado en su cuartel.

El gobierno, sin iniciativa

El presidente de la Comisión Independiente de Derechos Humanos, Leonel Aguirre Meza, confirma que "el pacto de cese al fuego es una realidad; no hay duda de que fue iniciativa de los grupos delictivos", que "necesitan reconquistar sus espacios y sanar las heridas, porque la guerra dejó bajas de gente muy cercana a los jefes."

Entrevistado en Navolato, Aguirre explica: "Aceptar que fue el gobierno federal el que impulsó la narcocumbre sería como reconocer que la autoridad tuvo éxito en el operativo Culiacán-Navolato. Y no. El gobierno no tuvo nada que ver con la reciente baja de homicidios relacionados con el crimen organizado. Creer lo contrario sería muy cuestionable.

"Cuando el gobierno inició el operativo Culiacán-Navolato nos vendió la idea a los ciudadanos y a los organismos de que venían con un operativo fuerte, enérgico, con estrategia de inteligencia para combatir realmente a los cárteles y bajar el índice delictivo, pero no fue así, y hubo días en que se registraron hasta 14 ejecuciones."

Recuerda que el Ejército y la Policía Federal Preventiva llegaron muy enérgicos, "pero no en contra de quienes dijeron que venían a combatir. Actuaron contra el ciudadano común que se atraviesa en un retén. Traían un alto nivel de prepotencia."

Desde un inicio, explica Aguirre Meza, hubo denuncias y quejas en contra de la Sedena y de la PF, "por eso consideramos importante que el gobierno estuviera autoevaluándose para tomar decisiones."

—¿Qué tipo de denuncias?

—De privación ilegal de la libertad; sin una orden, elementos del Ejército y de la PF pasaron a la rapiña y al robo. Se fue acumulando una serie de quejas; nosotros tenemos 15 bien documentadas. Si el Ejército tuvo en su inicio algo de respaldo de la ciudadanía, con este tipo de excesos lo está perdiendo. Ahora la gente le tiene miedo y rencor.

Enseguida ofrece detalles sobre esas quejas ciudadanas: "Recibimos 15 quejas contra el Ejército y la PF. Todos (los quejosos) nos pidieron el anonimato. A dos personas que convencimos de denunciar ante la PGR, después fueron a desistirse de la denuncia por temor a las represalias. A una de ellas la propia PGR le pidió que se desistiera. Lo mismo hizo el Ejército en relación con dos quejas interpuestas ante la Comisión Nacional de los Derechos Humanos (CNDH)." Ahora ya no se atreven a denunciar, afirma.

"Pero vamos al fondo: lo que pensamos del operativo Culiacán-Navolato es que su eficacia en el combate al crimen organizado en Sinaloa no ha sido tal. Yo creo que la tesis de que los grupos organizados se están reuniendo para tomar acuerdos y llegar a la tregua es una línea verídica", reitera Aguirre.

—¿Por qué sostiene esa tesis?

—Porque el cese al fuego en realidad no es producto de la eficacia del operativo; si así fuera se habría notado desde que entraron (a Sinaloa) las Fuerzas Armadas y no fue así. Por el contrario, de diciembre a la fecha en que se dio la narcocumbre, el índice delictivo ha ido a la baja.

"Es claro que lo único que puede impactar directamente en una baja de muertes es un pacto entre capos. Por otra parte, el rompimiento entre los cárteles ocasionó que se dañaran fuertemente, por homicidios de gente muy cercana a los jefes.

—¿Ese tipo de ejecuciones no hace muy frágil ese pacto? Porque murió José Cruz, hermano de los Carrillo Fuentes;

Édgar Guzmán, hijo de *El Chapo*, y Arturo Meza, hijo de Blanca Margarita Cázares, *La Emperatriz*.

—Claro, pero también es un factor más que se suma a la urgencia de reunirse para dictar un cese al fuego.

—¿Cuánto tiempo puede durar esta tregua?

—Ojalá sea permanente, pero el que este pacto sea de largo alcance dependerá de lo productivos que resulten los negocios.

—¿Dentro del pacto es posible una redistribución geográfica para el control de cada organización?

—Una negociación de ese nivel sería con base en la región que le toque explotar a cada cártel. Incluso, creo que la autoridad podría consentir un pacto de esta naturaleza. Y si esto incluye una baja de homicidios, que es en donde la gente más palpa el problema de la inseguridad, la autoridad encantada. En términos fríos, el gobierno federal se serviría de un pacto de esta naturaleza porque simplemente ya no tendría que enfrentarse al crimen organizado en una guerra que, por cierto, va perdiendo.

—¿Las autoridades iniciaron una guerra sin labor de inteligencia?

—Cuando llegaron, anunciaron una guerra contra un enemigo que no habían valorado. Minimizaron o no midieron el nivel de fuerza que tenía el crimen organizado al que le declararon la guerra.

—Si hay una tregua, ¿cómo se explica el hecho de que el 19 de enero de 2009 un grupo armado recuperara 10 vehículos que habían sido asegurados por la PGR?

—La tregua es solo entre cárteles. Lo que usted me dice fue en contra del Ejército. Antes, el 30 de septiembre de 2008, ya habían robado cinco avionetas incautadas. La realidad es que cualquier alcance que pueda tener la tregua va a ser suficiente para que la autoridad también se someta a ellos (los acuerdos).

—¿Existe la posibilidad de que el gobierno federal haya impulsado la tregua?

—No es posible. La única forma en que pudo impulsarla es que haya asumido su incapacidad para ganarle una guerra a los cárteles. En mi opinión, hay que esperar a que los capos concluyan los ajustes acordados y que logren pactar la redistribución de las plazas, para garantizar la permanencia del cese al fuego.

El Chapo vs. El Viceroy:
municipio por municipio

Patricia González Rodríguez, exprocuradora de Justicia de Chihuahua, en entrevista con *Proceso*, diseccionó las estructuras que los cárteles de Juárez y de Sinaloa formaron para disputarse el control de los principales puntos del estado, especialmente Ciudad Juárez.

Desde 2007, la violencia desatada por esas agrupaciones criminales alcanzó el máximo nivel e hizo de esa ciudad la más violenta del mundo, con 7 mil ejecuciones en poco más de dos años.

Ambos cárteles tienen fuerte presencia en el estado; en todos y cada uno de los municipios, uno u otro tiene el control. El de Sinaloa, explica la funcionaria, es el de mayor presencia.

Dirigido por Vicente Carrillo Fuentes *El Viceroy*, hasta 2007 tenía el control total de la entidad. A partir de ese año el cártel de Sinaloa, dirigido por Joaquín Guzmán Loera *El Chapo*, entra por Guadalupe y Calvo y Guachochi, en el sur, hasta apoderarse de Ascensión, Parral, Jiménez, Camargo y Delicias.

En el centro, Guzmán Loera se quedó con el control de Benito Juárez y de Villa Ahumada, que es paso estratégico para el trasiego de drogas hacia cualquier punto fronterizo de Chihuahua, pues tiene más de 300 brechas que facilitan el traslado clandestino. Tras la detención de Pedro Sánchez, tercero al mando del cártel de Juárez, la zona quedó bajo el control del cártel rival por conducto de José Antonio Torres Marrufo.

En el norte, luego de la detención de José Rodolfo Escajeda *El Rikín*, la mafia del Pacífico se posesiona de Guadalupe Distrito Bravo, Práxedis G. Guerrero y Ascensión, municipios fronterizos con Estados Unidos.

Mientras tanto, la gente de *El Viceroy* se repliega hacia el occidente: Cuauhtémoc, Madera, San Buenaventura, Galeana, Nuevo Casas Grandes y Casas Grandes.

El cártel de Sinaloa pudo penetrar Ciudad Juárez pero no desplazar al grupo local, por lo que se mantuvo esa disputa a muerte por la plaza. En la ciudad de Chihuahua hay presencia de ambas mafias, aunque ahí la violencia se contuvo.

El caso Juárez

De acuerdo con un diagnóstico elaborado por la Procuraduría que González Rodríguez encabezó hasta el 4 de octubre de 2010, el cártel de Juárez, a través de su brazo armado La Línea, tiene actividades de narcomenudeo, tráfico de armas, lavado de dinero, robo de vehículos, secuestro, extorsión y ejecuciones.

Su estructura es la siguiente: bajo el mando de Vicente Carrillo Fuentes está José Luis Ledesma o Pablo Ríos Rodríguez *El JL*, operador en el estado, quien maneja a Luis Guillermo Carrillo Rubio *El Pariente*, controlador de los sicarios de La Línea en las plazas de la entidad.

Los operadores en las principales ciudades y centros de distribución de drogas son Juan Pablo Guijarro Fragoso *El Mónico*, en la capital; en Puerto Palomas, Ascensión, Nuevo Casas Grandes, Janos y Puerto San Luis está a cargo Carlos Vázquez Barragán *El 20*, detenido por la PF el 25 de julio de 2010.

En Zaragoza manda Aldo Nájera, mientras que en Gómez Farías, Nicolás Bravo y Madera opera Óscar García Celis *El Gallo*; en Ojinaga está *El Chachitas*, pero se sabe que la gente de *El 20* también emplea esa plaza para enviar mariguana a Estados Unidos. En Guerrero César Olivas, *El 6* o *El Sexto*, trabaja con un individuo apodado *El Papalote* o *El Cantinflas*.

En las comunidades de Namiquipa, El Terrero, Casas Coloradas, Cologachi, Soto Máynez y El Oso está a cargo Rafael Márquez. El Valle de Juárez lo controla Alfredo Mota Sandoval *La Muerta*, quien quedó al mando tras la detención de *El Rikín* Escajeda; en esta zona, bajo las órdenes de *La Muerta*, está Ricardo Cristóbal Flores *El Zorro*. Guachochi estaba a cargo de Nibardo Villalobos *El Patas Cortas*, actualmente preso.

Creel, Cuauhtémoc y Batopilas son operados por Hernán o Germán García Loya *El Gaviota*, quien tiene como lugarteniente a Misael Loya Caraveo. Delicias, Jiménez, Camargo, Parral y Balleza las trabajaba Evaristo Rentería, quien ahora vive en Estados Unidos en calidad de testigo protegido de la DEA y la Oficina Federal de Investigación de Estados Unidos (FBI).

Ciudad Juárez está a cargo de Juan Díaz, *El Leopardo*, *El Rojo* o *El Canelo*, quien cuenta con Antonio Acosta, *El Diego*, *El 10* o *El Blablazo* como jefe de sicarios y con *El Makarfi* como jefe de la distribución de drogas en los seis distritos de policía de la ciudad; a él lo ayudan *El Mandis*, *El Casco* o *El Gordo*.

Los operadores de las células de sicarios en los distritos de la policía de Ciudad Juárez (grupos de 10 matones que se caracterizan por "sanguinarios." Sus edades van de 20 a 30 años y casi todos vienen de Sinaloa; algunos son expolicías o exmilitares. En Juárez al principal grupo de sicarios, Los Aztecas, lo manda *El 51*, que está bajo las órdenes de *El JL*) están bajo el control de *El Diego*, quien dirige personalmente la célula de Los Linces.

El Diego también comanda las seis células de las estaciones de policía de Ciudad Juárez. El jefe de cada célula tiene de cinco a ocho sicarios: Aldama es dirigida por *El Santi*, Babícora por *El Oso*, Cuauhtémoc por *El Junior*, Delicias por Iván Contreras, *Keico*, y Chihuahua por *El Checo*.

El 90% de los integrantes del cártel de Juárez se dedica al narcomenudeo, y el resto, al tráfico de estupefacientes a Estados Unidos; la organización, además, cobra por "derecho de piso" 25% de las ganancias de la droga que las demás organizaciones pasan al otro lado de la frontera.

Sinaloa

Los grupos y células del cártel de Sinaloa, que avanza tomando el control del estado, funcionan de manera similar. El líder en el estado es Noel Salgueiro Nevárez, *El Flaco* Salgueiro.

Tienen grupos de sicarios, La Gente Nueva, en su mayoría originarios de Sinaloa, Michoacán y Guerrero, encargados de eliminar a los integrantes del cártel local.

El principal operador en Chihuahua, *El Señor Delgado*, es subordinado directo de Salgueiro, quien antes contaba con Elizabeth Rodríguez Griego, *La Doña*, asesinada el pasado agosto y quien tenía a su mando dos células de sicarios integradas por exmilitares y vendedores de cocaína.

Los municipios de Ascensión, Puerto Palomas y Janos están a cargo de Mario Amaya *El 11*, en sustitución de Fernando Arámbula, preso en Estados Unidos. Desde El Porvenir hasta Ojinaga el control lo tiene *El Gavilán*. Nuevo Casas Grandes y Madera están a cargo de Daniel Leo Pérez *El 16*; en la ciudad de Parral trabaja *El R-3*, quien controla varias células de pistoleros que se desplazan a Cuauhtémoc, Delicias, Camargo y Ojinaga.

En Ciudad Juárez el operador principal es José Antonio Torres Marrufo, *El Jaguar* o *El Último Terremoto*; también trabaja ahí Mario Núñez Meza, *El Mayito* o *El M-10*. El Valle de Juárez es controlado por Gabino Salas Valenciano *El Ingeniero*, quien radica en Durango y tiene bajo su mando dos células de sicarios, así como el control del trasiego de drogas a Estados Unidos. Torres Marrufo controla las pandillas de Los Mexicles y Los Artistas Asesinos.

Según el diagnóstico elaborado por la Procuraduría, Torres Marrufo y Gabino Salas son los responsables del incremento de la violencia homicida y la inseguridad en Ciudad Juárez, debido a la constante confrontación que mantienen con La Línea.

El cártel de Sinaloa se dedica en 90% al tráfico de drogas al extranjero y en 10% al narcomenudeo en Ciudad Juárez, principalmente la venta de estupefacientes en los Ceresos estatal y municipal. Además obtiene recursos de secuestros, robos, extorsiones, asaltos a comercios y bancos, ejecuciones, contrabando, piratería, tráfico de personas y de armas y falsificación.

La exprocuradora González también proporciona a *Proceso* la radiografía de la presencia y actividad delictiva de estos dos grupos en Ciudad Juárez.

El JL, quien dirige a Los Aztecas, tiene mayor presencia en las colonias Rancho Anapra, Ladrillera, Popular, Altavista, Barrio Alto, Centro, Azteca, División del Norte, Partido Romero y Barreal.

A través de Los Mexicles, Guzmán Loera controla las colonias Nuevo México, Chavena, Juárez, Obrera y Pradera.

La función de Los Aztecas y de Los Mexicles es evitar la incursión de grupos antagónicos, vigilar los puntos de paso de droga a Estados Unidos, reclutar adeptos y controlar el narcomenudeo en los más de 6 mil picaderos distribuidos en la ciudad.

En La Laguna, contra Los Zetas

Patricia Dávila

La balacera del 20 de agosto de 2011 frente al estadio de futbol del club Santos-Laguna, en Torreón, evidenció las pugnas que el cártel de Sinaloa y Los Zetas tienen por la plaza y sobre todo mostró el avance de la mafia sinaloense en Durango y Coahuila.

El fortalecimiento del grupo de Joaquín *El Chapo* Guzmán se dio por el nulo interés del gobierno federal en la seguridad de la zona: el 14 de mayo de 2010, el entonces secretario de Gobernación Fernando Gómez Mont retiró a policías federales y a militares de La Laguna para llevarlos a Ciudad Juárez. Horas después de la salida de los uniformados, un comando acribilló a ocho jóvenes en la inauguración del bar Juana's VIP (*Proceso* 1812).

Los hechos violentos se hicieron imparables, pero una serie de acuerdos entre instancias gubernamentales dio origen al programa *Operación Laguna I-2011* que, entre otras medidas, montó en torno al lecho del río Nazas —que separa Torreón de Gómez Palacio— tres bases militares y estableció retenes en distintos puntos.

Los esfuerzos fueron en vano. Las balaceras continuaron y llegaron a lugares de concentración masiva. En el caso más reciente, afectó a los aficionados al futbol que la tarde del 20 de agosto de 2011 acudieron al partido entre Santos y Morelia:

un grupo de sicarios disparó contra los policías municipales que custodiaban la periferia del estadio Nuevo Corona.

El ataque dio pie a desencuentros entre la Secretaría de Gobernación (Segob), por un lado, y los gobiernos estatal y municipal, por el otro, cuando Juan Marcos Gutiérrez, subsecretario de Gobernación, afirmó que se "trató de una agresión contra Adelaido Flores, jefe de la policía, y elementos municipales", versión que fue desmentida por el propio jefe policiaco, quien aclaró que él estaba dentro del estadio y no en el lugar del atentado.

Más tarde, el alcalde de Torreón, Eduardo Olmos, aseguró que días antes de la balacera afuera del estadio Nuevo Corona avisó al gobierno federal que bandas criminales podrían llevar a cabo un acto violento de alto impacto en esa ciudad.

"El 15 de agosto busqué telefónicamente a Facundo Rosas, comisionado general de la PF; quien me contestó fue David Córdoba Tello, su coordinador de asesores, a quien le externamos nuestra preocupación por la complicación de los escenarios en materia de seguridad pública", dijo a los medios. Nunca recibió respuesta del comisionado.

Así, aprovechando la falta de acuerdos entre las instancias gubernamentales, el cártel de Sinaloa busca desplazar a Los Zetas de la Comarca Lagunera de Coahuila y Durango mientras realiza una limpia interna, igual a la llevada a cabo a principios de este año en la capital duranguense.

Disputa por la plaza

El hallazgo de cerca de 300 cadáveres en varias fosas clandestinas en la capital de Durango en abril y mayo de 2011 mostró lo virulento de las pugnas entre Los M's y Los Cabrera —células criminales al servicio del cártel de Sinaloa—. Los M's, "dueños" de la plaza, fueron acusados de calentarla con secuestros y cobro de piso. Los Cabrera fueron comisionados por *El Chapo* Guzmán e Ismael *El Mayo* Zambada para recuperarla y limpiar la zona de raptos y extorsiones (*Proceso* 1800).

Los M's eran dirigidos por los hermanos Núñez Meza: Mario, *El M 10*; José Fidel, *El M 11*, y Amado, *El M 12*. La banda rival la encabezan los hermanos Cabrera Márquez: Felipe, *El 01*; Alejandro, *El 02*; Humberto, *El 03*, y José Luis, *El 04*.

Información proporcionada por algunos M's a la Subprocuraduría de Investigación Especializada en Delincuencia Organizada revela que este grupo es responsable de más de un centenar de secuestros o levantones en la ciudad de Durango en años recientes. Tras la ruptura que se gestó desde febrero de 2011 entre miembros de las dos células alineadas a la organización del Pacífico, hubo una escalada de violencia en Durango, sobre todo en la capital.

En julio, Los Cabrera lograron someter a Los M's y a partir de entonces reorientaron su estrategia. Se enfocaron en combatir a la alianza rival: Zetas-Juárez-Beltrán Leyva.

Simultáneamente, entre abril y mayo, la PF detuvo a cerca de 50 M's: desarticuló a la banda de secuestradores y extorsionadores, a los encargados de la venta de droga y piratería, al codificador de radiotransmisiones, todos al servicio de los hermanos Núñez Meza.

Siguió habiendo homicidios que incluían decapitaciones, mutilación y tortura. En su mayoría, las ejecuciones iban acompañadas de mensajes de amenaza entre Los Zetas y el cártel de Sinaloa. Se siguieron reportando levantones sobre todo en los municipios de Gómez Palacio y Lerdo, lo que evidenció una reactivación de la violencia en la zona.

El 9 de julio de 2011, en Torreón, se hallaron los cuerpos decapitados de siete hombres y tres mujeres, así como la cabeza de una mujer, que tenían un mensaje de amenaza firmado por Los Zetas. A la vez, en diferentes puntos de Torreón y Gómez Palacio fueron colocadas mantas con amenazas a los integrantes de Los Zetas.

También hubo actividad delictiva en el Centro Especializado de Readaptación y Tratamiento para Menores Infractores (CERTMI) de Gómez Palacio, donde unos 12 internos protagonizaron un motín que finalmente pudo controlarse.

El 13 de julio, un día después del motín, un grupo armado ejecutó a Juan Vargas López, juez del área del CERTMI.

Asimismo se reportaron agresiones contra algunas autoridades: el 15 de julio, en Gómez Palacio, un comando ejecutó a un oficial de la Secretaría de Protección y Vialidad. También hubo un ataque de hombres armados contra ocho policías de Gómez Palacio que viajaban en dos patrullas. El 19 de julio un comando disparó contra efectivos de la PF. El mismo día hubo un enfrentamiento en el municipio de Rodeo, entre zetas y gente de *El Chapo*. Uno de los delincuentes murió.

La zona serrana de Durango también muestra actividad de la alianza Juárez-Zetas: en diversos puntos del municipio de Santiago Papasquiaro se colocaron como carteles las fotografías de cuatro presuntos delincuentes, entre ellos Felipe Jáquez García, *El Ratón*. Se solicitaba la colaboración de la ciudadanía para ubicarlos. El 21 de julio de 2011 *El Ratón* fue abatido en la ciudad de Durango.

Reacomodos

Las zonas de Lerdo y Gómez Palacio son administradas por dos personajes: Daniel Ortiz, *El Danny*, y Arturo González. Ambos eran aliados del cártel del Pacífico, pero los levantones, secuestros y cobro de piso que realizaban, desaprobados por los líderes sinaloenses, los alejaron de esa empresa criminal. Se les acusó de "calentar" la plaza. El comportamiento de *El Danny* y Arturo es similar al que tuvieron en su momento los líderes de Los M's.

En junio los hermanos Núñez Meza fueron desplazados de Durango y sustituidos por otros dos personajes del cártel del Pacífico: Felipe Cabrera y Armando Rosales, *El Lentes*.

Estos recibieron la orden de limpiar la región lagunera de Durango y penetrar en Torreón. En principio iban contra *El Danny* Ortiz y Arturo González. La idea era que Cabrera y Rosales asumieran el control de La Laguna de Durango para el cártel del Pacífico.

Según la Segob, en febrero la alianza Zetas-Juárez-Beltrán se concentraba al menos en 20 municipios de Durango: San Bernardo, El Oro, Indé, Hidalgo, Mapimí, Tlahualilo, San Pedro del Gallo, San Luis del Cordero, Rodeo, Coneto de Comonfort, Nuevo Ideal, San Juan del Río, Peñón Blanco, Poanas, Nombre de Dios, Santa Clara, Guadalupe Victoria, Cuencamé, Simón Bolívar y San Juan de Guadalupe.

El cártel de Sinaloa se ubicaba en nueve: Ocampo, Guanaceví, Topia, Tamazula, Canelas, Otáez, San Dimas, Pueblo Nuevo y Durango, la capital.

Y la disputa entre ambos grupos se limitaba a ocho municipios: Tepehuanes, Santiago Papasquiaro, Gómez Palacio, Lerdo, Súchil, Mezquital, Pánuco de Coronado y Canatlán.

A partir de la salida de los líderes de Los M's de Durango, el mapa criminal se modificó.

La presencia de Los Zetas se redujo a cinco municipios: Cuencamé, Rodeo, Vicente Guerrero, Súchil y Poanas, además de dos —Santiago Papasquiaro y Tepehuanes— donde domina Armando Corral, representante del cártel de Juárez en alianza con Los Zetas.

En Lerdo y Gómez Palacio, la administración está a cargo de *El Danny* Ortiz y Arturo González, pero ahora con dificultades con sus jefes sinaloenses por haber "calentado" la plaza. El resto de los municipios está en poder de la dupla Cabrera-Rosales, que tiene el encargo de desplazar a Ortiz y González a fin de recuperar el control y enfriar la plaza.

También tienen la consigna de controlar los municipios coahuilenses de Torreón, Francisco I. Madero, Viesca, Matamoros y San Pedro de las Colonias. Ante los embates del cártel de Sinaloa, Los Zetas se replegaron a estos dos últimos municipios. Y Los M's han sido empujados por Los Cabrera a la colonia La Durangueña de Gómez Palacio.

Incluso los ocho detenidos por la PF, el 19 de agosto de 2011, en Gómez Palacio, pertenecían a Los M's. Según la PGR, el ataque que sufrieron los policías municipales de Torreón, Coahuila, afuera del estadio de futbol, vino del cártel de Sinaloa y supuestamente fue una venganza por aquella detención.

3

EL ASESINATO DEL CARDENAL

Dudas, incredulidad, indignación

ALBERTO AGUIRRE Y FELIPE COBIÁN

La confusión, las contradicciones, la indignación, las dudas y la incredulidad por las versiones oficiales sobre el acribillamiento del cardenal Juan Jesús Posadas Ocampo, el 24 de mayo de 1993, iban en aumento.

Una serie de curiosas "coincidencias" confluían en los hechos: el casual encuentro de dos bandas de narcotraficantes en el aeropuerto de Guadalajara, Jalisco —la de *El Chapo* Guzmán, que salía de descanso a Puerto Vallarta, y la de los Arellano Félix, que regresaba a Tijuana tras 12 días de búsqueda infructuosa de *El Chapo* para "ajusticiarlo"—; el hecho de que el prelado llegara en ese mismo instante atrás del carro de *El Chapo* en un Grand Marquis, "como los que les gustan a los narcos"; la obstrucción del tránsito frente al aeropuerto por varias unidades bancarias blindadas; la paciente espera de 20 minutos de un avión de Aeroméxico que los pistoleros abordaron armados y sin pases, tras irrumpir en la pista por una de las bandas de equipaje, y el despegue de la nave comercial de una terminal aérea cerrada.

Otras "coincidencias": de la media docena de judiciales federales destacados en el aeropuerto Miguel Hidalgo, solo había uno o dos y de pronto nadie supo qué pasó con ellos; la ausencia de guardia en los hangares de la Procuraduría General de la República, que podría haber perseguido con algunos de sus 15 helicópteros —y con el personal que debe haber— a los malhechores. Y la más extraña de las "coincidencias": cuatro sujetos dispararon contra el carro blanco del cardenal, que iba a la retaguardia del Buick verde de *El Chapo*, quien supuestamente no fue tiroteado sino hasta que salió del estacionamiento, y resultó ileso.

Algo discordante: los detenidos Alberto Bayardo Robles, Juan Enrique Vascones Hernández y Ramón Torres Méndez, presuntos pistoleros de los Arellano Félix, enemigos de *El Chapo* y de *El Güero* Palma, declararon ministerialmente que nadie sabía que *El Chapo*, supuesto objetivo del atentado que se preparó, tenía un Grand Marquis blanco.

Todos estos factores debilitaban la versión de la PGR y de la Procuraduría de Justicia de Jalisco de que el asesinato del arzobispo de Guadalajara se debió a una "confusión."

*   *   *

En tanto, a partir del lunes 31 de mayo de 1993 —ocho días después de los sucesos— el director del Servicio Médico Forense desde hacía más de 30 años, Mario Rivas Souza, se vio obligado a tomar unas vacaciones luego de "sentirse muy presionado" por el gobierno del estado a raíz de la afirmación que hizo a los medios de comunicación de que los disparos contra Posadas Ocampo "fueron directísimos."

Rivas Souza, prestigiado legista y catedrático universitario, no había sido despedido y el 7 de junio debía reintegrarse a sus labores, dijeron en el Semefo.

Según las opiniones de partidos políticos, asociaciones civiles, grupos de académicos y otras organizaciones sociales, toda la acción oficial estaba "dirigida a exonerar a los agentes judiciales." Esta intención —sostenían— era evidente con los informes presentados por las autoridades judiciales —que a nadie satisfacían— y con la apresurada consignación de los nueve inculpados, convertidos en "chivos expiatorios."

Conforme avanzaban las investigaciones, surgían elementos que involucraban directa e indirectamente a miembros de distintas corporaciones policiacas en el tiroteo del aeropuerto.

El 31 de mayo se supo de la captura del "comandante" y jefe de grupo de la Policía Judicial Federal, Édgar Antonio García Dávila, hijo de un militar, a quien inicialmente su esposa había dado por secuestrado. La señora de García Dávila dijo que su cónyuge había sido secuestrado de su residencia en el exclusivo fraccionamiento Bugambilias, el martes anterior, por varios sujetos fuertemente armados. Después trascendió que lo capturaron judiciales de Jalisco.

Se informó luego que García acostumbraba brindarle protección a *El Chapo* y su gente, y que el 24 de mayo estuvo presente e incluso participó en el tiroteo del aeropuerto donde fue ametrallado el cardenal Posadas.

Los detenidos, Bartolo Pineda Medrano, Francisco Cárdenas Luque y Víctor Manuel Mena Solís, declararon que García Dávila era escolta de *El Chapo* y que había participado en los hechos junto con dos agentes judiciales de Morelos que identificaron con los apellidos Tiberio y Tinoco.

Ese mismo día se informó sobre la detención en la ciudad de Tijuana de Juan Enrique Vascones Hernández *El Puma* y de Ramón Torres Méndez *El Spunky*, quienes afirmaron que habían sido contratados hacía tres meses por Alfredo Araujo, lugarteniente de los hermanos Arellano Félix, para asesinar a *El Chapo* Guzmán.

Dijeron que formaban parte de un comando compuesto por 12 personas y que habían llegado a Guadalajara hacía tres semanas. Estudiaron las costumbres del capo de Sinaloa, ubicaron las casas de seguridad, recibieron las armas de Tijuana y estuvieron atentos a sus movimientos para emboscarlo.

También se presumía que se "protegió" a los narcotraficantes por permitir la huida, en el vuelo 110 de Aeroméxico, de los pistoleros que contrataron los hermanos Arellano Félix. De acuerdo con las investigaciones, dos de las ocho personas que fueron identificadas como participantes en la balacera abordaron el avión luego de presentar credenciales de la Policía Judicial Federal.

Nadie supo a ciencia cierta cómo fue que huyeron los pistoleros. Instantes después de que ocurrió la balacera del 24 de mayo, el administrador del aeropuerto, Dagoberto Cortés Verdugo, ordenó el cierre de la terminal. Empleados del aeropuerto informaron que la única forma que encontraron para abordar la nave fue cruzando la zona donde se recibe el equipaje, para luego entrar directamente a la pista de aterrizaje.

Casi una hora debieron aguardar los pasajeros de ese vuelo, que tenía que partir a las cuatro de la tarde, para despegar hacia Tijuana. Les explicaron que estaban "esperando a unos pasajeros." El supervisor de operaciones de la línea aérea fue quien autorizó el retraso.

Esperaban a los pistoleros, según el testimonio de los integrantes de la tripulación del vuelo, que fueron interrogados por la PGR. Ellos recordaron que los últimos pasajeros "llegaron corriendo al avión, subieron las escaleras y rápidamente ocuparon sus lugares." Casi de inmediato el avión despegó.

Para entonces, hacía más de media hora que había arribado a la terminal aérea el vuelo 224 de Mexicana. Los 150 pasaje-

ros que venían en él, entre ellos el embajador del Vaticano, Jerónimo Prigione, fueron obligados a permanecer en sus lugares
"por razones de seguridad."

Entrevistado en sus oficinas, el administrador de la terminal
aérea sostuvo que, a pesar de que estaba prohibido cualquier
tráfico aéreo, "no pude hacer nada" para evitar que el vuelo 110
de Aeroméxico saliera. Aunque la torre de control es la única
que autoriza aterrizajes y despegues, Cortés Verdugo aseguró que "los únicos responsables son los encargados de administrar la línea aérea. Fue de ellos la decisión de despegar."

Cuatro días después de la matanza, el 28 de mayo, las investigaciones oficiales descartaban la posibilidad de que hubieran
participado agentes de la Policía Judicial Federal. En un comunicado conjunto, la PGR y la PJF indicaban que las detenciones
de los implicados se estaban efectuando y que pronto caerían los
hermanos Arellano Félix, *El Chapo* Guzmán y *El Güero* Palma.

Se aceptó que en el aeropuerto de la ciudad de Guadalajara
existía un destacamento de la PJF con dos miembros permanen-
temente de guardia. El día de los hechos —"por razones de la
hora", se adujo— solo un agente, Alejandro Jiménez Reyes, se
encontraba en el lugar.

También se negó que algún agente de esa corporación estuviera relacionado con los hechos. Sin embargo, el 30 de mayo
había sido detenido Édgar Antonio García Dávila, comandante
de grupo de la PJF e hijo de un exfuncionario de la Procuraduría de Justicia de la entidad.

Sobre su detención, en ese entonces se comentó: "No tiene
ninguna relación con los homicidios del aeropuerto."

Desde ese día las autoridades judiciales comenzaron a detectar "casas de seguridad" diseminadas por toda la ciudad de

Guadalajara. Las "narcorresidencias" —como se les conoce aquí— fueron ubicadas gracias a los testimonios de Alberto Bayardo, quien guio a la policía a tres propiedades de los hermanos Arellano Félix.

Al día siguiente la PGR informó sobre la detención de Hernán Medina Pantoja, administrador de los bienes de *El Chapo* Guzmán, quien reveló la ubicación de tres casas de seguridad en esta ciudad. En total fueron descubiertas siete viviendas en zonas residenciales, que las dos bandas de narcotraficantes utilizaban habitualmente y en las que la Policía Judicial encontró armas, vehículos blindados y droga.

El 29 de mayo el Ministerio Público ejerció acción penal contra los pistoleros detenidos, que fueron turnados a juzgados del fuero común, y se ordenó la consignación, en ausencia, de Héctor Luis *El Güero* Palma, Joaquín *El Chapo* Guzmán, los hermanos Ramón, Benjamín y Francisco Javier Arellano Félix y 16 personas más que no fueron plenamente identificadas. De inmediato se giraron órdenes de aprehensión contra puros alias: *El Magui, El Smoking, El Happy, El Cougar, Zig-Zag, El Droopie, El Doctor, El Tarzán, El Pollo…*

El 31 de mayo las dependencias dieron a conocer otro "avance" de la investigación. Optimistas, en conferencia de prensa, el fiscal encargado por el procurador general de la República de atender el caso, Juan Antonio García Torres; el gobernador Carlos Rivera Aceves, y el procurador de Justicia, Leobardo Larios Guzmán ofrecieron una versión "más completa" de los hechos. Rivera Aceves presumió: "Gran parte del éxito de las investigaciones se finca en la perfecta coordinación entre las dependencias encargadas de las diligencias."

El informe que las autoridades presentaron ese día lo leyó el subprocurador Juan Antonio García Torres. Se insistía en la versión de la "casualidad."

Pero lo que García Torres omitió fueron las versiones —no desmentidas— de testigos de los hechos, que señalaban que los pistoleros dispararon al obispo de Guadalajara a bocajarro. En la Cruz Roja, adonde fue trasladado el cadáver del cardenal Posadas Ocampo, los médicos legistas se asombraron porque un tiro entró en la base del cuello y "floreó." Según ellos "fue un impacto hecho a una distancia menor de un metro."

Más: de acuerdo con las declaraciones que los siete detenidos hicieron ante el agente del Ministerio Público —cuyas copias obtuvo *Proceso*— y que ratificaron en los juzgados, nunca se confirmó la presencia de un comando organizado que se hubiera apostado en el estacionamiento del aeropuerto Miguel Hidalgo para acribillar al jefe del cártel de Sinaloa.

Por otra parte, las autoridades manejaron parcialmente, de manera dolosa, las declaraciones de los testigos: en efecto, identificaron a *El Chapo* Guzmán en la escena del crimen pero señalaron que los agresores dispararon directamente contra los tripulantes del Grand Marquis blanco.

Además, según dijeron los testigos a las autoridades, después de que ese vehículo fue acribillado, los ocupantes del Buick verde corrieron al interior de la terminal aérea y los atacantes los persiguieron. En ese momento fue cuando dispararon contra una señora y un hombre joven.

La descripción de la huida de los narcotraficantes no cuadraba a las autoridades. Explicaron que *El Chapo* logró escabullirse de sus presuntos ejecutores en un taxi que lo trasladó al centro de la ciudad y que luego se perdió.

Para colmo, los testimonios que se asentaron en la averiguación previa 13601/93 coincidían en que cuatro personas, que se identificaron posteriormente como integrantes de la banda de *El Güero* Palma, huyeron del escenario del crimen a bordo de un taxi. Las autoridades sostuvieron que en ese taxi se escabulló el capo, pero uno de sus escoltas, Bartolo Pineda Medrano, aseguró que su jefe logró ingresar en el aeropuerto y que él, con sus compañeros Víctor Manuel Mena Solís y Francisco Cárdenas Luque, era quien viajaba en el automóvil de alquiler.

En esa conferencia los funcionarios presentaron a los medios una "planometría" consistente en una gráfica del escenario del atentado, que sin embargo no ubicó con exactitud los vehículos de los narcotraficantes ni a los comandos que supuestamente se enfrentaron.

Desde el mismo día que mataron al cardenal, Juan Antonio García Torres, subprocurador de la PGR, encabezó las investigaciones. Este fue delegado de la fiscalía de la nación durante muchos años, en tiempos de Flavio Romero de Velasco, con quien no hizo amistad y hasta llegó a tener fricciones.

Era común entonces que los agentes judiciales federales se hospedaran en el motel Américas, que luego sería señalado como una de las propiedades de Miguel Ángel Félix Gallardo.

Posteriormente, en el sexenio de Enrique Álvarez del Castillo, hizo amistad con el gobernador y este, que ha sido involucrado en el caso Camarena, se lo llevó a la PGR cuando fue designado su titular, al inicio de la presente administración.

* * *

Entre los detenidos aparecieron tres de los guardaespaldas de Joaquín Guzmán Loera: Bartolo Pineda Medrano, Víctor

Manuel Mena Solís y Francisco Cárdenas Luque. En sus declaraciones —que rindieron ante el Ministerio Público el 31 de mayo de 1993— hicieron revelaciones que asombraron a los investigadores.

Curiosamente, los tres declararon que se dedicaban a la carpintería y que ganaban 10 mil nuevos pesos al mes. "Sin ser sometidos a presiones psicológicas o de ninguna otra especie" —se asentó en la averiguación previa—, confesaron que eran empleados de Joaquín *El Chapo* Guzmán; cuidaban de su esposa Alejandrina y de sus hijos Óscar, Lisset, Archivaldo y Jesús Alfredo.

En su confesión relataron detalladamente las balaceras en las que habían participado: en los últimos 10 meses secuestraron y ejecutaron a más de 25 personas en los estados de Sinaloa, Jalisco, Guerrero y Michoacán.

Otro de ellos, Hernán Medina Pantoja, aceptó ser el administrador de los bienes del narcotraficante y aportó datos acerca de su presencia pública en esta ciudad.

Empleados del aeropuerto de Guadalajara y del hotel Holiday Inn, quienes también tuvieron que rendir declaración ante el Ministerio Público, identificaron fácilmente a *El Chapo* Guzmán y dijeron que era muy común verlo en restaurantes y sitios de convivencia social.

Al rendir su declaración ante el juez Noveno de lo Criminal Francisco Antonio Novoa, Cárdenas Luque explicó a las autoridades cómo obtuvieron esas credenciales: "*El Chapo* Guzmán las conseguía en la Procuraduría General de la República, directamente en el Distrito Federal."

Y fue más allá en sus revelaciones: *El Chapo* "paga a todos los jefes de las policías federales, estatales y municipales, les da buenos regalos y buenos vehículos (…) les paga para que lo protejan."

También refirió que uno de los teléfonos celulares que usaba *El Chapo* es el 9036 77 39 37 y que el narcotraficante "siempre está armado. Le gusta usar una .38 superbien arreglada, con incrustaciones de diamantes, y siempre bien cuidada, por si se ofrece."

Investigaciones confusas

Alberto Aguirre y Felipe Cobián

A tres semanas de los sucesos en el Aeropuerto Internacional de Guadalajara, Jalisco, donde el 24 de mayo de 1993 fueron asesinadas siete personas, entre ellas el cardenal Juan Jesús Posadas Ocampo, las investigaciones se confundían y se anulaban entre sí.

Aunque al principio se mencionó que el cardenal fue víctima del fuego cruzado en el enfrentamiento entre dos bandas de narcotraficantes —una, la de Joaquín Guzmán, *El Chapo*, y otra, la de los hermanos Arellano Félix— y después se reconoció oficialmente que fue asesinado al ser "confundido" con Guzmán, las autoridades enfocaron todas sus baterías contra *El Chapo* y su gente y se olvidaron de los presuntos agresores.

Los operativos policiacos en esta y otras ciudades del país se dirigían contra las actividades del llamado cártel de Sinaloa y solo tangencial y ocasionalmente se inmuscuyó a los hermanos Ramón, Benjamín, Francisco y Javier Arellano Félix, del cártel de Tijuana, a pesar de que eran los presuntos responsables de la muerte de Posadas Ocampo y seis personas más.

Informaciones obtenidas por los reporteros en Estados Unidos señalaban que Francisco Arellano había sido detenido en una colonia residencial de Tijuana, horas después de haber lle-

gado al aeropuerto local procedente de Guadalajara, el mismo
día del tiroteo, el 24 de mayo.

Los hermanos Arellano volaron ese día de Guadalajara a
Tijuana con seis de sus pistoleros en un avión de Aeroméxico
que los esperó más de 20 minutos en la plataforma; subieron al
aparato, algunos sin sus respectivos pases de abordar, identifi-
cándose como agentes de la Policía Judicial Federal.

En forma inexplicable, Francisco quedó en libertad después
de permanecer varias horas detenido. Sus captores, según la
fuente, pertenecían a la Judicial Federal.

En este contexto, las pesquisas de las procuradurías General
de la República y de Jalisco podían desembocar en un callejón
sin salida que impidiera esclarecer la muerte del prelado y de las
otras seis personas.

Las investigaciones en Guadalajara condujeron a las autoridades a la detención de 21 personas, entre ellas 13 policías
que presumiblemente sirvieron directa o indirectamente a
El Chapo Guzmán, pero no se aproximaban al objetivo fundamental de las pesquisas: detener a los responsables de los asesinatos.

A pesar de la consignación de elementos de distintas corporaciones policiacas, entre ellos el teniente coronel Francisco Antonio Bejos Camacho, director de la Policía Judicial de Jalisco, y
el excomandante de la PJF Salvador Peralta Pérez, delegado de
la PGR en Jalisco hasta finales del año pasado, prevalecieron las
contradicciones y las imprecisiones en las versiones oficiales.

Estas detenciones, según abogados e inculpados, correspon-
dían a un manejo "doloso" del caso, y podrían estarse fabricando
culpables o capturando a los menos responsables "solo para dar
golpes publicitarios" y desviar la atención.

La noche del 7 de junio se anunciaron las detenciones de Bejos Camacho y Peralta Pérez, del comandante Daniel Zárate Rodríguez y del agente César Pérez Pérez, ambos de la PJF, quienes, según la versión oficial, fueron "comprados" por el cártel de Sinaloa, al igual que Jorge Abel Macías, secretario de la Judicial del estado, y el director de la Policía Municipal de Zapopan, profesor Luis Octavio López Vega. A última hora resultó que este no había sido capturado y desapareció de la ciudad.

Según la Procuraduría de Justicia estatal, dos de los primeros detenidos —Bartolo Pineda Medrano, chofer de Guzmán, y Hernán Medina Pantoja, su prestanombres y administrador— declararon ministerialmente contra Bejos Camacho y Peralta Pérez.

Pero había algunas cosas que no concordaban en la versión oficial: al rendir su declaración preparatoria, según se asentó en la averiguación previa 13601/93, ninguno de los dos mencionó a los inculpados, a pesar de que expresaron que *El Chapo* sobornaba jefes policiacos.

Según el informe de la Procuraduría, Pineda Medrano aseguró que tanto al titular de la Judicial estatal como al comandante de la Policía Municipal, Santiago Ochoa —para entonces prófugo—, les entregó regalos y 10 mil dólares que les había enviado su patrón en una bolsa de papel, y que otro tanto se hizo con López Vega, para que les brindaran protección.

Tanto Bejos Camacho como Peralta Pérez, quienes supuestamente habían aceptado ante el Ministerio Público federal su vinculación con el narcotraficante, rechazaron las imputaciones. El exdirector de la Judicial dijo que se trataba de una infamia y agregó que, según el procurador Larios, fue detenido cerca de su oficina, el 5 de junio a las 10 de la mañana; pero aclaró: "Yo no fui detenido; me llamó el comandante de la XV Zona Militar para que me presentara. Llegué el sábado a las siete de la mañana, y me dijo que me estaban involucrando en ciertas cosas y de ahí me trasladaron a rendir mi primera declaración, pero jamás fui detenido."

En la mesa de prácticas del juzgado federal, Bartolo Pineda desconoció sus supuestas afirmaciones; dijo que se las sacaron a la fuerza —bajo presión psicológica y golpes— y que incluso se desmayó en dos ocasiones. Subrayó que jamás entregó dinero ni regalos a ninguno de los inculpados.

Para sustituir a Bejos Camacho —ingeniero y catedrático universitario, poseedor de una fortuna de aproximadamente 600 millones de pesos, incluida su casa, según su versión— fue designado el capitán Fidel Antonio Cancino Albores, quien se implicó en un doble y sangriento asalto bancario en Colima, ocurrido el 28 de septiembre de 1983, en el que fue asesinado un sobrino de la entonces gobernadora Griselda Álvarez. Ante las imputaciones, el 11 de junio de 1993 Cancino Albores fue removido.

Antes de la detención de los elementos policiacos habían sido capturadas nueve personas relacionadas con la balacera en el aeropuerto: Édgar Antonio García Dávila, jefe de grupo de la Policía Judicial Federal, quien reconoció haber hecho trabajo de "muro" y haber encubierto la huida de los Arellano Félix luego del tiroteo; Jesús Alberto Bayardo Robles, que aceptó haber venido con los gatilleros que pretendían ultimar a *El Chapo* Guzmán, y los jóvenes Juan Enrique Vascones Hernández y Ramón Torres Hernández, pertenecientes también al grupo de los Arellano Félix.

Los otros detenidos fueron acusados de ser miembros de la banda o de estar al servicio de *El Güero* Palma y *El Chapo*. Se trata de Manuel Mena Solís o Jaime Monzón Ramírez, Francisco

Cárdenas Luque, Hernán Medina Pantoja, Bartolomé Pineda Medrano, Israel Angulo Cázares y Emilio Vázquez.

Las autoridades judiciales cambiaron radicalmente la forma de presentar los "avances" de la investigación. Ya no realizaron conferencias de prensa abiertas y mediante boletines informativos proporcionaron datos a la prensa. Extrañamente "desapareció" de las investigaciones el subprocurador Juan Antonio García Torres, quien presuntamente estuvo involucrado con el narcotraficante Miguel Ángel Félix Gallardo cuando era delegado de la PGR en Jalisco.

De acuerdo con información proporcionada por el diputado local priista Samuel Romero Valle, los comandantes Salvador Peralta Pérez y Daniel Zárate Rodríguez fueron escoltas del gobernador interino Carlos Rivera Aceves cuando era presidente del Comité Directivo Estatal del PRI. Según el mismo legislador, Jorge González Moncayo, subdirector administrativo del Departamento de Seguridad Pública del gobierno estatal, que anteriormente había sido chofer y guardaespaldas de Rivera Aceves, expidió licencias de manejo a miembros de la banda de *El Chapo*.

Declaraciones bajo tortura

El abogado de Daniel Zárate Rodríguez y César Pérez Pérez, Raúl Sánchez González, denunció que tanto a sus clientes como a otros inculpados por la matanza del 24 de mayo los habían torturado, además de que se había violado la Constitución al hacerlos comparecer ante autoridades militares y en cuarteles del Ejército.

"Se están violando las leyes en este nivel, en un juicio en el que debe haber claridad en la forma como se integre la averiguación. No fue clara la manera de hacer las cosas. Pudieron haber gozado de garantías individuales, y no las tuvieron; fueron compelidos a declarar en su contra", expresó.

Y agregó: "Algo muy importante es que todos coinciden al describir cómo fueron las torturas y cómo se las aplicaron. Los nombres de quienes los torturaron vendrán por escrito en sus declaraciones certificadas. La opinión pública debe saber esto."

El procurador jalisciense reconoció, el 9 de junio, que las averiguaciones del caso, por su complejidad, se habían hecho ante autoridades militares, pero aseguró que no habían sido arrancadas bajo presión.

En las indagaciones existían evidencias sobre la participación de los hermanos Arellano Félix en la balacera del 24 de mayo en el aeropuerto. Pero su responsabilidad se diluía.

Uno de los testimonios que aportaron más datos fue el de Alberto *El Gory* Bayardo Robles, el pistolero al que el procurador Jorge Carpizo describió como un ebrio "que se caía de drogado" cuando fue detenido, el mismo día de los hechos.

En sus declaraciones ministeriales Bayardo Robles aseguró que contaban con la protección de la Policía Judicial Federal: "Mis patrones siempre andaban armados y se encubrían con credenciales de la PGR (...) De retirado (de lejos) les veía conchas (identificaciones) metálicas de policías judiciales federales."

También relató que los Arellano Félix le pidieron "que con mis contactos en el Ejército consiguiera uniformes para despistar a las autoridades y poder huir." No los consiguió, pero otro de los pistoleros obtuvo "cuatro o cinco juegos de uniformes militares en la Ciudad de México: uno de teniente, otro de subteniente, otro de sargento y dos de soldados rasos." Pagaron 300 dólares por cada uno.

En una camioneta Cheyenne roja, requisada del aeropuerto con cargadores para *cuerno de chivo* y granadas de fragmentación, también había un uniforme militar. Según la Procuraduría de Justicia jalisciense, el uniforme era "falso", a pesar de que tenía las etiquetas de la Sedena. En el uniforme se encontró un permiso para portación de armas de fuego, perteneciente al teniente Carlos Castro Peña, escolta del comandante de brigada José Domingo Ramírez Garrido Abreu, exdirector de la policía del Distrito Federal.

Según Bayardo Robles, con Alfredo Araujo, *El Popeye*, organizó al grupo de sicarios que iban a asesinar a *El Chapo* Guzmán. Viajaron en pequeños grupos a Guadalajara y todos estaban reunidos el 20 de mayo. Pasaron tres días buscando al narcotraficante y no lo encontraron.

Sobre lo que pasó el 24 de mayo dijo que ese día, muy temprano, se reunieron con Ramón Arellano Félix, quien les avisó que se regresarían a Tijuana porque "el jale ya no se haría." Entonces repartieron dinero para que hicieran compras personales y acordaron que se encontrarían en el aeropuerto. Las armas largas que les dieron en Guadalajara —aseguró— se quedaron en las casas, no las llevaban en los vehículos.

A las 3:30 casi todos estaban reunidos frente a las taquillas de documentación de equipaje de Aeroméxico. Subieron a la sala de abordar, pero Bayardo Robles no pudo hacerlo porque estaba muy tomado. Instantes después comenzó la balacera.

Bayardo Robles proporcionó a la policía datos sobre las propiedades de los Arellano Félix y fue trasladado el 30 de mayo a Tijuana para que las identificara. En total se encontraron 14, en las que había armamento y uniformes militares, pero ningún rastro que condujera hacia los Arellano Félix.

También se contó con las declaraciones de Juan Enrique Vascones Hernández. Acusados de haber participado en los hechos del 24 de mayo, fueron detenidos en Tijuana por un grupo especial de agentes de la Policía Judicial Federal.

Sus testimonios no habían sido tomados en cuenta por las autoridades judiciales, a pesar de que ambos declararon que nunca hubo un complot para asesinar a *El Chapo* Guzmán en el aeropuerto.

Según declaró Juan Enrique Vascones Hernández, viajó a la capital tapatía el 18 de mayo como integrante de un grupo que tenía la intención de asesinar a Joaquín Guzmán. Coincide con Bayardo Robles en que, como no localizaron a *El Chapo*, les ordenaron regresar a Tijuana.

Recordó que en el aeropuerto "recibimos los pases de abordar y tuvimos un problema, porque a *El Gory* (Bayardo Robles) no lo dejaban subir al avión."

Agregó: "Afuera comenzaron los balazos y en el interior del aeropuerto reconocí a *El Chapo* y le disparé con la pistola que mi jefe me dio. No alcancé a darle, tiré mi pistola en uno de los baños y corrí a la salida de los vuelos."

Ramón Torres Hernández, de 23 años, coincidió con el relato de los dos anteriores, pero añadió: "Al llegar comencé a ver que habían muchos hombres que portaban 'conchas' de la Policía Judicial Federal." Pensó que iba a pasar algo malo y decidió caminar al interior de la terminal, comenzó el tiroteo y reaccionó disparando hacia el estacionamiento.

Torres Hernández también identificó a *El Chapo* Guzmán en el aeropuerto. Dijo: "Alcancé a ver a varios sujetos juntos, entre ellos estaba *El Chapo* (...) las gentes que estaban con él llevaban *cuernos de chivo* y comenzaron a disparar cuando huían."

La Procuraduría de Justicia estatal, al remitirlos al juzgado, comentó que, de acuerdo con un dictamen pericial, los dos detenidos mostraban huellas de tortura.

Para determinar cómo comenzó la balacera en el aeropuerto, las autoridades judiciales pudieron utilizar los testimonios de otros cuatro jóvenes que estuvieron en la escena del crimen, pero también los ignoraron.

Se trata de las declaraciones de los hermanos David, Elías y Rodrigo Navarro de la Torre, así como de Efraín Vázquez Jiménez, quienes extrañamente fueron trasladados a la Ciudad de México para presentarlos ante el Ministerio Público federal adscrito a la Dirección de Averiguaciones Previas de la PGR, Miguel Severino Chávez, el 30 de mayo.

David Navarro de la Torre, según consta en la declaración previa, arribaba a Guadalajara procedente de Mazatlán; cuando estaba en el estacionamiento alcanzó a ver que llegaba la camioneta de sus hermanos, con un amigo, y levantó las manos para hacerles señas. Justo atrás de él escuchó: "Ahí está, ahí está", y comenzaron los disparos.

Su amigo Efraín Vázquez Jiménez declaró que en la misma parte donde ellos estaban, al final del pasillo del estacionamiento, dos hombres portaban armas de fuego. Uno de ellos disparó, como dando una señal, y fue entonces cuando acribillaron el automóvil del cardenal.

Hay otros datos que desconciertan. Según relataron a los reporteros varios taxistas que estuvieron en el lugar, el Buick verde que tripulaba *El Chapo* Guzmán nunca ingresó en el estacionamiento del aeropuerto. El vehículo permaneció fuera, en el circuito que lo rodea, frente a la entrada principal, y había llegado atrás del Grand Marquis del cardenal, y no adelante, como informó la PGR.

Los taxistas consideraron que no fueron dos, sino tres, los grupos que participaron en la balacera: el de *El Chapo* y *El Güero* Palma; el de los Arellano Félix, y el de la PJF, que brindó protección a los últimos. También señalaron que varias de las camionetas con armamento encontradas después por la policía fueron introducidas muy temprano en el estacionamiento y dejadas allí "como listas para algún operativo."

Posadas Ocampo murió, según la exploración que hizo el médico legista Mario Rivas Souza —no se le practicó la autopsia a petición del clero y por concesión tanto del presidente Salinas como de la Procuraduría de Jalisco—, por "impactos múltiples de bala", según se asentó en el certificado de defunción.

En la sala de la Cruz Roja de Guadalajara, adonde fueron llevados su cuerpo y el de su chofer, estuvieron presentes, además de Rivas, dos asistentes de este; un agente del Ministerio Público del fuero común y uno del federal; Samuel Altamirano, director de Servicios Médicos de la Cruz Roja, y el médico de cabecera del cardenal, Alfredo Sandoval Jáuregui.

Estuvieron también, durante un breve lapso, el embajador del Vaticano en México, Jerónimo Prigione, y el sacerdote Óscar Sánchez.

¿Y los Arellano?

El 10 de junio de 1993, mientras el gobernador interino Carlos Rivera Aceves calificó como un éxito de la PGR la captura de

Joaquín Guzmán Loera en Guatemala, diputados locales de distintos partidos políticos consideraron que faltaba aclarar quién mató al cardenal y, particularmente, lo que ocurrió con los agresores, los hermanos Arellano Félix, quienes al parecer recibían protección de muy altas esferas gubernamentales, "porque ya ni siquiera se les menciona."

El diputado Sergio Rueda Montoya, del PAN, dijo que la captura de Guzmán Loera "simplemente es la aprehensión de una persona más, como responsable de algún ilícito, pues era el perseguido en el aeropuerto."

Agregó que "falta por aclarar mucho: con la captura del señor Guzmán, quien es la persona a la que se iba a asesinar, nada queda en claro todavía, y ahora parece que se pretende hacer creer que él era el agresor y el culpable, cuando era el objetivo. Entonces, conforme se avanza en las investigaciones, lo que sigue en la cuerda floja es la credibilidad."

En términos similares se expresó el diputado priista Samuel Romero Valle, quien aseguró que hay políticos de distintos niveles envueltos en el narcotráfico, lo mismo que empresarios que lavan dinero. "Mientras no se aclare esto y la sociedad quede satisfecha con toda la información que se dé, no habrá una credibilidad absoluta porque solamente se dan avances parciales, logros relativos, muy relativos", manifestó.

Añadió que de ninguna manera, aunque se haya logrado capturar a *El Chapo* Guzmán, "se puede decir que se dio un golpe al narcotráfico; se dirá cuando se conozcan sus contactos con políticos, gobiernos y funcionarios policiacos. Son golpes importantes, pero no definitivos."

Romero Valle declaró que todo hace suponer que "hay una orientación, un interés de las autoridades, de enfocar toda la atención de los medios y de la opinión pública hacia *El Chapo*, cuando se supone que es la víctima, que fue el objeto de esta agresión sufrida en el aeropuerto. Fue al que confundieron. Entonces los agresores, los que tuvieron a su servicio a las policías, quienes dispararon contra el cardenal, ¿dónde están?"

Gerardo Ávalos Lemus, diputado perredista, también se interrogó: "¿Qué pasó con los agresores, los Arellano? Ya nadie habla de ellos. Esto levanta mucho más polvo, porque si al que iban a matar era a *El Chapo*, y es solo a *El Chapo* al que detienen, ¿dónde están los atacantes, quiénes son los que acribillan al cardenal?"

El obispo auxiliar y administrador diocesano, José Guadalupe Martín Rábago, expresó que pese a la captura de Guzmán Loera las investigaciones deben seguir: "El pueblo aplaude esta medida y pide se profundicen las indagaciones sobre el grave problema del narcotráfico, para que pueda haber paz social."

Por esas fechas, decenas de habitantes de Guadalajara recibieron llamadas telefónicas de una empresa dedicada a levantar encuestas —que no se identificaba— para preguntarles su opinión sobre el desarrollo de las investigaciones en torno de la muerte del cardenal Juan Jesús Posadas Ocampo.

Entre otras cosas se les preguntaba: ¿Están conformes con las investigaciones para esclarecer la muerte del señor cardenal? ¿Creen en la versión que las autoridades han difundido de los hechos? ¿Están satisfechos con la actitud que ha tomado el presidente Carlos Salinas de Gortari?

4

LA CÁRCEL EFÍMERA

Una captura bajo sospecha

CARLOS ACOSTA Y FRANCISCO LÓPEZ VARGAS

Ni los tropezones del boletín oficial que leyó Jorge Carpizo McGregor le borraron la euforia del rostro.

La mañana del 10 de junio de 1993, en Los Pinos, un entusiasta procurador general de la República sujetaba en la diestra un texto lleno de tachaduras, múltiples borrones y un sinnúmero de anotaciones. Lejos de la imagen del funcionario concluyente, a veces impulsivo y enérgico que hablaba en las oficinas de la PGR, Carpizo dio a conocer la captura de Joaquín *El Chapo* Guzmán en Guatemala, con cinco personas de su grupo más cercano.

Más tardó el procurador en dar a conocer esta versión oficial que diversas autoridades guatemaltecas en desmentirla: allá, hasta el 11 de junio nadie sabía nada del asunto, ni querían saber.

Los organizadores del que se pretendió espectacular anuncio abarrotaron el Salón Carranza de la residencia oficial de Los Pinos con reporteros nacionales, fotógrafos y camarógrafos de todos los medios.

Pero aun por encima del anuncio de la captura del narcotraficante, Carpizo puso todo el énfasis en la "confirmación" de la que había sido la tesis oficial sobre la muerte, el 24 de mayo, del cardenal Juan Jesús Posadas Ocampo, basada en la "confesión" de *El Chapo* Guzmán. Tesis que ya estaba impresa —dos días después de la balacera— en un discurso del presidente Salinas, muchas horas antes de que oficialmente la sustentara la PGR: "Fue una confusión."

En Tapachula, Chiapas, un impresionante operativo de la Policía Judicial Federal cercó las calles 3a. y 1a. Los elementos de la corporación se dirigieron a la calle 5a. Oriente e irrumpieron en la residencia marcada con el número 10. Los vecinos del lugar aseguraron que ahí fue detenido Joaquín *El Chapo* Guzmán, después de que este se paseó tranquilamente por las calles de esta ciudad y de San Cristóbal de Las Casas durante varios días, según informes enviados por los reporteros locales Roberto del Solar Peña y Julio César López.

El 11 de junio, la columna Pesquisa, del vespertino *Cuestión*, manejó la versión de que *El Chapo* habría sido capturado no en Guatemala, como dijo Carpizo, sino en un rancho de Javier Coello Trejo, el exsubprocurador de la Lucha contra el Narcotráfico de la PGR.

Triunfalismo

La noticia de la captura de *El Chapo* Guzmán comenzó a filtrarse desde la noche del 9 de junio y el 10 por la mañana se ofreció en radio y televisión. "Es extraoficial", subrayaban los locutores, pero ya daban por hecho una conferencia de prensa a las 10:30 de la mañana, aunque todavía dudaban si sería en la PGR o en Los Pinos.

A las 11 de la mañana Carpizo apareció flanqueado por el director de Comunicación Social de la Presidencia de la República, José Carreño Carlón. El procurador informó que *El Chapo* Guzmán había sido detenido a las 12:00 horas del 9 de junio de 1993, "cuando autoridades de Guatemala lo entregaron, junto con cinco personas de su grupo más cercano, a la Procuraduría General de la República, apoyada por miembros del Ejército Mexicano, quienes colaboraron con gran eficacia y compromiso."

Carpizo abundó en detalles: la entrega de Guzmán Loera fue en el puente internacional de Talismán, sobre el río Suchiate. Con él fueron detenidos los miembros más importantes de la banda: Martín Moreno Valdés, Manuel Castro Meza, Baldemar Escobar Barrasa, Antonio Mendoza Cruz y María del Rocío del Villar Becerra, dijo.

El procurador habló de una buena coordinación entre PGR y Ejército y de la eficacia de ambas instituciones en la lucha contra el narcotráfico.

Las autoridades, dijo, habían detectado el 31 de mayo que el capo y su banda se encontraban en la zona fronteriza de Chiapas, y que al ser perseguidos mediante un gran operativo pasaron a territorio guatemalteco, donde fueron detenidos por autoridades de ese país.

Mortal "confusión"

Fuera de un par de trastabilleos en la lectura, el procurador solo cambió el tono de su voz cuando reiteró la tesis oficial de la muerte del cardenal Posadas.

Leyó Carpizo: "(En) el avión en que se les trasladó rumbo a la ciudad de Toluca, *El Chapo* Guzmán, enfrente de funcionarios de la Procuraduría General de la República y del Ejército

Mexicano, manifestó ante ellos, y posteriormente lo ha ratificado en declaración ministerial, que el 24 de mayo de 1993 sí estuvo en el Aeropuerto Internacional de Guadalajara, porque iba a volar a Puerto Vallarta. Señaló que cuando bajaba de su vehículo Buick, un Century azul intentó pasar por el lado derecho, pero como estaba abierta la portezuela del Buick, esta obstruía el paso; que le hizo una seña al chofer de ese vehículo para que se esperara; que en ese momento Martín Moreno Valdés, quien lo acompañaba, le avisó que gente armada se estaba bajando de varios vehículos, los que de inmediato empezaron a disparar sobre ellos, y que, dentro de la confusión, posteriormente logró escapar en un taxi.

"Asimismo —continuó Carpizo—, declaró que durante el enfrentamiento observó que estaban presentes dos de los hermanos Arellano Félix y que atrás de su coche se encontraba un Grand Marquis blanco. Ahora sabe que en él viajaba el señor cardenal Posadas Ocampo. Afirma que de ello se enteró posteriormente por los medios."

El procurador dejó entrever el ánimo de las autoridades por defender sus tesis iniciales —apresuradas y de alguna manera irresponsables, según opinión del episcopado mexicano—: "Las declaraciones ministeriales de *El Chapo* Guzmán confirman, en lo esencial, las investigaciones y resultados de esos hechos que sobre la muerte del señor cardenal y seis personas más, la Procuraduría General de la República ha venido dando a conocer a la opinión pública."

Con la detención de Joaquín Guzmán Loera y sus secuaces, dijo Carpizo, "el gobierno de la República está cumpliendo el compromiso que hizo al pueblo mexicano de que las investigaciones se harían con seriedad y profundidad y que se aplicará estrictamente la ley a todas las personas involucradas en esos homicidios."

Sorpresa chapina

En Guatemala es como si nadie supiera nada del asunto, aunque formalmente ya ha sido desmentida la participación de diferentes corporaciones chapinas.

La misma noche del 10 de junio, después de que Carpizo anunció oficialmente la captura de *El Chapo* Guzmán y de que aseguró que "autoridades de Guatemala lo entregaron", las principales corporaciones de este país lo negaron en entrevistas telefónicas con el corresponsal Francisco López Vargas.

De plano declararon que no hubo tal aprehensión y que nunca se trasladó a *El Chapo* Guzmán de territorio guatemalteco a suelo mexicano.

Elementos de la Dirección de Información y Difusión del Ejército de Guatemala negaron tener conocimiento del operativo y aseguraron que, "si lo hubo", la información podría ser proporcionada por la Secretaría de Relaciones Públicas de la Presidencia, donde nadie pudo informar debido a que, con el cambio de gobierno, permanecía acéfala hasta la tarde del 11 de junio.

Jorge Fernández Paredes, responsable de la garita de Migración en El Carmen, Guatemala, aseguró que nunca cruzó ningún efectivo militar a Talismán, Chiapas, para entregar a ningún detenido, como asevera Carpizo que ocurrió. Expuso que su oficina no tuvo participación y que nunca fue notificado del operativo ni de si se realizó, además de que él no presenció la supuesta entrega de los delincuentes.

"El responsable de la oficina de Migración de Guatemala, Ángel Conté Cohulum, sostuvo que 'legalmente' no hubo la aprehensión y nadie con el nombre de Joaquín Guzmán Loera ha cruzado la frontera de Guatemala con México.

"Para nosotros, es falso que hayamos entregado a nadie, porque ese personaje nunca entró al país", reiteró.

Incluso la oficina responsable del combate al narcotráfico en Guatemala, vinculada estrechamente con la DEA, con la que trabaja coordinadamente, negó saber qué sucedió en el caso de *El Chapo* Guzmán.

Leonel Díaz, agente de la Guardia de Hacienda, dijo que no tenían ningún indicio de *El Chapo* Guzmán, ni se enteraron de que estuviera en Guatemala. También negó que hayan tenido participación en la captura del delincuente, "si es que se dio", de lo cual no fueron notificados.

"Nosotros trabajamos coordinadamente con la DEA y le puedo garantizar que no hubo aprehensión, ni mucho menos entrega de nadie", dijo.

Por su parte, Gonzalo Figueroa, subcomisario de la Policía Nacional, asentó que el 10 de junio no tuvo ningún informe.

"Mire, aquí nadie sale del país si no hay nuestra anuencia", advirtió.

En eso coincidió Absalón Cardona Cardona, jefe de la Policía Nacional de El Carmen, quien sostuvo que la franja fronteriza con México registró actividades normales. Más aún, calificó de "falsas" las versiones del procurador mexicano.

Para algunos funcionarios guatemaltecos lo que pudo haber ocurrido es que las autoridades mexicanas cruzaron ilegalmente su frontera sur, al igual que el delincuente y sus secuaces, e hicieron la aprehensión, si la hubo, también de manera ilegal.

Puente Grande, puerta abierta

Felipe Cobián

Por denuncias de custodios hechas en enero de 2000, que constan en actas de la Comisión Estatal de Derechos Humanos (CEDH) de Jalisco, enviadas luego a su homóloga, la CNDH, y por las grabaciones que desde hacía un año realizaba el Cisen, las máximas autoridades penitenciarias y policiacas estaban enteradas del alto grado de indisciplina y corrupción que reinaba en el penal de máxima seguridad de Puente Grande y no hicieron nada.

Fue necesaria la fuga de Joaquín *El Chapo* Guzmán para que reaccionaran. Y aunque el subsecretario de Seguridad Pública, Jorge Tello Peón, declaró que "no se escapó; lo sacaron", otras versiones señalan que, en una de sus habituales salidas del penal, Guzmán decidió no regresar porque le avisaron que podría haber cambios drásticos en Puente Grande.

Oficiales de prevención —como se llama formalmente a los custodios—, investigadores policiacos y empleados de la CEDH no se explican de otra manera cómo no se fugaron Héctor *El Güero* Palma y Arturo Martínez Herrera, *El Texas* —considerados también jefes del cártel de Sinaloa—, que al lado de Guzmán estaban siempre de acuerdo en todo y obraban de la misma manera.

En enero de 2000 una decena de custodios se quejó ante la CEDH en el sentido de que recibían presiones que violaban sus derechos humanos y laborales porque no se prestaban a la corrupción existente en el penal; la queja se envió a la CNDH, por tratarse de un reclusorio federal; por comunicaciones enviadas directamente a los inconformes, la Comisión Estatal se enteró de que el asunto iba a ser archivado como cuestión laboral y no como violatorio de los derechos humanos, recuerda la presidenta del organismo, Guadalupe Morfín Otero.

Pese a lo anterior se enviaron a la CNDH más actas circunstanciadas y de comparecencia y quejas. Así transcurrió todo el año 2000. La CEDH solicitó que se guardaran en secreto los nombres de los denunciantes para que no corrieran riesgos.

El 4 de diciembre de 2000 el tercer visitador de la CNDH, José Antonio Bernal Guerrero, envió un oficio a uno de los denunciantes —no a la Comisión Estatal— para informarle que no se podía garantizar su integridad física porque la comisión no cuenta con medios humanos ni físicos para hacerlo pero que seguirían investigando y que, "de ser el caso, en el momento oportuno se estará en posibilidades de que se realice un pronunciamiento respecto de los actos de corrupción."

El 15 de enero llegaron a Guadalajara dos visitadores de la CNDH, uno de ellos Joel García. Citaron al denunciante en el hotel Laffayette para que los llevara ante el resto de los denunciantes a fin de presionarlos para que se desistieran de sus quejas; algunos lo hicieron.

Al día siguiente, quienes se negaron a firmar el desistimiento fueron aislados, incomunicados y torturados psicológicamente en Puente Grande, y más tarde, ya de madrugada —dijeron los afectados—, los carearon con el director, Leonardo

Beltrán Santana; con el subdirector jurídico, Rafael Dorantes Paz, y con el director de Prevención de la SSP, Enrique Pérez.

Morfín Otero trató de comunicarse en varias ocasiones con el entonces presidente de la CNDH, José Luis Soberanes, para informarle sobre lo que estaba pasando, pero nunca lo encon-tró ni obtuvo respuesta. En consecuencia, buscó telefónicamente al entonces secretario de Seguridad Pública, Alejandro Gertz Manero. Tampoco lo encontró, pero le dejó toda la información.

Al día siguiente Gertz Manero envió a Guadalajara al subsecretario Jorge Tello Peón, subsecretario de SSP en el sexenio pasado y, como tal, con el Cisen a su cargo. Estaba prevista una reunión con la presidenta de la CEDH, pero se suspendió, según Tello, por cuestiones domésticas de Morfín Otero; sin embargo ella lo desmintió: "Tello me habló desde un celular mientras iba hacia Puente Grande y le manifesté mi intención de recibirlo de inmediato, me di cuenta que estaba con el director del penal; entonces consideré que no había las condiciones de seguridad para que nos reuniéramos. Me dijo que esa persona no subiría a mis oficinas, lo que me pareció una torpeza gravísima. Le dije que no lo recibiría."

El comienzo

El 25 de febrero de 1999 llegaron a Puente Grande, procedentes de Sinaloa, entre otros, Dámaso López Núñez, Carlos Fernando Ochoa López, Luis Francisco Fernández Ruiz y Jesús Vizcaíno Medina, quienes fueron nombrados comandantes de los custodios. A partir de entonces comenzaron la indisciplina y la corrupción.

Según las denuncias de los custodios —consultadas por el reportero—, los presos privilegiados podían introducir la mejor comida y "luego se vio correr el licor y la droga en abundancia, de mariguana hasta cocaína; entraban y salían dólares y también mujeres a toda hora."

Varios de los comandantes trataron de obligarlos a involucrarse en la corrupción y les querían presentar "a los jefes, que son los internos Jesús Héctor Palma Salazar, Joaquín Guzmán Loera y Arturo Martínez Herrera." Recibirían entre mil y 2 mil 500 pesos al presentarse, más 250 pesos por turno que tuviera cada uno de ellos, mientras que uno de sus comandantes, Luis Francisco Fernández Ruiz, recibía mensualmente 10 mil dólares, según las denuncias.

Además —agregaron— *El Chapo*, en una microcomputadora, tenía todos los datos de los custodios, como domicilio, teléfono, nombres de familiares… Y señalaron que pidieron la protección de la CEDH porque varios fueron golpeados y amenazados por no subordinarse.

El personal de vigilancia introducía desde alimentos y bebidas hasta mujeres.

El 3 de diciembre de 2000 fue asesinado Juan Castillo Alonso, exsubdirector de Seguridad Interna del penal de máxima seguridad de Almoloya, a quien, según los denunciantes, Guzmán y sus compañeros veían como un posible candidato a ocupar un alto cargo en Puente Grande. Castillo trabajó al lado de Juan Pablo de Tavira, asesinado en Pachuca el 21 de noviembre de 2000.

La fuga

La fuga de *El Chapo* Guzmán trascendió en la mañana del 20 de enero de 2001, aunque pudo haber ocurrido casi 24 horas antes, tal vez mientras en el mismo penal se realizaba una reunión conjunta de funcionarios responsables de seguridad nacional, encabezados por Tello Peón, a la que asistían visitadores de la CNDH para discutir, en parte, el caso de los custodios y la alteración general de la disciplina interna.

Presuntamente a las 21:15 horas del 19 de enero, *El Chapo* todavía se encontraba en su celda, según reportó uno de los vigilantes, pero a las 22:35 horas, el director, Beltrán Santana, se dio cuenta de que no estaba ahí.

Primero se informó que Guzmán se había ocultado en el carrito que se empleaba para sacar la basura y la ropa sucia, pasando por varios retenes, custodiado siempre por al menos un vigilante.

También se dijo que estaba descompuesto el sistema de circuito cerrado de TV y que eso facilitó la huida. Sin embargo, los custodios aseguraron que las cámaras funcionaban todo el tiempo —menos en la celda de Guzmán y las de otros narcos.

Y agregaron que lo más seguro es que ya no haya regresado a Puente Grande después de una de sus frecuentes salidas.

Días antes, la Suprema Corte de Justicia de la Nación había aprobado la extradición de mexicanos a Estados Unidos, y entre ellos estaría Guzmán Loera, por lo que, aunque solo le faltaban unos tres años para quedar libre, prefirió fugarse.

Reforma total

Lo sucedido en Puente Grande, dijo la licenciada Morfín Otero, tenía que investigarse desde el gobierno federal anterior, cuando dependía directamente de la Segob, "puesto que los custodios quejosos nos reportaron que las presiones para corromperse comenzaron el 25 de febrero de 1999."

—¿Solapó la situación la CNDH?

—Llama mucho la atención, y a mí me lastimó mucho enterarme de que visitadores adjuntos de la Comisión Nacional habían presionado a nuestros quejosos, y lo he corroborado con sus familiares, para que se desistieran, y esto no es explicable, porque estamos facultados y obligados a continuar las quejas, incluso de oficio, aun habiendo desistimiento, porque la vulnerabilidad en que están colocados los denunciantes los hace muy susceptibles a chantajes, amenazas e intimidaciones.

"Entonces hay una actuación probablemente indebida y he estado solicitando al contralor interno de la CNDH que intervenga, y me dijo que tenía que ratificar mi denuncia, no obstante que lo solicité en actas circunstanciadas el 17 y el 18 de enero y acabo de recibir otra que dice que es inevitable la ratificación en persona. No sé por qué no se utiliza la suplencia en las actuaciones internas de esa comisión, que es el principio general del ombudsman, actuar en suplencia de la queja o bajo el principio de la inmediatez.

—¿Hay o habría complicidades entonces?

—Esto no lo quiero decir yo. Lo que quiero decir es que no hubo una respuesta rápida y que se tiene que investigar a fondo la responsabilidad administrativa u otro tipo de responsabilidad en que pudieran haber incurrido, porque tienen que decir por qué no se cubrió la confidencialidad de los quejosos, por qué se retrasó tanto su asunto, por qué no hubo un pronunciamiento enérgico, por qué no hubo una recomendación. Hubo visitas y se hicieron cambios pero meramente cosméticos, y los mismos comandantes que se habían cambiado volvían al mismo lugar y se agravaban las cosas.

—¿Responsabilidad directa de la CNDH?

—Hay muchas cosas que la Comisión Nacional tiene que explicar. ¿Por qué nunca contesta a mis oficios? ¿Por qué Soberanes no responde a mis telefonazos? ¿Por qué nos tenemos que ir enterando a través de los oficios que ellos envían directamente a los quejosos sin darnos la menor información, mientras aquí vivimos conmovidos por esta prolongada y cotidiana tragedia de servidores públicos que nos pidieron ayuda para mantenerse íntegros?

"Además hemos estado insistiendo ante la Tercera Visitaduría de la CNDH para que acudan visitadores como observadores locales, para que quienes tengan que rendir declaración puedan hacerlo en condiciones de total libertad y sin ser sometidos a ningún tipo de amenaza ni presión psicológica ni coacción por parte de nadie, ni de Seguridad Pública ni de la PGR ni de alguna otra autoridad.

Acerca de la situación en Puente Grande, dijo que se tenía que establecer una "nueva cadena de mando", que garantice la seguridad del penal "en términos de que no habrá fugas, que habrá un trato equitativo para todos, que se tomarán todas las medidas que garanticen a la sociedad el manejo de este centro de alta seguridad."

Aclaró, empero, que lo anterior no debía estar reñido con el respeto a la dignidad de las personas, "y que no suceda lo que ahora, que duermen con luz y en una misma posición todo el tiempo o les están tocando cada media hora para que no concilien el sueño profundo."

De la omisión a la complicidad

Ricardo Ravelo

Altos funcionarios de la CNDH, todos ellos colaboradores del entonces ombudsman José Luis Soberanes Fernández, estuvieron bajo investigación de la PGR por acallar a cinco custodios que desde 2000 denunciaron la corrupción y las complicidades tejidas en el penal federal de Puente Grande, Jalisco, que facilitaron la fuga del narcotraficante Joaquín *El Chapo* Guzmán.

Según la averiguación previa 070/DAFMJ/2001, integrada al expediente relacionado por la evasión de Guzmán Loera, los visitadores Joel René García y José Mario Severiano Morales intimidación a los custodios Salvador Moreno Chávez, Claudio Julián Ríos Peralta, Felipe Leaños Rivera y Francisco Javier Vázquez Rolón con un objetivo: que se desistieran de sus quejas sobre las presiones que recibieron para incorporarse a la red de servicios de *El Chapo* Guzmán, Arturo *El Texas* Martínez Herrera y Héctor *El Güero* Palma.

Los visitadores dependían de José Luis Soberanes y, técnicamente, de José Antonio Bernal Guerrero, el tercer visitador, quien falleció en septiembre de 2005 en un accidente aéreo en el que también murió el entonces secretario de Seguridad Pública, Ramón Martín Huerta.

De acuerdo con las investigaciones, de la corrupción que minó la seguridad de Puente Grande, así como del "trabajo sucio" realizado por los visitadores, estuvieron enterados en aquel momento Raúl Plascencia Villanueva y Mauricio Farah Gebara, dos de los más fuertes candidatos para relevar a Soberanes Fernández en la presidencia de la CNDH. El primero fungía entonces como segundo visitador, en tanto Farah despachaba como administrador de la comisión.

Los primeros reportes sobre la forma en que Guzmán Loera corrompía a los funcionarios de esa prisión, entre ellos al director, Leonardo Beltrán Santana, se conocieron desde enero de 2000, aunque la CEDH de Jalisco, entonces a cargo de María Guadalupe Morfín Otero, no los presentó a la CNDH ni a la PGR sino hasta el 20 de enero de 2001, un día después de la fuga del capo sinaloense.

En su denuncia de hechos, Morfín expuso que el 4 de enero de 2000 un oficial de prevención del penal de Puente Grande, al que luego se sumaron otros, presentó una queja ante la CEDH "por hostigamiento laboral, debido a que no cedían a peticiones institucionales para corromperse." Por ser de competencia federal, la denuncia fue turnada a la CNDH, según explicó. Narra Guadalupe Morfín: "A lo largo de 2000, como lo compruebo con los oficios que anexo, hice varias gestiones para que la queja no se archivara como asunto meramente laboral. Mi insistencia obedeció a que consideré que el asunto debía ser calificado como un hecho presuntamente violatorio de los derechos humanos…

"En sucesivas ocasiones los quejosos nos hicieron parte de su preocupación por no ser oportunamente atendidos en la CNDH y externaron desde un inicio su petición de que el asunto fuese tratado de forma confidencial para resguardar su integridad física."

Esta última petición no fue respetada por la CNDH.

Las presiones que ejercían el capo Guzmán Loera y su grupo para gozar de privilegios en Puente Grande, según la denuncia de Morfín Otero, se conocieron en la Segob, pero los cambios que sus funcionarios prometieron —expuso la comisionada de Jalisco— fueron temporales, pues "inmediatamente tomaron el control los jefes del narco recluidos en diversos módulos."

Como se iban agravando las condiciones de inseguridad en el penal, y debido a que la vida de los denunciantes corría peligro, Guadalupe Morfín señala en su denuncia que buscó con urgencia al entonces presidente de la CNDH, José Luis Soberanes, pero no lo encontró. Sin embargo, le dejó un recado con el coordinador de asesores, Mauricio Ibarra.

El 15 de enero de 2000, integrantes de la CNDH, entre ellos el visitador Joel García, acudieron al penal de Puente Grande y llamaron al custodio Julián Ríos Peralta, uno de los quejosos; le pidieron que los llevara con los otros denunciantes.

Según Morfín, los custodios fueron reunidos en las oficinas de Beltrán Santana, el director del penal —personaje clave en la fuga de *El Chapo* Guzmán—, y allí los visitadores exigieron a los denunciantes "que se desistieran de la queja."

Durante el día —dice Morfín— aumentaron las presiones. Los custodios fueron segregados uno por uno hasta altas horas de la madrugada, y tanto los visitadores como las autoridades del penal utilizaron "la tortura psicológica. Los querían hacer titubear. Era evidente, dijeron los quejosos, la molestia de los visitadores de la CNDH porque los custodios acudieron a la CEDH."

El poder de Guzmán Loera

En sus respectivas quejas, los custodios alertaron a las autoridades federales del poder que ejercía Guzmán Loera en Puente Grande. El custodio Felipe Leaños, por ejemplo, dijo que hizo del conocimiento de las autoridades del penal la introducción de productos prohibidos, como dulces, carne seca y vitaminas, en beneficio del narcotraficante Martínez Herrera.

También dijo que quien estaba involucrado en ese tráfico era "el nuevo subdirector", Dámaso López Núñez, pero todos se coludieron para que las cosas siguieran como estaban.

Claudio Julián Ríos Peralta, otro de los custodios, denunció que el 29 de octubre de 2000, al terminar su servicio diurno como oficial de prevención en el área de Conductas Especiales, fue abordado por el oficial Miguel Ángel Godínez Cárdenas, quien le dijo que tenía un asunto importante que tratar con él.

Relató el custodio que "se refería a la cooperación hacia ciertos internos, entre ellos Arturo Martínez Herrera, *El Texas*; Joaquín Guzmán Loera, *El Chapo*, y Héctor Palma Salazar, *El Güero*."

Ríos Peralta dijo que, según le comentó Godínez Cárdenas, dichos servicios "eran considerados como privilegios pequeños" que no comprometían a nadie y a cambio se recibía una gratificación por cada uno, "que todo esto no era con plan *chingativo*, que él recibía la encomienda de los comandantes y que existía línea para hacerlo."

Agregó: "Posteriormente y en diferentes ocasiones me abordaron los comandantes Marco Antonio Fernández Mora y Pedro Pulido Rubira. Me trataron de sorprender con supuestas condiciones que según yo ya había aceptado, pero al no darles una respuesta me enviaron con el comandante de compañía Juan José Pérez Díaz, quien de manera verbal expuso estas irregularidades como un plan de trabajo para que yo aceptara.

"Le manifesté que me lo hiciera por escrito ante todo el grupo de oficiales y que justificara las gratificaciones si era cierto que existía línea de tan arriba como decía. No me resolvió y trató de sorprenderme de nuevo entrevistándose con otros oficiales que no aceptaron la propuesta de corromperse, y son Rafael González Barajas, Mario González López y Juan González Caudillo, haciéndome creer que ellos ya habían aceptado, situación que después se demostró que era falsa.

"Por si fuera poco, los mismos servidores públicos involucrados en estos actos de corrupción establecen como fecha límite para que todos participemos en los actos ya mencionados el 20 de noviembre de 2000, argumentando que cuando llegue la transición del 1 de diciembre el gobierno federal no encuentre problemas y podamos continuar todos laborando de manera normal."

Joaquín Guzmán Loera, jefe del cártel de Sinaloa, se fugó del penal de Puente Grande el 19 de enero de 2001, 29 días después de la llamada "fecha límite" a la que se refiere Ríos Peralta.

Otros tres custodios rindieron su testimonio sobre la corrupción en Puente Grande, el 9 de noviembre de 2000, ante Néstor Orellana Téllez, visitador adjunto de la CEDH. Le pidieron omitir sus nombres, pero según su declaración, a la que este semanario tuvo acceso, todos los funcionarios del penal estaban ligados al narcotráfico y, en particular, a Joaquín Guzmán Loera.

Relataron: "Constantemente los comandantes Jacinto Bello Sacarrubias, Miguel Ángel Godínez Cárdenas, Marco Antonio

Fernández Mora, Juan José Pérez Díaz, Jesús Becerra Reyes, Jesús Candelario Castillo, entre otros, nos han ofrecido integrarnos a actos de corrupción, para lo cual nos han querido presentar ante los jefes, que son los internos Jesús Héctor Palma Salazar, Joaquín Guzmán Loera y Arturo Martínez Herrera.

"Las presentaciones ante ellos son con el fin de que nos conozcan y sepan que vamos a subordinarnos a ellos para seguir sus reglas, las que consisten en no ver ni escuchar nada, es decir, permitir que gocen de privilegios, como deambular libremente sin vigilancia dentro de los módulos, acceso a licores y vino, ingreso de mujeres a la hora que los internos lo requieran, celdas con lujos y comodidades, teléfonos celulares y que no se les hagan revisiones a sus celdas. Que si aceptamos ingresar al equipo de trabajo, nos darán por solo ese hecho 2 mil 500 pesos a (los) oficiales y mil a los vigilantes...

"Como en todo momento nos hemos negado a aceptar las proposiciones de los comandantes que están coludidos con los internos para corromper el sistema de readaptación dentro del Centro Federal de Readaptación Social (Cefereso) número 2, nos han intimidado de manera insistente a los compañeros Manuel García Sandoval, José Luis García Gutiérrez y Celso Alberto Cárdenas Hernández, entre otros, quienes fueron agredidos de manera brutal por no acatar las órdenes de los internos que se mencionaron."

Maniobras de la CNDH

Los testimonios sobre la corrupción en Puente Grande —que, como después se supo, formaba parte del plan de fuga de *El*

Chapo Guzmán— llegaron a la CNDH. El expediente fue manejado por uno de los funcionarios de mayor confianza de José Luis Soberanes, el entonces tercer visitador José Antonio Bernal Guerrero, quien a través de los visitadores Joel René García y José Mario Severiano comenzó a presionar a los custodios para que se desistieran de sus quejas.

El primer paso, según la investigación de ese hecho, fue tratar el caso como un asunto laboral. Mediante el oficio 012965, fechado el 4 de mayo de 2000, Arturo Peña Oropeza, quien fungía como director general en la CNDH, informó al custodio Felipe Leaños lo siguiente: "Por instrucciones del licenciado José Antonio Bernal Guerrero, tercer visitador de esta Comisión Nacional, me permito informarle que de la lectura de la primera parte de su escrito se desprende que (su caso) se trata de un asunto de carácter laboral."

Los visitadores que José Luis Soberanes envió a investigar la corrupción y las presiones que padecían los custodios de Puente Grande trataron en todo momento de desviar las denuncias, según acusaron los propios quejosos en otros testimonios, donde agregaron que su identidad fue revelada por los funcionarios de la CNDH, lo que puso en riesgo sus vidas.

El custodio Salvador Moreno Chávez contó cómo los entonces visitadores de la CNDH Joel García y José Mario Severiano lo presionaron para que se desistiera de su denuncia. El 15 de enero de 2001, cuatro días antes de la fuga de *El Chapo* Guzmán, narró: "Me decían que era muy difícil comprobar esos hechos... Traté de hacerles entender que la situación era más compleja, que los hechos de la queja se habían agrandado... Les pregunté qué tipo de información necesitaban para actuar; ellos me dijeron que era muy difícil de comprobar todo, que por qué no me desistía, que por la gravedad de los hechos podía desistirme y que quedaría archivada la queja.

"Mencionaron los visitadores que era fuera de lo común que la Comisión Estatal de Derechos Humanos nos hubiera hecho caso con las quejas porque los señalamientos que hacíamos eran muy generales y sin pruebas, que de la lectura de los mismos se desprendía muy poca credibilidad…"

Según el testimonio de Moreno Chávez, los visitadores de la CNDH los pusieron en evidencia ante el director de Puente Grande, Leonardo Beltrán Santana —a quien posteriormente se ligó con el plan de fuga de Guzmán Loera—, y otras autoridades de la prisión relacionadas con el narcotráfico.

Expuso que las entrevistas con los visitadores se llevaban a cabo en las oficinas del director, por lo que pronto fue visto por "los custodios corruptos como el 'dedo' que los señalaba."

Felipe Leaños Rivera, compañero de Moreno Chávez, relató que los visitadores le dijeron que tres de sus compañeros ya se habían desistido de sus quejas y le sugirieron hacer lo mismo.

Además: "Me cuestionaron de por qué no había hecho del conocimiento de las autoridades del penal las irregularidades, a lo que les dije que no les tenía confianza, ya que la mayoría de las veces, cuando había visita externa (de la CNDH), siempre había conocimiento de las autoridades penitenciarias con mucho tiempo de anticipación.

"Finalmente les mencioné que con los compromisos que existían entre el personal con los internos, principalmente con *El Chapo* Guzmán y con *El Güero* Palma, mi mayor temor era que alguno de estos internos, con las facilidades que se les daban, se fugara."

Luego los visitadores le dijeron que él había sido el único que se había esperado, pues el resto de sus compañeros se habían ido, por lo que le comentaron que por esa falta de interés no progresaban las quejas.

"En mi opinión, esta situación de que los visitadores de la CNDH nos confrontaron con las autoridades (del penal) fue algo muy comprometedor, ya que se dieron cuenta de que éramos nosotros los de las quejas, a pesar de que durante todo el proceso les enfatizamos que se guardara nuestra confidencialidad sobre los hechos, poniendo en riesgo nuestra integridad personal."

Los custodios Francisco Javier Vázquez Rolón y Samuel Ramos Gutiérrez también relataron, por separado, que los visitadores de la CNDH los presionaron para que se desistieran de sus denuncias y que en todo momento los confrontaron con los funcionarios coludidos con *El Chapo* Guzmán y *El Güero* Palma.

Tal como lo advirtió el custodio Felipe Leaños, Joaquín Guzmán Loera se fugó del penal de Puente Grande el 19 de enero de 2001. Meses antes, el presidente de la CNDH, José Luis Soberanes, tuvo conocimiento de las condiciones de ingobernabilidad que imperaban en el penal y que fueron desoídas por las autoridades federales. "Las anteriores autoridades de la CNDH tenían amarradas las manos para no hacer nada", dijo el 24 de julio de 2001 al referirse a la fuga de *El Chapo* Guzmán.

Por medio de Guadalupe Morfín, Soberanes también estuvo informado sobre las irregularidades de sus visitadores. A través del oficio P/CEDHJ/46/2001, fechado el 18 de enero de 2001 —un día antes de la fuga del capo sinaloense—, Morfín le manifestó su inconformidad por la decisión de la CNDH de archivar la queja de los custodios por considerarla un asunto laboral.

En ese mismo oficio Morfín expuso: "El 16 de enero de 2001, según refieren los quejosos, después de haber sido aislados por separado cerca de tres horas, aproximadamente a las 20:00 horas fueron llamados cada uno, de manera individual, a la dirección de ese centro federal, en donde se encontraban el director, Leonardo Beltrán; el subdirector jurídico, Rafael Dorantes Paz; el director de Prevención de la Segob, Enrique Pérez, y los dos visitadores de la CNDH, quienes permitieron que los sometieran a un interrogatorio intensivo."

Los confrontaron de manera directa con las autoridades y evidenciaron ante todo el personal que ellos habían puesto una queja, situación que los puso en grave riesgo, ya que según lo manifestaron, ahora todo el personal e incluso los internos sabían que ellos habían interpuesto una queja para denunciar los actos de corrupción que ahí se daban.

Todo esto a pesar de que en múltiples ocasiones se insistió en que se debían preservar en confidencialidad los nombres y datos de los quejosos para evitar riesgos... Esto no ocurrió y de la manera más burda estos visitadores de la CNDH los confrontaron con quienes precisamente solapaban y promovían esos actos de corrupción.

En su libro *Máxima seguridad*, editado en noviembre de 2001, el fundador de *Proceso*, Julio Scherer García, relata: "La víspera de la escapatoria, el 18 de enero de 2001, comisionados de Derechos Humanos visitaron el penal. No miraron sus ojos apacibles el mar encrespado. La mañana de la jornada crucial, Jorge Tello Peón, subsecretario de Seguridad Pública, tampoco observó desorden alguno.

"Paseó por las instalaciones y no lo alcanzó el olor podrido.

"—¿Salió *El Chapo* por la complicidad de muchos o porque algún grande lo dejó salir? —le pregunto a Zulema Hernández, de cuerpo que cimbra.

"—Me parece obvio que la gente grande no irá directamente al penal. Pero yo estaba con él cuando le avisaron que habían llegado a verlo. Yo me salí del cuarto para que pudieran hablar. Platiqué después con Joaquín. Me habló de la extradición. Me dijo que no quería que lo extraditaran. Pienso que para entonces ya había algún consentimiento."

5

MUJERES, MUJERES

De *El Chapo* a Zulema: "Cuando yo me vaya…"*

JULIO SCHERER GARCÍA

Su madre, alcohólica, prostituta, le gritaba a Zulema, niña aún: "Ni para puta sirves."

A los 13 años, la jovencita ponía candados y negaba a su madre el acceso a la casa.

"Llegaba a la madrugada con su parvada de cuervos, seguramente cogida, obscena. Yo me protegía y protegía a mi hermanito."

—¡Abre, cabrona!

—¡Lárgate!

Se enfrentaban.

—Te voy a madrear.

—Te devuelvo los madrazos.

—Atrévete.

—Órale.

Para que aprendiera, la madre sacó a Zulema de la escuela y la entregó a Drogadictos Anónimos, obligada al internado por un mínimo de tres meses.

* Fragmentos del capítulo "Zulema" del libro *Máxima seguridad. Almoloya y Puente Grande* (Nuevo Siglo/Aguilar, 2001), de Julio Scherer García.

Permaneció interna el plazo completo. Una vez cumplido, se negó a salir a un hogar sin padres ni hermanos ni amores. David Cervantes, el jerarca, que así se denomina al principal del Centro en Villa de Cortés, la aceptó seis meses más.

—En ese tiempo supe de la droga y de las armas, cómo se cocina la cocaína y cómo se manejan las pistolas. Vi de cerca la prostitución, que aborrecí. Jamás sería puta. Nadie me creía virgen y como a una virgen me trataban y virgen era. El Centro me dejó cosas buenas como esas, así como mi casa me dejó cosas malas, todas, salvo mi hermanito, que es también mi hijo, como mi Brandon.

—¿Por qué el nombre de Brandon?

—No sé.

—¿Cómo que no sabes?

—Solo sé de siete letras juntas que me parecen hermosas.

De frente a la grabadora sigue Zulema, inevitables los soliloquios, los silencios:

—Yo era buena estudiante. Tengo mis calificaciones, mis diplomas. Fui becada el cuarto, el quinto y el sexto año de primaria en la escuela Lucas Ortiz Benito. Me nombraron sargento, la importante de la escolta que rinde honores a la bandera, la jefa. Mi aprovechamiento fue de 8.5 y mi entusiasmo era de 10. Mira, te enseño el folio —número 10253433, expedido el 8 de diciembre del 2000 por la delegación jalisciense del Instituto Nacional para la Educación de los Adultos—. Guardo también, aquí la traigo, la constancia de Actividades Educativas del Centro de Readaptación Social número 2. Me enorgullece. Reconoce mi esfuerzo en las tareas académicas, deportivas, artísticas y de consultas bibliográficas durante el año 2000.

—¿Y después, Zulema?

—Todo se fue a la mierda.

Zulema extravía el lenguaje cuando habla de su madre. El rencor la perfora. La última visita de doña Salomé a Puente Grande terminó de mala manera, Brandon entre dos mujeres que se lastimaban. Había llegado el niño con el ánimo de jugar a lo que fuera. Salió del penal entre lágrimas.

La señora se presentó encendida al encuentro con su hija. La revisión de sus prendas y de su cuerpo había ido más allá de lo debido y la avería de una de las puertas electrónicas la había demorado media hora.

—Llegó del peor humor. Es una cabrona —dice Zulema.

—Es tu madre.

—Hija de la chingada.

Yo no sé qué decir, Zulema sí:

—No miento y no quiero que me creas porque digo lo que digo, así nomás. Ve a verla. Te doy la dirección, allá por La Villa, cerca del Reclusorio Norte. Mi hijo la ve tomar y me dice que bebe jugo de uva echado a perder. El otro día llamé por teléfono, que me cuesta y está restringido a 10 minutos dos veces por semana, y apenas si la oía, su radio a todo volumen. Bájale, bájale, le gritaba. No me hacía caso. Me comuniqué con Brandon. "¿Está tomada, hijo?" "No", me dijo, "es el jugo de uva descompuesto."

Visité a la señora en la Unidad Arbolillo, Retorno Tenayuca 26 bis.

Conversamos:

—Nunca le dije "ni para puta sirves." Así le decían algunos, yo no. Sí me cerraba la puerta de la casa, me dejaba afuera y a veces la madreaba, tenía que hacerlo. No la mandé a Drogadictos Anónimos. No sé de dónde saca eso.

Salomé Hernández fue pervertida sin que las primeras manos supieran de su cuerpo. Ella debía entretener el cuerpo ajeno y violentarlo. Batallaba sin saber qué era eso que hacía. Tiempo después fue violada. Menuda y bonita, ahí están las fotos en la vivienda humilde, aprendió a bailar y bailó muy bien. Los zapatos eran su prenda, antes que el vestido y aun la ropa interior. Bailaba tango como nadie y bailaba todo lo demás como muy pocos. Su vida se fue en las pistas, en la borrachera, en los amantes fortuitos y uno que otro duradero.

—Pero mire, señor Scherer, eso sí le digo: mi hija es cabrona y le gusta mentir.

*   *   *

—¿Viste a mi madre?

—Me diste la dirección, ¿no?

—¿Y…?

Le cuento, me cuenta. Un borbotón:

—Ella te habló de su violación psicológica y su violación física, pero nada te dijo de lo que pasó conmigo. No te dijo que se caía de borracha en las escaleras y no pudo subir a ayudarme. Tampoco te dijo que me ponía a servirles cubas a sus amigos. No te dijo cómo me golpeaba, cómo me rebotaban las pinches cucharas en la espalda, cómo me dejaba sangrando. No te dijo cómo me cortó el cabello para mandarme a la escuela, ni te dijo cómo me mandaba con los uniformes asquerosos, cómo me trataba de puta y me arrastraba de la entrada de la unidad hasta la casa, de las puras greñas y a patadas. No te dijo que me sacaba a las dos o tres de la mañana para dormirme con el pinche perro. No te dijo que, puerca hasta las manitas, me hacía tragar del plato del perro. Jamás va a decir algo de esto. Jamás y mil veces te lo va a negar, así un mundo le esté diciendo que esto fue así, tal día, tal fecha, tal hora. Ella te va a decir que no es cierto, que están locos, hijos de quién sabe qué, de su puta madre.

—¿Por qué la ves?

—Brandon vive con ella.

Zulema lleva a los párpados sus dedos de uñas bien cortadas. Llora, poquito.

—He pensado mucho que si mi madre llegara a faltar, para mí, sería un descanso. Perdóname, pero es la verdad. Sería un descanso para mí, para mi hermano, para mi hijo, sería un descanso para todos. Porque es una mujer enferma, una mujer que está enferma. ¿No te dijo que vivía con *El Tostón*?

—¿Con quién?

—*El Tostón*, con el que yo me había balaceado, el que asaltó a su hermano, mi tío. ¿No te dijo que se lo llevó para revolcarse en su cama?

*   *   *

—Cuéntame de *El Chapo*.

—Acabábamos de hacer el amor, me abrazó y me dijo: "Cuando yo me vaya vas a estar mejor; te voy a apoyar en todo. Ya le di instrucciones al abogado." Inclusive tienes una carta en que así me lo dice. Me dijo también que si él necesitaba un abogado, en cualquier lado donde estuviera, lo iba a tener. Yo le dije que siempre se habían arreglado los problemas en los juzgados. Él me dijo que no, que no era esa exactamente la forma en que se iba a ir. No pregunté más.

"Después nos volvimos a ver y me dijo que ya se iba a hacer. Él me decía: "Tranquila, no va a pasar nada, todo está bien."

"Me hizo muchas confidencias. Tú sabes que Ofelia lo conoce (Ofelia Fonseca, la hija de *Don Neto*), y nosotras hemos platicado. Ella me dice que yo tuve acceso a él. Yo creo que sí, que entre Joaquín y yo había mucha identificación, porque yo estaba en el mismo lugar que él estaba. O sea, aparte de ser mujer, yo estaba viviendo la misma pena que él. Yo sé de este caminar de lado a lado en una celda. Yo sé de este esperar despierta, yo sé de este insomnio, yo sé de este fumarte, querer quemarte el sexo, quererte quemar las manos, la boca, fumarte el alma, fumarte el tiempo. Yo sé lo que estos rincones hablan, lo sé. Y él sabía que yo lo sabía. Muchas ocasiones llegaba de malas, muchas ocasiones no tuvimos ni relaciones, pero él quería sentirme cerca. Él me quería desnuda, sentirme con su cuerpo. No teníamos sexo, pero estábamos juntos. Y yo le entendía y sabía que tenía ganas de llorar. Sabía que estaba hasta la madre de esta cárcel, a pesar de que tuviera lo que tuviera.

"Sabía que si escapaba estaba expuesto a que lo mataran. Él sabe que en este negocio se está expuesto a perder a toda la familia. Y sabía a lo que se iba a enfrentar. No es tan fácil decir yo me voy a fregar y ya. Porque es toda la vida huyendo, es toda la vida escondiéndote, es toda la vida despierto. Yo sé que había muchas voces en su silencio.

"Me platicaba de su infancia, me decía que había sido muy pobre. Yo supe que las cartas que él me mandaba no las escribía, pero sí sabía que las autorizaba, que decía lo que quería decir con esas palabras. Él ordenaba a su amanuense: "Dile que la extraño mucho", y ya el otro aventaba de su inspiración. Cuando me platicaba de su infancia, él quedaba como suspendido en la pared, como si fuera algo que quisiera olvidar y a la vez lo tuviera preso en cada momento de su vida.

"Es un pavor regresar a la pobreza. El mismo pavor que él sintió lo siento yo. Ese era un hilo de comprensión entre nosotros. Yo también fui pobre, padecí mucho y padezco hasta la fecha una madre insoportable. Él padeció el yugo de un padre, el abandono del padre, el que lo corriera de su casa y lo mandara a trabajar con el abuelo, a las tierras, de día y de noche. Él lo vivió y cómo lo superó, cómo tuvo que superarse, cómo tuvo que llegar a ser un hombre como el que es y todo el imperio que hizo.

* * *

La misiva del 5 de agosto de 2000:

"¡Hola cariño mío! Te hago llegar esta carta con mucho ánimo y bastante gusto, quizás no con las mejores noticias que yo te quisiera dar respecto de poder vernos en estos días o referente a tu traslado, pero sí lo hago mi amor para decirte todo lo que te amo y lo mucho que te extraño y cuánto desearía poder hablar y estar contigo para ser tan feliz como lo he sido esos cortos ratitos que he podido gozar y hacerte completamente mía.

"Corazón, por más que he buscado la forma de poder verte y que ya me habían prometido que sí se podría resultó que siempre no, tú sabes pues, que desde lo del comentario aquel y luego por detalles insignificantes de locutorios, los del centro de control han andado con la duda y te traen vigilancia especial aunque aparentemente en ocasiones no se nota. A mí me han traído con que ya mero y ahora sí para la próxima guardia podrás verla, y ya ves seguimos esperando. Pero mi amor espero y tengo fe que la semana entrante sí ya pueda ser de verdad. Pasando a otro tema cariño, sé que el abogado te tiene informada de que ha obstaculizado por el momento el traslado pero que solo es cosa de un tiempecito, así que por favor sigue confiando y teniendo esperanzas. Aunque tarde unos días más el traslado lo que a mí realmente me importa más y muy a fondo es resolverte el asunto de la libertad y estoy seguro que será para fin de año. Preciosa este gobierno ya se va y se van a poder arreglar muchas cosas en asuntos no tan sencillos como el tuyo, pero que tampoco no es de lo más complicado. Todo es cosa de $ y como quiera en tratándose de eso yo por tu salida no voy a escatimar ni esfuerzos ni gastos.

"Oye amor el favor que me pidieron para lo del arresto de Lulú yo lo hice porque tú me lo pediste así que ella te lo debe a ti mi amor.

"Cariño en estos días mi único consuelo es pensar y pensar mucho en ti y en lo que un día espero sea mi vida a tu lado. JGL."

* * *

17 de agosto de 2000:

"¡Hola amor! ¿Cómo estás? Yo aquí pensando en ti a cada momento. Hubiera querido que esta carta ya pudiera llevar la noticia del día en que nos podamos ver, pero desgraciadamente nada es seguro, aunque me prometen que ahora sí ya la semana entrante se va hacer, nosotros lo único que podemos hacer es esperar que ojalá y sea cierto, porque la verdad yo ya estoy muy desesperado, pero lo que me han dicho es que no disminuía la vigilancia sobre tu persona, pero me acaban de decir que al parecer a partir del fin de semana en adelante las cosas van a cambiar, por eso de inmediato me puse a hacerte esta cartita, para comentarte ese detalle y además decirte cuánto te quiero y cuánto te amo mi Zulema preciosa y adorada. En la carta anterior te decía que pronto nos veríamos y te lo comentaba porque eso es lo que a mí me dicen, pero luego resulta que me avisan que todavía no y bueno hay que ser prudentes y no ir a cometer un error que entorpezca el que nos podamos ver aunque sea a escondidillas de vez en cuando, pues como dice el dicho cariño 'más vale paso que dure y no trote que canse'. JGL.

* * *

28 de noviembre de 2000:

"¡Hola corazón!… No sabes cómo he hecho la lucha por entrevistarme contigo pero te tienen demasiado vigilada, hasta llego a pensar que de alguna manera se enteraron o le hicieron saber al nuevo director y aunque en partes como que quiere jalar y en otras de plano nomás me trae a que más adelantito y de ahí no pasa.

"Amor se acercan ya las fiestas navideñas y nada me haría más feliz que estar cerca de tu persona, de tu piel y de tus labios, pero todo es incierto y aunque no quito el dedo del renglón en verte no quiero prometerte ya que sería tal día porque luego me quedan mal.

"Me despido enviándote todo mi más grande sentimiento que puede sentir el hombre por una mujer que ama. De pronto puede haber una excelente sorpresa. Te amo. JGL."

Tuvieron a su ex… y la soltaron

Jorge Carrasco y Patricia Dávila

El trabajo había sido exitoso, "limpio", sin contratiempos. En menos de cinco horas estaba cumplido el objetivo: la detención de Griselda López Pérez en una zona residencial de Culiacán y su traslado a la PGR en el Distrito Federal, bajo el cargo de lavado de dinero para el cártel que codirige su exesposo, *El Chapo* Guzmán.

En el operativo de arresto participaron 200 efectivos de unidades especiales de la PF, el Ejército y la Marina, coordinados y enviados desde la Ciudad de México. Todo un aparato táctico y logístico, un aparatoso despliegue de fuerza que, al final, sirvió de nada: de manera insólita, la PGR dio marcha atrás y dejó en libertad a la excónyuge de Joaquín *El Chapo* Guzmán, que la mañana del 12 de mayo de 2010 había sido detenida en la capital del estado de Sinaloa.

Pasado el mediodía, ya en el Distrito Federal, una veintena de efectivos con armas largas irrumpió en la unidad de lavado de dinero de la Subprocuraduría de Investigación Especializada en Delincuencia Organizada (SIEDO) de la PGR y entregó a Griselda López al Ministerio Público federal. La mujer iba esposada, con

131

la cabeza cubierta, dijeron a *Proceso* testigos de primera mano que pidieron el anonimato.

En esos momentos, el secretario de Gobernación, Fernando Gómez Mont, estaba en Culiacán para "evaluar las estrategias de seguridad" del gobierno federal en el estado.

La detención de Griselda López no trascendió hasta el mediodía del 13 de mayo, cuando versiones de prensa reportaban el hecho como un rumor. Pero a esa hora la exesposa de *El Chapo* ya estaba libre, de regreso a su pueblo, Jesús María, a media hora de Culiacán.

No fue sino hasta la noche de ese día cuando la PGR confirmó su detención y posterior liberación bajo "las reservas de ley", no obstante que era la principal destinataria del operativo en el que se aseguraron seis casas, siete automóviles de lujo, cinco cajas fuertes con joyas y otros bienes relacionados con *El Chapo*. Era la primera acción en Culiacán contra propiedades vinculadas con el narcotraficante.

El operativo había sido planeado especialmente para detener y mantener a su exesposa bajo arraigo por presuntas operaciones financieras relevantes, cuyos montos habrían superado los ingresos que reportó a la Secretaría de Hacienda.

El objetivo no era *El Chapo* sino ella. Su detención se logró de forma exitosa. Sin un solo disparo y en sigilo. Al margen quedaron los efectivos militares y navales que participan en la Operación Conjunta Culiacán-Navolato-Guamúchil-Mazatlán, incluido el entonces general de brigada Noé Sandoval Alcázar, comandante de la IX Zona Militar con sede en la capital sinaloense.

La noche del 11 de mayo, 200 elementos del Ejército, la Marina y la PF se movilizaron desde la Ciudad de México al servicio del Ministerio Público federal adscrito a la unidad de lavado de dinero.

Se dirigieron a Culiacán con una orden del juez Cuarto Federal Penal Especializado en Cateos, Arraigos e Intervenciones de Comunicaciones, incluida en el expediente 232/2010, para catear siete domicilios de cuatro colonias de Culiacán relacionados con *El Chapo*. Los allanamientos comenzaron a las 6:30 horas del 12 de mayo. Se prolongaron poco más de tres horas. Hacia las 10 de la mañana, un convoy de 27 vehículos del Ejército pasó por la carretera internacional hacia el norte del estado.

En uno de los cateos los militares cerraron la circulación del bulevar El Dorado, en el fraccionamiento Las Quintas. La movilización atemorizó a los padres de familia que a esa hora llevaban a sus hijos a las escuelas Senda y Nueva Generación, ubicadas en la misma vialidad. El miedo a un enfrentamiento los obligó a regresar a sus casas.

Desde hace años era de conocimiento público que en Las Quintas, la casa señalada con el número 1390 del bulevar El Dorado, esquina con la avenida Sinaloa, era propiedad de *El Chapo*.

La prensa local se concentró en esa casa para cubrir el operativo, pero al mismo tiempo las fuerzas federales cateaban los otros seis domicilios. En todos bloquearon varias calles alrededor.

Las casas se ubican en Cerro de las Siete Gotas número 752 y Cerro de la Silla 857, ambas en el fraccionamiento Colinas de San Miguel; Eustaquio Buelna 2064 y avenida Álvaro Obregón 1865, en la colonia Tierra Blanca; avenida Presa Don Martín número 715 y bulevar El Dorado 1390, esquina con avenida Sinaloa, en el fraccionamiento Las Quintas, y Río Elota 350-B, en la colonia Guadalupe.

Griselda López Pérez fue detenida en la casa de Cerro de las Siete Gotas. El mediodía del 12 de mayo los uniformados la presentaron ante la unidad de lavado de dinero de la SIEDO, en el DF. Ahí pasó la noche.

En un boletín emitido la noche del 13 de mayo la PGR confirmó la detención y posterior liberación de López Pérez, a quien también identificó como Karla Pérez Rojo.

Pero nunca indicó que fue presentada ante la unidad de lavado de dinero de la Subprocuraduría a cargo, en esa época, de Marisela Morales Ibáñez. También omitió los motivos por los cuales la exesposa de El Chapo fue llevada ante el Ministerio Público federal en la Ciudad de México. Mucho menos que, para esa mera presentación, se movilizaron 200 elementos del Ejército, la Marina y la PF desde la capital federal.

La PGR justificó así su liberación: "Dentro de las acciones realizadas se presentó a Griselda López Pérez o Karla Pérez Rojo, quien después de rendir su declaración ante el Ministerio Público de la Federación se retiró con las reservas de ley."

Además de López Pérez fueron detenidas otras tres personas que estuvieron bajo arresto en la SIEDO. Proceso confirmó en la PGR que ninguna de ellas tenía nexos familiares con Guzmán Loera ni con su exesposa.

De las siete viviendas cateadas, seis permanecerían aseguradas por la PGR en tanto se concluían las investigaciones. En la misma situación se encontraría el resto de los bienes confiscados.

En su comunicado, la Procuraduría precisó que se trataba de menaje de casa, cinco cajas fuertes con diversas joyas, dos CPU de computadora, tres laptops y siete vehículos: un Audi convertible, un Land Rover color blanco, un Mercedes Benz sedán color plata, una camioneta Cayenne GTS blanca, un Land Rover color plata, una camioneta Cadillac Escalade color perla y una Toyota Rav 4.

La detención de López Pérez estuvo antecedida por la insistencia de la revista *Forbes* en colocar a *El Chapo* en un lugar prominente de la delincuencia organizada internacional. Además de incluirlo en la relación de los más ricos del mundo, esta vez lo puso en "el segundo lugar de la lista de los 10 delincuentes más buscados del mundo", solo por debajo del líder de Al Qaeda, Osama Bin Laden.

Forbes recordó que Estados Unidos ofrecía 5 millones de dólares por la captura del narcotraficante y 25 millones de dólares por el responsable de los ataques terroristas del 11 de septiembre de 2001 en Nueva York.

También antecedió a la detención abundante información publicada por el periódico *Reforma* sobre la capacidad de infiltración de *El Chapo* en las Fuerzas Federales de Apoyo de la PF, a cargo de la SSP, encabezada por Genaro García Luna. Además se habló del conocimiento que tenía el diario sobre las investigaciones de la Marina y la SIEDO.

Un día después de la liberación de Griselda López Pérez, *Reforma* publicó que en 2001, cuando aún era esposa del capo, Griselda fue quien acompañó a Guzmán en su primera etapa como fugitivo, tras escapar del penal "de alta seguridad" de Puente Grande, Jalisco, en enero de ese año.

"Expedientes abiertos por la PGR hace casi una década dan cuenta de que por lo menos durante el primer año en que el capo del cártel de Sinaloa vivió a salto de mata, López Pérez estuvo a su lado", señaló el periódico. Precisó que estuvo por lo menos nueve meses con él en Puebla, según declaró el exlugarteniente de *El Chapo* Jesús Castro Pantoja, tras ser detenido en noviembre de 2001.

Informó asimismo que desde septiembre de ese año, en la PGR existía una orden de localización de la mujer retenida en la SIEDO entre el 11 y el 12 de mayo de 2010.

También citó a la PGR para decir que en 2002 López Pérez ayudó a su entonces esposo a rentar casas en el Distrito Federal, en las colonias Ampliación Jardines del Pedregal, de la delegación Álvaro Obregón, y en Santa Úrsula Xitla, en Tlalpan.

La vereda sentimental

López Pérez fue la segunda esposa de Guzmán Loera, con quien procreó cuatro hijos. Uno de ellos, Édgar Guzmán López, de 22 años, fue ultimado el 8 de mayo de 2008 en un centro comercial de Culiacán. Sus asesinos utilizaron bazucas y lanzamisiles.

El ataque siguió a la detención de Alfredo Beltrán Leyva, *El Mochomo*, quien había sido capturado en enero de ese año por el Ejército. La organización de los hermanos Beltrán Leyva acusó a *El Chapo* de haber entregado a los militares a quien durante años había sido su brazo derecho.

La represalia fue parte de la disputa que desde 2004 mantenían *El Chapo* e Ismael *El Mayo* Zambada con sus antiguos aliados del cártel de Sinaloa, los hermanos Beltrán Leyva y los Carrillo Fuentes (edición especial de *Proceso* número 28. "La guerra del narco").

Griselda López ha pasado la mayor parte de su vida en Jesús María, pueblo ubicado a 30 minutos de Culiacán. De ese lugar son originarios sus padres, Incluso, el capo construyó para ella y sus hijos una residencia separada de la población solo por la carretera.

En Jesús María también está la sepultura de Édgar Guzmán: un mausoleo levantado en una superficie de 2 mil metros cuadrados que supera en tamaño a la iglesia local.

Édgar fue asesinado junto con su primo Arturo Meza, hijo de Blanca Margarita Cázares Salazar, identificada por el Departamento del Tesoro de Estados Unidos como *La Emperatriz*, y por sus paisanos como *La Chiquis*. Cázares es señalada también por Estados Unidos como parte de la estructura del cártel sinaloense dedicada al blanqueo de dinero.

Durante un recorrido por Jesús María, en marzo de 2009, los habitantes describieron a este medio cómo es la familia de Griselda López, *La Karla*, como la llamaban varios de los entrevistados: es "sencilla" y "tranquila"; no solo toma parte de todas las festividades del poblado, sino que también los hace partícipes de sus eventos. Édgar, el hijo mayor, era querido por los lugareños por su trato afable.

Un ejemplo: a la ceremonia luctuosa oficiada en su honor acudió todo el pueblo. Al término de la misa, la señora Griselda, en agradecimiento por su solidaridad, ofreció a los presentes un recuerdo: un costalito que contenía un rosario de oro de 24 kilates (edición especial de *Proceso* número 24. "El México narco").

El síndico del pueblo, Juan León, en entrevista telefónica el 14 de mayo de 2010, señaló que el Ejército continuamente entraba al poblado a realizar cateos. El último había sido hacía un par de meses. Sin embargo —afirmó—, en ninguno de ellos se habían decomisado viviendas ni había habido detenciones.

—¿La casa de la señora Griselda ha sido cateada?

—Ahí no sabría decirle —respondió evasivo.

Agregó: "Ellos son una familia que ha vivido toda la vida en este pueblo, son muy tranquilos."

—¿Es común que Guzmán Loera acuda a visitarla?

—De eso no puedo yo hablarle —respondió breve para concluir la entrevista.

Jesús María era entonces un pueblo de apenas 3 mil habitantes, ubicado en las estribaciones de la Sierra Madre Occidental, donde comenzaban los cultivos de mariguana y amapola en uno de los vértices del *Triángulo Dorado* del narcotráfico, integrado también por regiones de Durango y Chihuahua.

Antes de Griselda López, *El Chapo* estuvo casado con Alejandrina María Salazar Hernández, con quien contrajo matrimonio en 1997 y tuvo cuatro hijos. El mayor, Archivaldo Iván Guzmán Salazar, *El Chapito*, fue detenido el 9 de junio de 2005.

Estuvo preso en el penal del Altiplano bajo cargos de lavado de dinero y probable participación en el asesinato de la estudiante canadiense Kristen Deyell, en Guadalajara. Quedó en libertad el 11 de abril de 2008 por falta de elementos, según resolvió el magistrado Jesús Guadalupe Luna Altamirano, entonces titular del Tercer Tribunal Unitario del Primer Circuito.

En otro intento de la PGR por procesar a una de las parejas del narcotraficante, en junio de 2005 el juez Antonio González García, titular del Juzgado Octavo de Distrito, negó a la Procuraduría las órdenes de aprehensión por lavado de dinero contra Alejandrina María Salazar y algunos de sus familiares, entre ellos su hermana Imelda.

Ese mismo mes la sobrina de Alejandrina, Claudia Adriana Elenes Salazar, quien estuvo presa en el penal de Santa Martha Acatitla, fue exonerada por el mismo Tercer Tribunal Unitario del cargo de lavado de dinero.

El propio magistrado Luna Altamirano determinó en esa ocasión que "la PGR no aportó elementos de prueba para considerar, ni siquiera de manera indiciaria, que una cuenta bancaria a nombre de la inculpada hubiera sido manejada con recursos de procedencia ilícita", por lo que ordenó que se revirtiera el fallo del juez de primera instancia que sometió a proceso a la mujer.

Otra pareja de Guzmán Loera fue Zulema Hernández, con quien se relacionó mientras estuvo preso en el penal de Puente Grande. Con ella no tuvo descendencia, pero sí una fuerte relación sentimental que ella misma narró a Julio Scherer García en una entrevista publicada por el fundador de *Proceso* en su libro *Máxima seguridad. Almoloya y Puente Grande*.

Las siguientes son solo dos líneas de una infinidad de cartas que le escribió el capo: "Cariño, en estos días mi único consuelo es pensar y pensar mucho en ti y en lo que un día espero sea mi vida a tu lado. JGL."

Zulema quedó en libertad el 6 de junio de 2006, pero el 27 de diciembre de 2008 fue encontrada sin vida en la cajuela de un automóvil abandonado en Ecatepec, Estado de México. Su cuerpo estaba marcado con la letra Z.

En julio de 2007 *El Chapo* se casó con Emma Coronel Aispuro en La Angostura, localidad del municipio de Canelas, Durango, donde habitan Blanca Estela Aispuro Aispuro e Inés Coronel Barrera, padres de Emma.

Dos días después de la boda, el Ejército cateó varias casas de la comunidad, pero no hubo decomisos ni detenidos (*Proceso* 1609). Los militares no han regresado al lugar.

Y el capo mayor se casó con Emma I...

PATRICIA DÁVILA

En Canelas, Durango, en pleno corazón del *Triángulo Dorado* del narcotráfico —como se conoce a la zona donde confluyen los estados de Sinaloa, Chihuahua y Durango—, Joaquín *El Chapo* Guzmán Loera contrajo matrimonio.

El 2 de julio de 2007 el famoso narcotraficante se casó en La Angostura, localidad de este municipio adonde los fureños llegan solo por caminos accidentados. Con todo y eso, además de autoridades locales, asistieron a la boda exfuncionarios del gobierno de Sinaloa, tierra natal de Guzmán Loera.

Su nueva esposa, de 18 años de edad, se llama Emma Coronel Aispuro.

Previamente, para halagar a su novia, el narcotraficante más buscado y por el que la DEA ofrece 5 millones de dólares, secuestró prácticamente a la cabecera municipal durante todo un día, el 6 de enero de 2007, para ofrecer un baile en honor a Emma en la plaza municipal.

Localizado en la Sierra Madre Occidental, Canelas —cabecera del municipio del mismo nombre— tenía entonces 2 mil habitantes. La Procuraduría General de la República consideraba este uno de los lugares del país donde más se cultivaban y

141

traficaban la mariguana y la amapola. La gente misma ha reconocido que aquí se sembraban en 80% esos enervantes y 20% de maíz o de frijol.

Igual que los municipios de Tamazula y San Dimas, esta región atrajo a los capos del narcotráfico, que la hicieron parte de su *Triángulo Dorado*. Dentro de todo, La Angostura es una de las localidades más alejadas de Canelas, la cabecera: en época de lluvias solo se llega después de tres horas y media en motoneta; la otra opción es el helicóptero. Pero aunque apenas había 10 casas, su ubicación es lo importante: colinda con Tamazula, Durango, y Culiacán, Sinaloa.

Prófugo desde el 19 de enero de 2001, cuando escapó del penal federal de Puente Grande, Jalisco, *El Chapo* Guzmán se estableció en La Angostura a finales de 2006.

Luego conoció a Emma, de tez blanca, cuerpo bien delineado y estatura de 1.70.

Una fiesta segura

En su parte pública, la peculiar historia de amor comenzó el 20 de noviembre de 2006: ese día el ayuntamiento convocó a todas las jovencitas al concurso para elegir a la reina de la Gran Feria del Café y la Guayaba 2007.

Una de las postulaciones provocó sorpresa: Emma, una muchacha del lejano caserío de La Angostura, competiría con Baudelia Ayala Coronel, de El Ranchito; Rosa Sandoval Avitia, de la cabecera; Alma Díaz Rodríguez, de Zapotes, y Nancy Herrera Vizcarra, de Mesa de Guadalupe.

A partir de entonces las cinco candidatas organizaron actividades para ganar simpatizantes. Emma invitó a cuanta gente pudo al gran baile que haría el 6 de enero de 2007. Sobre este acontecimiento, el periódico local *El Correo de la Montaña*, de mayo pasado, dijo que le dio a Emma una "morbo-popularidad", una fama basada en las expectativas de que *El Chapo* asistiera. Ya corrían rumores —que luego resultaron ser noticias— sobre la boda.

Llegó el Día de Reyes. A las 11 de la mañana unas 200 motonetas con asientos para dos personas llegaron a Canelas. A bordo de ellas, hombres con vestimenta y pasamontañas negros, con metralletas colgadas del hombro y pistolas de grueso calibre en los cinturones. Poco a poco se distribuyeron en las 10 entradas del pueblo, incluyendo las de herradura (a caballo). Se apostaron en todas las calles.

Luego arribaron a la pista de aterrizaje, en avionetas de cinco plazas, los integrantes del grupo musical Los Canelos de Durango, con la misión de amenizar el baile. Pero también iban armados: presumían sus pistolas con cachas de oro.

Horas más tarde, a las 16:30, llegaron seis avionetas de ala fija. *El Chapo* bajó de una de ellas.

Vestía pantalón de mezclilla, chamarra, cachucha y tenis de piel negra. Estos tenían una raya blanca. Como si fuera parte de su vestuario, en el pecho llevaba cruzado un fusil de asalto AK-47, *cuerno de chivo*, y en la cintura una pistola que hacía juego con la ropa.

Después de él bajó de la misma aeronave su brazo derecho, *Nacho* Coronel, originario de Canelas.

Enseguida se desplegó el resto del cuerpo de seguridad del narcotraficante al que se supone el más buscado. De otras tres avionetas bajaron hombres vestidos con uniforme verde, semejante al de los militares; portaban chalecos y radios fijos en el pecho. El operativo fue más ostentoso que el implantado en las giras presidenciales.

En las otras dos avionetas iba el armamento: granadas, *cuernos de chivo*, metralletas y pistolas. También incontables cajas de whisky.

Dos helicópteros comenzaron a sobrevolar la zona; el operativo estaba completo. En la plaza central, Los Canelos abrieron el baile con "Cruzando cerros y arroyos", canción con la que *El Chapo* enamoró a Emma: "Cruzando cerros y arroyos /he venido para verte..."

Y en otra estrofa: "Eres flor, eres hermosa, /eres perfumada rosa /que ha nacido para mí. /Acerca tu pecho al mío /y abrázame, que hace frío, /y así seré más feliz."

La orgullosa joven de La Angostura paseaba por la plaza mezclándose con la gente y debidamente cuidada. Los hombres de su galán le abrían paso cuando este quería bailar. La pareja, como dice su canción, se veía feliz.

Con tanta vigilancia la fiesta debía ser un éxito. De pronto, en un extremo de la plaza un hombre disparó un balazo, pero los guardias de *El Chapo* nomás lo aplacaron. Ningún altercado, era la consigna. Al ingenuo que intentó tomar una foto le quitaron la cámara. Después solo se oyó la música y la algarabía normal de un gran baile de pueblo.

Ahí estaban, por supuesto, los padres de Emma: Blanca Estela Aispuro Aispuro e Inés Coronel Barrera. En La Angostura, Inés se dedicaba oficialmente a la ganadería, aunque quienes lo conocían sabían que realmente su fuerte era la siembra de mariguana y amapola. Emma anunció ese día su matrimonio y, durante el bailongo, Coronel Barrera no disimuló su alegría por emparentar con un jefe tan poderoso.

Había pocas pero notorias personas. Algunos asistentes dijeron haber reconocido al exsubprocurador de Justicia de Sinaloa, Alfredo Higuera Bernal, y al presidente municipal de Canelas, Francisco Cárdenas Gamboa, de extracción panista, quien concluyó su encargo el 31 de agosto y cuya presencia generó dos versiones: que fue forzado a asistir, o bien, que era un integrante más de la organización de *El Chapo*.

En el reino del capo

Los objetivos del baile se cumplieron: Emma quedó a la cabeza del concurso para reina de la Feria del Café y la Guayaba 2007 y Joaquín Guzmán afianzó su relación con ella. De paso, *El Chapo* demostró su poder al aparecer en público desafiando a policías y militares. Además de en Canelas se le veía en los concurridos restaurantes El Mirador, de Monterrey, y La Garufa, de Torreón.

A las 11 de la mañana del día siguiente despegaron los aviones del capo. Aparte de los recuerdos de una fiesta fenomenal, a los habitantes de Canelas les quedó la certeza de que pronto habría boda.

Aunque hablaron con mucha reserva, los propios vecinos recordaron que dos días después, el 8 de enero, llegaron al municipio 150 militares del 72 Batallón de Infantería, destacamentado en Santiago Papasquiaro, Durango. Acamparon frente a la pista de aterrizaje, en la Cañada del Macho y Ojito de Camellones, e instalaron un retén en la carretera. Se quedaron 44 días.

El 14 de febrero de 2007 se contaron los votos del concurso: de 800, 400 los ganó Emma Coronel; en segundo lugar quedó Alma Díaz Rodríguez y el tercer puesto fue para Baudelia Ayala. Ese día regresó la música con los grupos Alegres del Barranco, la Banda Tierra Blanca y nuevamente Los Canelos. Cada uno abrió con el corrido "Cruzando cerros y arroyos", dedicado a Emma I.

La coronación se consumó el 23 de febrero, día de la inauguración de la feria. Varios canelenses dicen que *El Chapo* estaba presente mientras Emma recorría las calles del pueblo. Casualmente dos días antes, el 21 de febrero, se había retirado el destacamento del Ejército.

El periódico de la comunidad, *El Correo de la Montaña*, reseña en su boletín número 23: "En la edición de este 23 de febrero de 2007, en punto de las 11 horas aproximadamente, previo desfile por el encementado de la cancha deportiva habilitada para el magno evento de coronación de Sus Majestades —como dijera el conductor del programa al referirse al cortejo saliente y al entrante—, la autoridad municipal presidida por el C. Francisco Cárdenas Gamboa, sin más preámbulo, procedió a colocar la corona en las sienes de Emma I; a la vez que el Sr. Rodolfo Dorador, Senador (del PAN) por la República, hacía lo mismo con Alma, elegida —al igual que la reina— democráticamente Princesa."

Continúa el periódico: "Emma I llega al reinado precedida de gran morbo-popularidad, que se genera a partir del día 6 de enero, en el cual presidió un comentadísimo y lucido baile en la cabecera municipal. A partir de ahí y sumado a ello la sencillez y simpatía que la caracterizan, así como sus ganas de triunfar, le hicieron merecer el que la mayoría de los votantes la prefirieran como Reina de Canelas, edición 2007..."

El de Emma I fue el reinado más corto en la historia de la feria. Por tradición, si la reina se casa es sustituida por la princesa. Pero esta se casó también en julio. Para el último informe del alcalde Cárdenas Gamboa, el 30 de agosto de 2007 —acto al que debe asistir la soberana—, el maestro de ceremonias presentó como nueva reina de Canelas a la hasta entonces "embajadora" Baudelia Ayala.

Tercera luna de miel

Junto con Héctor *El Güero* Palma Salazar, hasta 1989 Joaquín Guzmán Loera fue lugarteniente del "capo de capos" Félix Gallardo, que en abril de ese año fue detenido por Guillermo González Calderoni, comandante de la Policía Judicial Federal en el sexenio de Carlos Salinas de Gortari. Ya en prisión, Gallardo decidió repartir su territorio.

De acuerdo con datos de la PGR, *El Chapo* Guzmán recibió Mexicali y San Luis Río Colorado; Rafael Aguilar Guajardo, Ciudad Juárez, Chihuahua y Nuevo Laredo; Héctor Palma, Nogales y Hermosillo; Jesús Labra, tío e impulsor de los Arellano Félix, Tijuana; e Ismael *El Mayo* Zambada, Sinaloa.

En su libro *Los capos*, el periodista Ricardo Ravelo narra cómo Ramón, Benjamín y Francisco Rafael Arellano Félix impusieron su poder en todo Baja California, rompiendo el acuerdo con *El Chapo*, a quien echaron de su territorio. Incluso invadieron Sinaloa y Durango.

En 1993 la detención de Francisco Rafael cimbró la estructura de los Arellano Félix, pero eso no detuvo su guerra a muerte con *El Chapo*, quien se asoció con *El Güero* Palma hasta que este fue detenido y llevado al penal de máxima seguridad de Puente Grande, Jalisco. Más tarde, ambos se aliaron con *El Mayo* Zambada.

El 23 de mayo de 1993, en un enfrentamiento entre la banda de los Arellano Félix y la de *El Chapo* en el Aeropuerto Internacional de Guadalajara —que sigue sin aclararse— fue asesinado el cardenal Jesús Posadas Ocampo. En consecuencia, el gobierno federal desató una persecución que culminó ese mismo año con la detención de Joaquín Guzmán en Guatemala.

Durante siete años Guzmán gozó de un poder absoluto dentro del reclusorio federal de Puente Grande. En complicidad con *El Güero* Palma y Arturo Martínez Herrera *El Texas*, y con varios custodios a su servicio, preparó su fuga durante dos años y la llevó a cabo el 19 de enero de 2001.

Fue en ese penal donde *El Chapo* sostuvo la última relación sentimental de que se había tenido noticia hasta ahora. Fue con Zulema Hernández, que se convirtió en su amante en prisión. Julio Scherer García, en su libro *Máxima seguridad*, publicado en noviembre de 2001, reproduce la entrevista que le hizo la cárcel a la amante de *El Chapo*.

En Puente Grande el capo atendía a Zulema Hernández y a su segunda esposa, Laura Álvarez Beltrán. Su primera esposa fue Alejandrina María Salazar Hernández, con quien se casó en 1977 y procreó cuatro hijos. El mayor de ellos, Archivaldo Iván Guzmán Salazar, conocido como *El Chapito*, ingresó preso en el penal del Altiplano, antes La Palma, desde el 9 de junio de 2005, bajo los cargos de lavado de dinero y su probable participación en el asesinato de la estudiante canadiense Kristen Deyell en Guadalajara.

Con su boda, Emma Coronel Aispuro se convirtió en la tercera esposa del narcotraficante. Aunque inicialmente se divulgó que el enlace sería el 3 de julio de 2007, finalmente se adelantó un día para hacerlo coincidir con el cumpleaños 18 de Emma.

La ceremonia se realizó en La Angostura. A diferencia del baile del Día de Reyes, el día de la boda la gente de Guzmán Loera cercó el caserío y solo estuvieron presentes familiares de la novia y personas muy allegadas a *El Chapo*, como Ignacio Coronel y el exsubprocurador del gobierno de Sinaloa, Alfredo Higuera Bernal. Al juez y al sacerdote los llevó Guzmán desde Sinaloa.

Lugareños que conocieron de estos hechos aseguraron que la boda siempre estuvo programada para el 2 de julio y que con el cambio de fecha el novio descontroló a sus enemigos. Un día después de la ceremonia, La Angostura fue cateada por soldados, pero Emma Coronel y Joaquín Guzmán ya estaban en Colombia, según una versión; otra dice que se fueron a una casa nueva en plena montaña.

El Chapo también pudo despistar a otros enemigos. Días después de la boda los habitantes de Canelas vieron una aeronave sobrevolar la zona. Creen que se trataba de una avioneta perteneciente a capos rivales.

En Canelas se seguía escuchando su corrido: "Alegre y enamorado, siempre le ha gustado ser. /La plebe que le ha gustado, siempre la carga con él, /le cueste lo que le cueste, pues ejerce su poder."

6

CAPO DE EXPORTACIÓN

En Guatemala, bajo protección

JORGE CARRASCO ARAIZAGA y J. JESÚS ESQUIVEL

Inalcanzable para el gobierno mexicano, Joaquín *El Chapo* Guzmán se ha movido a sus anchas en Guatemala y Honduras, bajo la protección de un cerco "militar" para dirigir personalmente el trasiego de drogas desde Centroamérica hasta México y Estados Unidos.

El jefe del cártel de Sinaloa ha entrado y salido de los dos países centroamericanos gracias al control que ejerce en vastos territorios de esta región, a pesar de que en 1993 fue detenido casualmente en Guatemala por el general Otto Pérez Molina, quien llegaría a la Presidencia de ese país en enero de 2012.

Tan solo en la primera mitad de 2011, los servicios de inteligencia guatemaltecos y de Estados Unidos ubicaron a *El Chapo* por lo menos cinco o seis veces en el norte y el noroeste del país, muy cerca de la frontera con Honduras. "La última vez que se le vio aquí en Guatemala fue en Semana Santa (en abril de ese año) en la zona de Puerto Barrios", aseguró en entrevista con *Proceso* el ministro de Gobernación, Carlos Menocal.

"En tres de esas ocasiones existe la certeza de la presencia de *El Chapo* porque en los lugares donde estuvo se encontraron documentos y dinero, y se detectaron comunicaciones", dijo el ministro con base en información de la DEA y de la Secretaría de Inteligencia Estratégica del Consejo de Seguridad Nacional de Guatemala.

De acuerdo con Menocal, tras detectar la presencia de *El Chapo* los gobiernos de Estados Unidos y Guatemala han realizado operativos para capturarlo, "pero por incompetencia del Ejército guatemalteco han llegado tarde."

Además de haber sido ubicado en su principal zona de influencia —en la frontera occidental de Guatemala con México, en el Pacífico sur y en la frontera con Honduras—, se ha establecido por temporadas en la capital guatemalteca.

"En febrero y marzo del año pasado (2010) se le ubicó en el complejo residencial Majadas, donde tenía dos o tres casas; desde ahí operó un buen rato", dice una fuente de Inteligencia Militar que recibió a los reporteros de *Proceso* con la condición de que no revelaran su identidad.

El fraccionamiento Majadas se localiza en una de las zonas más exclusivas en el norte de esta capital, por la carretera que va hacia la turística ciudad de Antigua. El complejo residencial está, por así decirlo, protegido por el hotel Tikal Futura, alrededor del cual se concentran agencias automotrices y tiendas exclusivas, en su mayoría estadounidenses. Con notoria vigilancia privada a cargo de agentes dotados de pistolas, armas largas y equipos de radio, el complejo se localiza a un lado del Country Club de la ciudad de Guatemala.

Para ingresar a Majadas los visitantes, e incluso los residentes, se deben identificar en las casetas de vigilancia de las entradas. Cualquier movimiento de autos o personas desconocidos es reportado de inmediato a través de radios en la cadena de guardias apostados a lo largo y ancho de la calle que desemboca en la zona residencial.

Una fuente de inteligencia civil guatemalteca sostuvo que *El Chapo* "es el tema de fondo" cuando se habla del narcotráfico en Guatemala, ya que se desplazaba con todas las facilidades desde hace mucho tiempo por la frontera con Honduras, Huehuetenango, La Antigua y El Petén, en la frontera con México, y en la propia ciudad de Guatemala.

"Lo cuidan militares mexicanos, guatemaltecos y hondureños, además de la protección que recibe de los policías de las zonas por donde se mueve. En la frontera con El Salvador, al sureste de Guatemala, también se han localizado equipos de escuchas que trabajan para él", dijo la fuente.

Subrayó que *El Chapo* "se mueve en helicópteros y una de las principales empresas que utiliza es Transportes Aéreos de Guatemala (TAG), propiedad del general retirado Francisco Ortega Menaldo, quien participó en la guerra civil guatemalteca. Y de acuerdo con información de Estados Unidos, quien lo lleva y trae es Gregorio Valdés, representante de la empresa de helicópteros Piper."

Acechando en la "tierra de nadie"

El cártel de Sinaloa se hizo presente en Guatemala desde los noventa y estableció lazos con los capos locales del narcotráfico para traficar drogas provenientes de Colombia. Igual que lo hicieron con el cártel del Golfo, los narcotraficantes guatemaltecos se encargaron durante años de garantizar el traslado de los narcóticos a México, en su ruta hacia Estados Unidos.

Hasta 2007, cuando se empezó a detectar la presencia de Los Zetas, el movimiento de las drogas se efectuaba sin violencia en un acuerdo tácito de no agresión entre los cárteles locales, el de Sinaloa y el del Golfo.

El Chapo estableció sus dominios en Guatemala a través de las familias que ya tenían un control territorial específico. En la costa del Pacífico, en el sur del país, que va desde el departamento de Quetzaltenango hasta Santa Rosa, el trato era con el narcotraficante Juan Ortiz López *Chamalé*, capturado el 29 de marzo de 2011 y quien era requerido en extradición por la justicia estadounidense.

En la frontera con El Salvador, Guzmán Loera estableció vínculos con la familia de los Lorenzana y con Otto Herrera, un capo posteriormente extraditado a Estados Unidos.

En la región central, en los departamentos de Jalapa, Chimaltenango, El Progreso, Tonicapán y la capital del país, el enlace de *El Chapo* ha sido con las familias de los Mendoza y los Ponce.

Hay un sector en la frontera con México, entre los departamentos de Quetzaltenango, San Marcos, Huehuetenango y parte del Quiché, donde el territorio no estaba controlado por ningún grupo del crimen organizado. "Es tierra de nadie", coincidieron los entrevistados.

Una fuente de los servicios de inteligencia mexicanos aseguró que esa zona es la puerta principal para el contrabando de armas, drogas, migrantes y gasolina. Este negocio ilegal lo realizaban tanto el cártel de Sinaloa como el del Golfo y, en años recientes, también Los Zetas. Todos trataban de relacionarse con los caciques locales, quienes de ese modo mantenían el control del paso de la amapola que se sembraba sobre todo en el departamento de San Marcos.

El único cártel local encargado de la siembra y el trasiego de la amapola que había en Guatemala era el de *Chamalé*, socio de *El Chapo*. La localidad de Tecún Umán, fronteriza con México, era el punto estratégico para el comercio de ese narcótico. El ministro de Gobernación guatemalteco, Carlos Menocal, dijo a *Proceso* que en ese lugar las organizaciones mexicanas trasladaban la mercancía en helicópteros con facilidad porque no había mayor presencia de las fuerzas de seguridad de ninguno de los dos países.

Intermediarios llevaban la semilla de amapola a Guatemala desde Chiapas y la vendían a campesinos de los municipios fronterizos de Tejutla, Ixchiguán, Tajumulco y San Miguel Ixtahuacán, según datos del Ejército y la Policía Nacional Civil (PNC), dependiente del Ministerio de Gobernación.

En esos poblados, el opio se vendía por kilogramo o por onza a los intermediarios mexicanos, que luego lo trasladaban en mulas por los caminos de terracería hasta México, donde estaban los laboratorios para convertirlo en heroína negra.

"Esa parte del territorio mexicano la han descuidado mucho; de ahí la toma de la frontera por los narcotraficantes. No hay presencia militar ni vigilancia de otro tipo, aun cuando el gobierno mexicano conoce de la incapacidad de Guatemala para prevenir este tráfico", subrayó la fuente de inteligencia militar guatemalteca.

En la "tierra de nadie" se registraban numerosos enfrentamientos por el control y el "tumbe" (robo) de droga sin que se hicieran públicos. "Ha habido muchos muertos, de todo tipo: sicarios, pandilleros, kaibiles y mexicanos; los cárteles recogen a sus muertos para no llamar la atención", dijo un experto guatemalteco en el tema de la delincuencia organizada originario de esa región.

Desde que inició su colaboración con los capos guatemaltecos, *El Chapo* reclutó a desertores kaibiles, la fuerza especial
del Ejército de Guatemala, a los que ha utilizado como fuerza
de protección de cargamentos, de acuerdo con funcionarios
gubernamentales.

Captura circunstancial

Sandino Asturias Valenzuela, coordinador general del Centro de
Estudios de Guatemala, dijo que la organización comandada por
El Chapo se aseguró de contar con el apoyo social en los territorios donde operaría. "La gente que pasa las drogas para él deja
dinero a la gente de las comunidades de las rutas del trasiego
para que no denuncien ante las autoridades. Es una especie de
Robin Hood", consideró el hijo del Premio Nobel de Literatura
guatemalteco, Miguel Ángel Asturias.

Aseguró que entre San Marcos y Huehuetenango es donde
había más pistas clandestinas, las cuales eran protegidas por la
población local a cambio del dinero y del pago en especie que
les hacía la organización de *El Chapo*.

El departamento de San Marcos es netamente agrícola y tiene
el mayor índice de pobreza de todo el país. En 2005, el huracán
Stan devastó la mayoría de las viviendas de las comunidades y
Asturias dijo que incluso las organizaciones de narcos que operaban en la zona dieron dinero a los campesinos para la recons-
trucción de sus casas.

El 4 de abril de 2007, en las montañas de San Marcos, la PNC
y el Ejército destruyeron 63 millones de plantas de amapola. El
Ministerio de Gobernación admitió que la ausencia de las fuer-

zas armadas de los dos países en la tierra de nadie fronteriza permitía que el gobierno de Estados Unidos encabezara los operativos de ubicación de cultivos, incautación de cargamentos y detención de narcotraficantes.

"Tenemos que hacerlo a través del gobierno de Estados Unidos, en colaboración con la DEA", que tiene en Guatemala el mayor número de agentes desplegados en América Latina, después de Colombia y México. "No llegan a cien, pero sí son varias decenas", aceptó Menocal.

Explicó que el gobierno de Guatemala tenía solo seis helicópteros, tanto de la fuerza aérea como de la policía, mientras la DEA contaba con el mismo número de aeronaves, con la diferencia de que sus aparatos eran los prestigiados Huey de transporte y artillados.

Un integrante del contingente que en junio de 1993 capturó a Guzmán Loera en Guatemala, luego de que su avión cayó en la frontera occidental con México, aseguró a *Proceso* que antes de ese incidente no se había notado la presencia de cárteles mexicanos en su país. Pero estos, apuntó, en esa época empezaron a desplazar de Centroamérica a los cárteles colombianos de Cali y de Medellín.

A cargo del general Otto Pérez Molina, entonces candidato a la Presidencia de Guatemala por el Partido Patriota, la captura de *El Chapo* fue circunstancial. El Ejército guatemalteco estaba haciendo una investigación sobre tráfico de armas desde Nicaragua, para lo que infiltró a dos personas entre los vendedores. Entonces ocurrió el accidente aéreo y apareció *El Chapo*, pero el operativo no estaba planeado específicamente para capturarlo, contó el militar.

"Estados Unidos le pidió al gobierno de Guatemala que dejara de lado el tema del tráfico de armas y se concentrara en el jefe narcotraficante mexicano", enfatizó el militar. Recordó que el avión en que viajaba el hombre más buscado por Estados Unidos cayó en el Pacífico sur alrededor de las 11 de la mañana. "A las tres o cuatro de la tarde se lo llevaron a México porque no había posibilidad de tenerlo aquí. No le hicimos ningún interrogatorio. Fue un arreglo entre los entonces presidentes Ramiro de León Carpio y Carlos Salinas de Gortari."

La entrega se hizo en la frontera de Tecún Umán. Llegaron tres oficiales de inteligencia de Guatemala y otros de la Procuraduría General de la República de México.

El Ejército guatemalteco se enteró en ese momento de que *El Chapo* estaba asegurando el control de este tramo de la frontera para no utilizar el lado norte de Guatemala, donde había actividad guerrillera.

Guzmán Loera pasó ocho años encarcelado hasta su fuga, en enero de 2001, del penal "de máxima seguridad" de Puente Grande, Jalisco, al inicio del gobierno de Vicente Fox. Desde entonces, durante los gobiernos del PAN se consolidó como el principal capo en México y ha sido considerado por la revista estadounidense especializada *Forbes* como uno de los hombres más ricos del mundo.

Cuando capturó a *El Chapo*, el general Pérez Molina era el director de Inteligencia del Ejército, del que después fue jefe del Estado Mayor. Posteriormente, bajo el lema de "mano dura", en su campaña presidencial y ya como general retirado, fue un fuerte competidor en los comicios de 2011, los cuales ganó en segunda vuelta, el 4 de noviembre de ese año.

El militar de entonces 60 años participó en los Acuerdos de Paz firmados en 1996, luego de 36 años de guerra civil, y fue promotor de la Escuela Kaibil del Ejército, que se ubica en El Petén y se ha convertido en proveedora de hombres para las organizaciones delictivas mexicanas.

La ruta nicaragüense

Roberto Fonseca

El 17 de septiembre de 2009, después del periodo feriado nacional, estalló una crisis política en el seno de la Sala Penal de la Corte Suprema de Justicia (CSJ) de Nicaragua, la peor desde el año 2000, cuando la instancia máxima del Poder Judicial se dividió en cuatro salas, entre ellas la Penal.

Ese día, frente a una numerosa batería de periodistas, tres magistrados de la Sala Penal, de tendencia sandinista, tacharon de "cobarde" —entre otros epítetos— a su colega disidente, el magistrado liberal Sergio Cuarezma, por rehusarse a aprobar o rechazar oficialmente un borrador de sentencia sobre el expediente número 0034-0530-07, contra los integrantes de una célula del cártel de Sinaloa.

Las Fuerzas Armadas lograron desmantelar dicha célula delictiva en abril de 2007 mediante la *Operación Fénix*. En esa ocasión fueron capturadas 22 personas, entre ellas seis ciudadanos mexicanos y dos guatemaltecos.

El proyecto de sentencia, en primer lugar, ratificaba una condena de 22 años de prisión a los integrantes de la célula de apoyo del cártel de Sinaloa y, en segundo lugar, ordenaba al Ministerio de Gobernación que coordinara la extradición de los detenidos extranjeros a sus países de origen, con base en el Tratado sobre Ejecución de Sentencias Penales firmado entre Nicaragua y México. En el caso de los guatemaltecos, se pidió aplicar la Convención Interamericana para el cumplimiento de Condenas Penales en el Extranjero.

Ese proyecto de sentencia fue suscrito por los tres magistrados sandinistas frente a cámaras y reporteros; aseguraron que lo hacían con "los pantalones bien puestos", sin tener que usar pañales, como según ellos era el caso del magistrado Cuarezma. Sin embargo, este fundamentó su oposición al proyecto en un razonamiento jurídico, como lo expresó en un documento interno, fechado el 28 de agosto de 2009, que hizo llegar a sus colegas.

En su texto, Cuarezma afirmaba que para proceder a la extradición debían cumplirse tres condiciones básicas: primera, que existiera una sentencia definitiva y firme; segunda, que los reos afectados la aceptaran expresamente, de acuerdo con el artículo 6 del mencionado tratado entre Nicaragua y México, y tercera, que hubiera una petición oficial por parte del Estado receptor.

Sin embargo, en opinión del magistrado, no se cumplía ninguna de esas tres condiciones jurídicas. Decía que lo mismo se aplicaba a los prisioneros guatemaltecos.

"No dude que suscribiré el proyecto en mención, pero una vez superada esa irregularidad y vulneración al tratado y convención citados anteriormente, y analizado el expediente en aquellos aspectos del recurso propio de casación", aseguró Cuarezma.

Pero los magistrados optaron por no seguir esperando y suscribieron la sentencia definitiva frente a las cámaras, en un verdadero *show* mediático.

"La sentencia está firme, efectivamente la emitió la Sala Penal. Y quiero ser claro en un punto: no hubo rebaja de pena, se mantuvo la sentencia de 22 años", dijo el magistrado sandinista Rafael Solís, vicepresidente de la CSJ.

Paradójicamente, una semana después, el presidente de la Corte, el magistrado de tendencia liberal Manuel Martínez, agregó una nueva escena a la tragicomedia jurídica al asegurar que la sentencia era "ilegal" porque no se habían cumplido varios requisitos de ley, entre ellos la firma de al menos cuatro magistrados de la Sala Penal, que constituyen la mitad más uno. Sin embargo, después señaló que la sentencia ya se había emitido y que su cumplimiento quedaba en manos de Gobernación.

El arribo de los cárteles

Entre mayo de 2006 y junio de 2007, la Policía Nacional realizó 16 operativos contra células ligadas a los cárteles mexicanos del narcotráfico que operaban en Nicaragua.

Consultada por *Proceso*, la comisionada mayor Vilma Reyes, directora de Relaciones Públicas de la Policía Nacional, aseguró que en esos operativos se habían decomisado 12 mil 795 kilogramos de cocaína, dos aeronaves, 16 lanchas, 25 fusiles —especialmente AK-47, y hasta lanzagranadas—, 24 vehículos y cerca de 1 millón de dólares.

"Se han detectado únicamente dos agrupaciones: (los cárteles de) Sinaloa y el Golfo. Ambas tienen el rol de transportar cargas de drogas que vienen de Costa Rica, país donde coexisten, para luego cruzar por el lago Cocibolca, zona que comparten de alguna manera", explicó la comisionada mayor.

El tráfico de alcaloides, principalmente cocaína, se llevaba a cabo por múltiples rutas, aunque las preferidas eran la carretera Panamericana y las costas del océano Pacífico. Posteriormente los narcos también transportaban drogas por el lago de Nicaragua o Cocibolca, el segundo más grande de América Latina, con una extensión de 8 mil 624 kilómetros cuadrados y más de 400 isletas.

La presencia de los cárteles mexicanos se evidenció casualmente en agosto de 2004, cuando la policía y el Ejército nicaragüenses hallaron una avioneta quemada y enterrada en la comarca de Samaria, municipio de Villa El Carmen, aproximadamente a 50 kilómetros de Managua.

A raíz de ese hallazgo, las autoridades iniciaron una amplia labor de investigación y de inteligencia que las llevó a descubrir el interés de la gente del cártel de Sinaloa en instalar bases logísticas, de apoyo y de trasiego de drogas en el país, para lo cual compraron muchas propiedades en lugares recónditos.

"En 2007 inició una masiva presencia de mexicanos, sustituyendo a los tradicionales guatemaltecos en (las costas de) el Pacífico del país. Ellos se hicieron cargo personalmente de la operación, con sus propios líderes, operarios, transportistas y sicarios que presuntamente venían a garantizar las cargas de drogas", dijo la comisionada mayor Vilma Reyes.

El 14 de abril de 2007 se realizó la mayor operación antidrogas, llamada *Fénix*, para desmantelar la principal base logística del cártel de Sinaloa en territorio nicaragüense, ubicada en la finca La Ceiba, de la comunidad de San Agustín, 67 kilómetros al norte de Managua. Allí los narcotraficantes habían construido una pista aérea de mil 500 por 200 metros. En los siguientes 13 meses se desplegaron las otras 15 operaciones.

Poderes vulnerables

El nicaragüense Instituto de Estudios Estratégicos y de Políticas Públicas (IEEPP), organismo no gubernamental especializado en temas de seguridad pública y en la relación entre civiles y militares, elaboró un análisis del crimen organizado trasnacional en Costa Rica, Panamá y Nicaragua, cuyo informe final presentaría posteriormente.

Roberto Orozco, investigador del IEEPP y coautor del estudio, adelantó que los "puntos ciegos" utilizados para traficar drogas, armas y personas entre Nicaragua y Costa Rica aumentaron de 27 a 72 tan solo entre 2007 y 2009.

Para vigilar los 80 kilómetros de frontera de Nicaragua con Costa Rica, añadía Orozco, solo existía en el municipio de Cárdenas un puesto policial con cinco efectivos, sin capacidad alguna de patrullaje. En los hechos, "para el Estado las fronteras no son puntos estratégicos de su seguridad; esto es cada vez más explotado por el crimen organizado."

De acuerdo con la Policía Nacional, en Nicaragua se incautaron 72 mil 514 kilogramos de cocaína en 1990-2008, y la tendencia de los decomisos, igual que la actividad de los traficantes, era ascendente: en 2004 se decomisaron cerca de 6 mil kilogramos del alcaloide, mientras en 2008 fueron 15 mil.

Asimismo, entre 2000 y 2007 fueron detenidas 8 mil 101 personas vinculadas al tráfico de estupefacientes, 10% de ellas de origen extranjero. Al respecto, el investigador comentó que en Nicaragua empezaron a registrarse asesinatos al estilo de los sicarios, fenómeno reciente en el país.

Señaló el caso de dos sujetos —de apellidos Garay y Herrera— que fueron "ejecutados" de esa forma. Extraoficialmente se afirmaba que pertenecían a grupos de "tumbadores", es decir, equipos delictivos que se dedican a robar embarques de drogas para luego comercializarlas directamente en el mercado interno o revenderlas a algún otro cártel.

De igual forma, el 18 de septiembre de 2008, la Policía Nacional capturó en el departamento de Rivas, fronterizo con Costa Rica, a un grupo de sicarios que portaban una lista de personas a las que debían matar, presuntamente tumbadores.

"Los crímenes que se han suscitado en su mayoría obedecen a venganzas por robos de drogas, por cargamentos que entre ellos mismos se han sustraído y también por la acción de otros grupos de tumbadores, principalmente en la frontera sur y la región del Atlántico sur, específicamente las Islas del Maíz", reconoció por su parte la comisionada mayor Vilma Reyes.

Agregó que también se habían detectado amenazas y conspiraciones de los cárteles mexicanos de Sinaloa y del Golfo contra mandos de la Policía Nacional y algunos jueces que dictaron sentencias condenatorias para sus secuaces, pero hasta ese momento la policía había conseguido neutralizarlas.

Para el investigador Ricardo Orozco, sin embargo, estos golpes contundentes de las fuerzas policiales no habían frenado el incremento del crimen organizado ligado a las organizaciones delictivas mexicanas en Nicaragua.

Según las investigaciones del IEEPP, señaló, en Nicaragua operaban otros cárteles mexicanos, entre ellos Los Zetas y el del Milenio. "Hay un manejo discreto de la información por parte de las autoridades nicaragüenses, bajo el argumento de que no quieren alarmar a la población, pero hay que preguntarse qué tan vulnerables son las instituciones, los poderes del país, frente al crimen organizado."

Precisamente a raíz de la sentencia del caso que implicó a miembros del cártel de Sinaloa, Ricardo Orozco se preguntaba cuán vulnerable era el Poder Judicial. Y recordó que días antes de que los tres magistrados sandinistas firmaran la sentencia, el diario opositor *La Prensa* difundió que entre los magistrados de la Sala Penal de la csj circulaban varios borradores de sentencia, uno de los cuales proponía disminuir la condena de 22 años mediante la tipificación de delitos menores.

De ser cierta, "esa intención evidencia que algo está fallando en el último eslabón de la cadena de justicia en Nicaragua", comentó el investigador, quien está de acuerdo con que se extradite a los seis mexicanos y a los dos guatemaltecos porque los considera "un riesgo para el país."

Por su parte, el magistrado Rafael Solís, vicepresidente de la csj, rechazó tajantemente la versión del periódico.

"Fue una canallada, una barbaridad, intentar hacer creer a la opinión pública que nosotros queríamos rebajar las penas (a los miembros del cártel de Sinaloa); por el contrario, estamos apoyando el combate contra el narcotráfico. Así que es una canallada. Eso creó un clima de tensión en la Sala Penal, porque se creía que el magistrado Cuarezma filtró esa información a *La Prensa*", indicó Solís.

De allí que llamara "cobarde" al magistrado disidente Sergio Cuarezma.

Contacto en Colombia

Daniel Lizárraga

Desde su centro de operaciones construido en Morelos, el poderoso capo Arturo Beltrán Leyva tuvo como socio al colombiano Vicente Castaño Gil, alias *El Profe*, identificado como el comandante de la organización paramilitar Águilas Negras y fundador del desaparecido grupo armado de extrema derecha Autodefensas Unidas de Colombia (AUC).

La PGR contaba en 2009 con información oficial de organismos internacionales y un testimonio del testigo protegido con la clave *César*, quien detalló los nexos del *Jefe de Jefes*, fallecido el 16 de diciembre de ese año, con una de las figuras representativas del movimiento armado contrainsurgente de Colombia, desde los noventa.

La información sobre la relación entre Vicente Castaño Gil y Arturo Beltrán Leyva formaba parte de una investigación de la PGR (SIEDO/UEIDC/166/2009) sobre la red de servidores públicos que hicieron las veces de escudo para que los hermanos Beltrán Leyva edificaran en Morelos su principal refugio y, sobre todo, su centro de operaciones desde hacía tres años.

Que los hermanos Beltrán Leyva —una escisión del cártel de Sinaloa— tenían socios en Colombia para el suministro de cocaína era de dominio público. Lo que no se sabía era que uno de esos contactos era Vicente Castaño Gil, *El Profe,* cuyo paradero, hasta principios de 2012, desconocían las autoridades colombianas.

Desde los ochenta, grupos de empresarios colombianos trataron de defenderse de la guerrilla agrupada, primero, en el Ejército de Liberación Nacional y luego en las Fuerzas Armadas Revolucionarias de Colombia, financiando a las auc. Al paso del tiempo ambos extremos —derecha e izquierda— terminaron involucrados en el narcotráfico.

El negocio

La investigación de la siedo contra los exfuncionarios morelenses constaba de 12 volúmenes. Si se apilaban uno sobre otro, levantaban una columna de dos metros. A inicios de 2010, los acusados estaban en la prisión de Nayarit, algunos tratando de defenderse y otros presuntamente ampliando sus declaraciones sobre los tentáculos del cártel de los hermanos Beltrán Leyva.

En el tomo seis, la pgr incluyó el testimonio de *César.* Su nombre real —según algunos diarios editados en la Ciudad de México— era Javier Bargueo Urías, empresario de Culiacán, quien aportaba información a las autoridades en México y a una corte de Los Ángeles, California, mediante videoconferencias, desde hacía por lo menos nueve años.

No se trataba de un testigo protegido cualquiera. Fue él quien reveló los primeros detalles sobre el dinero que Arturo Beltrán Leyva suministró a Joaquín *El Chapo* Guzmán —líder del cártel de Sinaloa— mientras estuvo preso entre 1993 y 2001 en el penal de alta seguridad de La Palma, hasta su fuga.

César había participado en al menos 12 juicios contra 31 personas pertenecientes a la banda que aún comandan *El Chapo* Guzmán y Héctor *El Güero* Palma, otro de los míticos capos mexicanos.

Mientras *El Chapo* estuvo preso, Arturo Beltrán Leyva manejó parte de los negocios. Una de sus tareas era atender a su socio y líder de la contrainsurgencia colombiana. En los expedientes a los que tuvo acceso el semanario *Proceso*, *César* reveló que conoció a Arturo Beltrán Leyva entre 1997 y 1998 —cuando *El Chapo* estaba preso— en una fiesta organizada en una casa de seguridad ubicada en Querétaro, estado gobernado en ese entonces por Ignacio Loyola Vera, del PAN, criticado por percibir el sueldo más elevado del país para ese cargo: 214 mil pesos mensuales. No existía información en el sentido de que este hubiera sido investigado por la presencia del narcotráfico en su entidad.

Sin precisar la fecha, *César* contó que Felipe de Jesús Mendívil y su esposa Olga Gastélum Escobar pasaron por él a un hotel. La pareja fue designada por el *Jefe de Jefes* para llevarlo a una reunión que se prolongó hasta poco después de las dos de la madrugada.

César comentó que tardaron entre 20 y 30 minutos en llegar a un fraccionamiento en "la zona de las lomas fraccionadas." Ahí estaba refugiado en ese momento Beltrán Leyva, rodeado de gente armada. Uno de los encargados de coordinar la seguridad era Rafael Jaime, quien presuntamente pertenecía a la Policía Judicial Federal.

En la reunión había no menos de 20 personas, todos hombres. Arturo Beltrán Leyva estaba en un privado. Aun cuando había fiesta, el capo se daba tiempo para ir atendiendo citas. El informante tuvo que esperar sentado en un pequeño recibidor para verlo.

Jesús Mendívil y Olga Patricia Gastélum fueron detenidos por la PGR el 16 de enero de 2001 en Monterrey, Nuevo León, acusados de lavar dinero para el narcotráfico. Al ser capturados tenían en su poder 6 millones 785 mil dólares y un lote de joyas valuado por las autoridades en 75 millones de pesos. El dinero y las joyas —ocultos en maletas y bolsas del plástico— pesaron 170 kilogramos.

Desde 1997 y hasta su detención, durante el gobierno del panista Fernando Canales Clariond, esta pareja habría efectuado 12 transacciones inmobiliarias en Nuevo León, según publicó entonces el diario *El Norte*. El arresto fue por casualidad: vecinos de la colonia Hacienda El Rosario, municipio de San Pedro Garza García —uno de los más ricos del país—, reportaron disparos en una vivienda. Los atraparon cuando trataban de huir.

No era la primera vez que los vecinos informaban a las autoridades de movimientos extraños en ese lugar; con frecuencia veían camionetas con cristales oscuros y placas de otros estados, pero nunca les hicieron caso. Incluso la policía ya había entrado una vez en esa casa para rescatar a un policía, Gabriel Vargas Aguilar, supuestamente secuestrado, pero las autoridades atribuyeron el incidente a una borrachera.

Así, la familia completa —con dos hijos menores de edad, uno de ellos armado con una pistola— cayó en manos de la PGR por un pleito familiar. Patricia Mendívil Gastélum, hija de los lavadores de dinero, estudiaba en el Tecnológico de Monterrey y asistía al mismo salón de clase que Mariana Canales Stelzer, hija del entonces gobernador.

Durante el gobierno del presidente Vicente Fox, el que fue el principal socio de *El Chapo* Guzmán controló los estados de Guerrero, Chiapas, Veracruz, Colima, Sonora y desde luego Sinaloa.

El testimonio del testigo protegido *César* narraba los movimientos de Arturo Beltrán Leyva en Querétaro y Nuevo León —ambos estados gobernados por el PAN— para cobrar una deuda de 7 millones de dólares a nombre del líder de la contrainsurgencia colombiana, Vicente Castaño Gil.

La deuda mortal

En aquella fiesta de Querétaro, *César* notó que Beltrán Leyva mandaba a Felipe de Jesús Mendívil para que le llevara algún teléfono móvil o a decirles a las personas que hacían antesala que aguardaran un momento más.

César era uno de sus hombres de confianza. Por eso fue que esa misma noche, entre risas y copas, el capo le asignó una tarea especial: en los siguientes días debía ubicar al empresario Raúl Ángel Ibarra Celis para reunirse en privado, en algún lugar donde pudieran moverse.

El asunto era urgente. El *Jefe de Jefes* debía cobrar una deuda por 7 millones de dólares que ese empresario y otros dos, de apellidos Gómez de Castillo y Sánchez Castro, tenían con el líder de la contrainsurgencia colombiana, Vicente Castaño Gil.

Los tres empresarios vivían en Los Mochis, Sinaloa. No obstante, *César* solo se encargaría de Ibarra Celis. Los demás serían buscados por otros miembros del cártel.

Tiempo después, el hoy informante de la PGR logró contactar a Raúl Ángel Ibarra Celis y le pasó el mensaje: el socio colombiano, *El Profe*, estaba exigiendo su dinero y el encargado de cobrarlo era Arturo Beltrán Leyva.

La entrevista entre el capo y el empresario se pactó para un mes después en Monterrey, Nuevo León, justo donde operaba Felipe de Jesús Mendívil Ibarra.

César e Ibarra Celis viajaron juntos desde Sinaloa hasta Monterrey. La entrevista se realizó "en un hotel que antes había sido hospital para leprosos, el cual se encuentra sobre una loma o un cerro", según describió el testigo protegido en el expediente consultado por *Proceso*.

Arturo Beltrán Leyva llegó escoltado por hombres armados; entre ellos iba Mendívil Ibarra, quien fue encargado de seleccionar el sitio más seguro.

Pero además de cobrar el dinero de su socio colombiano, el *Jefe de Jefes* aprovechó la ocasión para que uno de los proveedores del cártel le mostrara un lote de joyas. Para ello rentaron dos habitaciones, una para negociar y otra para comprar. Arturo Beltrán Leyva ordenó a Felipe de Jesús Mendívil que le pagara al joyero 150 mil dólares. El lote le había gustado. "Están muy bonitas", comentó al ver las joyas.

Beltrán Leyva exigió al empresario sinaloense que pagara 3 millones de dólares, menos de la mitad de la deuda. Raúl Ibarra Celis dijo que no disponía de esa cantidad en efectivo y ofreció en garantía su maquinaria pesada para construcción.

El capo no aceptó. En lugar de la maquinaria le propuso platicar de nuevo con *El Profe* para que enviara más cocaína a México. Solo que esta vez las ganancias se repartirían así: 50% para cubrir la deuda con su socio colombiano, 40% para Beltrán Leyva y el restante 10% para gastos de operación. El empresario no obtendría ni un dólar para él. Ante la presión del *Jefe de*

Jefes, Ibarra Celis aceptó el trato.

Otro de los deudores, Gómez del Castillo, alias *El Ronco*, fue asesinado casi inmediatamente después de aquella reunión en Monterrey por evadir la renegociación de la deuda. Era el sello de la casa.

Los días de Ibarra Celis también estaban contados. En su afanosa necesidad de recuperar dinero, este empresario sinaloense habría tratado de traer a México más cocaína, pero de otro cártel colombiano. Al enterarse de esto, el comandante de la organización paramilitar de extrema derecha Águilas Negras pidió a su socio mexicano que lo ejecutaran.

El empresario fue acribillado en Los Mochis, Sinaloa, en la calle de Leyva, casi esquina con Madero, de acuerdo con el testimonio de *César*.

Paras y narcos

Los hermanos Carlos Castaño Gil y Vicente Castaño Gil, *El Profe*, son los fundadores de las AUC. En 2006, el presidente colombiano Álvaro Uribe puso en marcha un plan de paz que implicaba desmovilizar a los paramilitares, además de otorgarles algunos beneficios de ley a cambio de confesar los delitos que hubieran cometido.

De acuerdo con información de la prensa internacional, dos altos mandos de la contrainsurgencia colombiana, Miguel Ángel y Víctor Manuel Mejía, conocidos como *Los Mellizos* y fuertemente vinculados con el narcotráfico, estuvieron dispuestos a deponer las armas.

Miguel Ángel Mejía fue señalado como uno de los enlaces entre las mafias colombianas y mexicanas. De hecho, estuvo en la lista de los 12 narcotraficantes más buscados en Estados Unidos, en tanto que Víctor Manuel participó en la negociación de paz.

En ese proceso surgió la versión de que *El Profe* ordenó matar a su hermano Carlos Castaño, por el temor de que se entregara a la justicia de Estados Unidos y delatara a los jefes paramilitares por delitos de narcotráfico.

Al fracasar la negociación con el gobierno de Colombia, los grupos contrainsurgentes de extrema derecha regresaron a la clandestinidad. Entre ellos estaba *El Profe*, socio del cártel del narcotráfico de los hermanos Beltrán Leyva.

Para las autoridades colombianas, Vicente Castaño era un fugitivo y representaba "el poder en la sombra" de las Águilas Negras. En Estados Unidos lo buscan por delitos relacionados con el trasiego de cocaína.

Las Águilas Negras surgieron tras la desmovilización de las AUC. *El Profe* estaba prófugo desde 2006, cuando el presidente Uribe ordenó el encarcelamiento de los exjefes del grupo paramilitar en la penitenciaría de máxima seguridad de Itagüí. Había versiones en el sentido de que el comandante contrainsurgente estaría muerto, pero las autoridades colombianas no habían podido confirmarlas.

Las redes se extienden

Homero Campa y Édgar Téllez

El colombiano Jorge Milton Cifuentes Villa —socio de Joaquín *El Chapo* Guzmán Loera, jefe del cártel de Sinaloa— estableció en México al menos seis empresas para lavar dinero producto del narcotráfico.

Lo hizo de manera abierta: su nombre aparece en la mayoría de ellas como accionista, administrador único o apoderado, según constancias encontradas en el Registro Público de la Propiedad y de Comercio de la Ciudad de México.

Cifuentes Villa, también conocido con el alias de *Elkin de Jesús López Salazar*, obtuvo incluso la nacionalidad mexicana. Su CURP es CIVJ650513HNEFLR06. De acuerdo con las autoridades estadounidenses, su domicilio en México se encontraba en la colonia Lomas Country Club, Huixquilucan, Estado de México.

Datos de las actividades de Cifuentes Villa en México y su sociedad con *El Chapo* Guzmán salieron a la luz pública el 6 de agosto de 2011, cuando la policía colombiana detuvo a su hermana Dolly por el delito de narcotráfico y lavado de dinero.

Desde 2002, Jorge Milton Cifuentes Villa estableció sus primeras empresas en México, las cuales forman parte de un entramado comercial y financiero valuado en 600 mil millones de pesos y que incluye unas 40 compañías en su natal Colombia, así como en Panamá, Ecuador, España, Estados Unidos y México.

De acuerdo con documentos del Departamento del Tesoro, Cifuentes Villa y sus hermanos Francisco Iván, Hidebrando Alexander, Héctor Mario, Dolly de Jesús y Lucía Inés utilizaban dicha red de empresas para lavar dinero producto del envío de cargamentos de droga al cártel de Sinaloa. Solo en los últimos tres años traficaron 30 toneladas de cocaína. Su enlace con *El Chapo* Guzmán era el mexicano Alfredo Álvarez Zepeda, alias *Gabino Ontiveros Ríos*, presunto familiar de *El Chapo*.

De hecho, en febrero de 2011, la Oficina de Control de Bienes Extranjeros (OFAC), perteneciente al Departamento del Tesoro de Estados Unidos, incluyó 70 empresas e individuos de la organización de los Cifuentes Villa en la Lista de Narcotraficantes Especialmente Designados (conocida como *Lista Clinton*). Esto significa que congeló sus bienes y fondos, además de que prohibió a las compañías estadounidenses efectuar transacciones financieras con "los acusados, sus socios y sus empleados."

En esa lista aparecían las seis empresas que Cifuentes Villa estableció en México, las cuales también fueron detectadas por la Dirección de Investigación Criminal e Interpol (Dijin) de Colombia, junto con otras 11 compañías asentadas en Panamá, Ecuador, España y Estados Unidos.

De acuerdo con un documento de la Dijin, del que *Proceso* tiene copia, la organización de los Cifuentes Villa realizó movimientos en "entidades bancarias a nivel internacional" por 150 millones de dólares destinados a dichas compañías. Las empresas asentadas en México eran:

—Red Mundial Inmobiliaria, SA de CV, con oficinas en Miguel Schultz 127, colonia San Rafael, en la Ciudad de México. Fue registrada el 20 de marzo de 2002 con un capital de 100 mil pesos con objeto de la "compra, venta, arrendamiento (…) y en general la enajenación y adquisición de bienes inmuebles", aunque el 16 de noviembre de 2007 amplió su giro a "la fabricación, compra, venta, importación y exportación de productos alimenticios."

—Operadora Nueva Granada, SA de CV, registrada el 9 de octubre de 2002 con un capital de 50 mil pesos y tres oficinas: en calle Blas Pascal 106, colonia Los Morales, Ciudad de México; en Eje J 999, Departamento 301, en Santa Fe, Ciudad de México, y en Camino del Remanso 80, planta baja, en la colonia Country Club de Huixquilucan, Estado de México. Dedicada a "prestar servicios de restaurante, bar y banquetes, a la organización de toda clase de eventos sociales", así como a la distribución de vinos y licores.

—Le Claude, SA de CV, registrada el 3 de septiembre de 2002 con un capital de 50 mil pesos y la misma dirección que la de Red Mundial Inmobiliaria. Dedicada a la comercialización de ropa y calzado.

—Cubi Café Click México, SA de CV, registrada el 7 de octubre de 2008 con un capital de 1 millón de pesos y dedicada a la importación de café colombiano y en general a la comercialización de productos alimenticios, con oficinas en Montecito 38, piso 21, colonia Nápoles, Ciudad de México.

—Monedeux Latin América, S de RL de CV, con oficinas en avenida Santa Fe 495, piso 4, colonia Cruz Manca, Cuajimalpa, Ciudad de México. Según su sitio en internet, dedicada a proveer "administración, facturación, cobros, pagos y cuentas concentradoras en plataformas electrónicas."

—Montray, SA de CV, ubicada en Jaime Nunó 1291-B, colonia Chapultepec-Country, en Guadalajara, Jalisco. También dedicada a los bienes raíces.

De acuerdo con constancias del Registro Público de la Propiedad y de Comercio de la Ciudad de México, un puñado de individuos se rotaban los principales puestos en los consejos de administración de estas compañías, entre ellos: José Ricardo Espíndola Torres, Sergio Rafael Sánchez Cano, Claudia Estela López Mejía y el propio José Milton Cifuentes Villa.

Existía otra empresa establecida en México que no aparecía en el documento de la Dijin de Colombia, pero sí en la lista de la OFAC estadounidense: International Group Oiralih, SA de CV, registrada el 10 de abril de 2006 y dedicada a la comercialización de "todo tipo de bienes, productos y servicios en general." Uno de sus accionistas es Fabián Rodrigo Gallego Marín, sindicado como miembro de la red empresarial de la familia Cifuentes Villa. En esa misma compañía aparecía como accionista Hilario Cruz Terán, quien según el boletín 622/06 de la Procuraduría General de la República estaba vinculado con el colombiano Carlos Alberto Arango Vergara, detenido en febrero de 2006 con 7 millones de pesos en su poder.

Al parecer, a las compañías en México de Cifuentes Villa les iba bien. Por ejemplo, Monedeux presumía en su sitio web: "La envergadura de nuestra red y la acogida cada vez mayor de nuestros productos nos han permitido convertirnos en la red principal de servicios electrónicos de dinero para empresas y personas."

Y aseguraba que entre sus clientes se encontraban Citigroup, Microsoft, AT&T, Telefónica de España, Intel, Pepsi, Hewlett Packard y... la Organización de las Naciones Unidas.

La viuda

La caída en desgracia de la organización de los Cifuentes Villa se inició en 2007, cuando la DEA empezó a vigilar a María Patricia Rodríguez, la viuda de Francisco Cifuentes Villa, exjefe del clan familiar. Los agentes de la DEA descubrieron que en poco tiempo la mujer había logrado hacerse socia de *El Chapo* Guzmán desde Colombia.

Hasta abril de 2007, María Patricia era un ama de casa que disfrutaba del dinero y la opulencia que le brindaba su esposo Francisco, quien amasó una enorme fortuna de la mano primero del capo Pablo Escobar, luego de los jefes paramilitares de las AUC y más adelante de la temible Oficina de Envigado, organización criminal que surgió tras el derrumbe del cártel de Medellín.

Francisco Cifuentes había consolidado fuertes lazos comerciales con *El Chapo* Guzmán, a quien le suministraba cocaína desde una pista de aterrizaje clandestina en la localidad de Cupica, departamento de Chocó, no lejos de la frontera con Panamá y en ruta directa hacia México.

Pero la suerte de María Patricia Rodríguez cambió radicalmente cuando su marido fue asesinado, el 17 de abril de 2007, en su finca Villa Aurora, en el municipio de Caucasia, Antioquia, a manos de las AUC, que así le cobraron la tardanza en devolverles una pista de aterrizaje que le habían prestado.

Lejos de amedrentarse, la viuda conoció rápidamente los vericuetos del negocio y no tardó en entrar en contacto con Guzmán Loera: "Sabemos que ella fue a encontrarse con *El Chapo* Guzmán pocos meses después de la muerte de Cifuentes, pero el capo le dijo que su marido le había quedado a deber más de

2 millones de dólares", explicó al corresponsal de *Proceso* un oficial de la Dijin.

Asustada, María Patricia entregó a *El Chapo* Guzmán al menos cinco costosas propiedades en los departamentos de Antioquia y Córdoba, en el noroccidente de Colombia, con las cuales saldó la deuda. "No hemos encontrado los bienes todavía porque están en manos de testaferros", añadió el oficial.

Posteriormente, fuentes mexicanas revelaron a los agentes de la Dijin que la mujer aprendió con rapidez los detalles del negocio y, en un segundo viaje a México que hizo en 2009, dijo a Guzmán Loera que podía trabajar con él y continuar con el trasiego de cocaína desde Colombia. El capo aceptó y puso en contacto a la mujer con sus colaboradores, quienes se encargaron de administrar las rutas y los embarques. Ella asumió el manejo de las pistas de aterrizaje y la adquisición de las aeronaves.

Para realizar tamaña faena, María Patricia echó mano de la experiencia de tres hermanos de su esposo asesinado, quienes desde hacía tiempo eran parte de la organización: Hildebrando Alexander, Jorge Milton y Dolly Cifuentes Villa, quienes se dedicaban a crear empresas de importaciones y exportaciones en diversos países para disfrazar los ingresos del narcotráfico y lavar activos ilegales.

No obstante, el naciente imperio empezó a derrumbarse cuando la policía capturó a la mujer, en febrero de 2010. En agosto siguiente fue extraditada a Estados Unidos y recluida en un penal de alta seguridad de Dallas, Texas. Ella, cercana a los 40 años, de personalidad recia, con dos hijos, piloto de profesión y llena de comodidades en Colombia, no soportó el rigor del encierro y contó lo que sabía a cambio de mejorar su precaria situación jurídica.

Así reveló el papel de los tres hermanos Cifuentes Villa en la organización y dio a conocer las direcciones de centenares de propiedades que compraron durante esos años, así como la intrincada red empresarial que tejieron para ocultar sus fortunas.

La información de María Patricia fue determinante para que el 6 de agosto de 2011 la Dijin capturara a Dolly Cifuentes Villa en el exclusivo barrio de las Brisas de Envigado, en Medellín. Hildebrando y Milton lograron escapar del cerco policial. Se cree que el primero viajó a México para refugiarse con *El Chapo* y que el segundo logró pasar la frontera y ocultarse en Venezuela.

Argentina, nuevo dominio

El cártel de Sinaloa, que lidera Joaquín *El Chapo* Guzmán, amplió su campo de operaciones hacia las provincias más pobres del norte de Argentina, donde estableció centros de producción, acopio y distribución de drogas. Arropada por algunas iglesias de la región, esta organización ha logrado mantenerse a salvo de operativos policiacos y se ha vinculado con las comunidades locales, que le brindan la protección que requiere.

El *modus operandi* gracias al cual el cártel de Sinaloa ha podido desplazarse y trabajar en ese país tiene como uno de sus ejes a la Iglesia, sostuvo el especialista e investigador del Instituto Tecnológico Autónomo de México, Edgardo Buscaglia.

Entrevistado desde México, en mayo de 2011, mientras viajaba por Argentina —donde acudió junto con su equipo de trabajo para efectuar un sondeo de campo sobre las andanzas de los cárteles mexicanos— el especialista reveló a *Proceso* sus hallazgos y la manera en que los barones de la droga se infiltraban en las comunidades más pobres de ese país, pues aclaró que, además del cártel de Sinaloa, el de Tijuana y Los Zetas lograron extenderse hacia esa nación.

Y lo hacen, puntualizó Buscaglia, mediante el trabajo social que impulsan las iglesias, en especial las evangélicas.

Argentina, el segundo país más grande de Latinoamérica, fue elegido por *El Chapo* para "diversificar sus posiciones" y "minimizar riesgos."

Pero si bien las provincias seleccionadas por el narcotraficante mexicano —Chaco, Formosa, Misiones— no son las más remotas, sí son las más pobres. Se encuentran en la zona norte, en regiones selváticas o boscosas con clima tropical y templado, aunque en verano las temperaturas llegan a 50 grados centígrados. Su ubicación es estratégica, pues colindan, por un lado, con Paraguay, por el otro, con Uruguay.

Según el equipo de Buscaglia, *El Chapo* instaló centros de producción de droga en esas localidades, con la complicidad de algunas iglesias.

El especialista detalló: "En los últimos años Argentina se ha transformado en un centro de producción de drogas sintéticas y esa zona (donde opera *El Chapo*) está compuesta por Formosa, Chaco y Misiones, que están en el norte del país.

"Ahí se ha establecido una base patrimonial y productiva del cártel de Sinaloa y del cártel de Tijuana en combinación, ¡aunque parezca mentira! Pero también hay atisbos de presencia de Los Zetas en la parte central del país, en Córdoba y Santa Fe."

—¿Desde cuándo tiene usted conocimiento de que el cártel de Sinaloa comenzó a operar en Argentina?

—Hace tres o cuatro años. Los colombianos ya tenían participación en ese país desde los años noventa, pero los cárteles mexicanos comenzaron a expandirse visiblemente a partir de 2007 y se han ubicado en la zona norte, que son los centros productivos. Su manejo patrimonial y de inversiones está muy focalizado en Buenos Aires, en Córdoba y en Santa Fe.

El posicionamiento

Hasta donde se sabía, el cártel de *El Chapo* llegó a la provincia del Chaco en 2007. Su emisaria fue María Alejandra López Madrid, quien tenía como objetivo poner en funcionamiento la Iglesia Evangélica del Nuevo Milenio, según reveló a medios de aquel país Claudio Izaguirre, presidente de la Asociación Antidrogas de la República Argentina.

Al cabo de dos años no había ninguna información de lo que hizo en ese templo enclavado en una de las zonas más pobres del país. No fue sino hasta agosto de 2009 cuando se suscitó un conflicto entre los habitantes del lugar y un mexicano que aseguró ser pastor y reclamaba la iglesia. Intervinieron las autoridades y el supuesto pastor se identificó con el nombre de Jerónimo López Valdez; reiteró que iba para hacerse cargo del templo.

La policía argentina verificó los datos y comprobó que nadie con ese nombre había ingresado al país y que en México no había registrado pastor alguno con ese nombre. Lo que sí encontraron fue una fotografía con el nombre de Víctor Hugo López Valdez, un individuo con antecedentes penales y que en México era buscado por narcotráfico.

El mismo Claudio Izaguirre dio a conocer que la mujer que dos años antes había fundado el templo fue detenida por las autoridades de Paraguay el 2 de mayo de 2009 "por actividades ilícitas."

El 28 de agosto de 2009, Radio Fénix La Rioja, de la provincia La Rioja, cercana al Chaco, difundió: "El tenebroso cártel mexicano de Sinaloa pretendería instalarse en Chaco mediante la fachada de iglesias evangélicas (…) se estima que los individuos tratarían de enviar efedrina al exterior mediante vuelos ilegales."

La radiodifusora reprodujo una declaración del integrante de la Asociación Antidrogas, Claudio Izaguirre: "Hay fuertes sospechas de que el norte argentino sería usado para enviar ilegalmente al exterior, por avionetas, importantes cargamentos de efedrina (…) pueden transportar hasta 600 kilogramos. Salen de Argentina, arriban al suelo mexicano y hacen escalas en Perú, Costa Rica, Panamá, Nicaragua, Honduras y Guatemala."

En mayo de 2010, el periodista mexicano especializado en temas de narcotráfico José Reveles indagó el caso del Chaco y lo documentó en su libro *El cártel incómodo*.

El 18 de mayo de 2010, la prensa argentina divulgó la versión de que elementos de la agencia antidrogas estadounidense estarían en la localidad de Resistencia, perteneciente a la provincia del Chaco, para indagar la presencia de *El Chapo* Guzmán y el uso de iglesias evangélicas como fachada para encubrir sus actividades.

En su libro, Reveles mencionó el templo evangélico que *El Chapo* le construyó a su madre, Consuelo Loera de Guzmán, en la comunidad de La Tuna, en Sinaloa. El templo se convirtió en poco tiempo en el centro de convenciones y ceremonias al que acudían fieles de 200 kilómetros a la redonda y que provenían de Durango, Sonora, Chihuahua, Jalisco, Colima y Nayarit.

Si bien la presencia del cártel de Sinaloa en algunas provincias de Argentina no se detectó hasta 2009, según los funcionarios antidrogas de ese país operaba desde 2007.

Sin embargo, de acuerdo con un reporte que la Secretaría de la Defensa Nacional entregó en octubre de 2010 a los diputados de la LXI Legislatura, fue a inicios de 2003 cuando los cárteles mexicanos redimensionaron su rol para fortalecer su participación e influencia en países de Centro y Sudamérica. Intensificaron su presencia en Colombia, Ecuador, Bolivia, Perú y Centroamérica para la producción de cocaína, y a partir de 2007 se trasladaron a Argentina para la fabricación de efedrina, precursora de drogas sintéticas.

Fachadas

Para algunos especialistas, la estrecha relación entre iglesias de diferentes denominaciones y grupos criminales tenía como uno de sus fines el lavado de dinero.

Marcelo E. Decoud, director regional para América Latina y el Caribe de la International Compliance Association, con sede en Londres —institución que imparte capacitación en materia de criminalidad financiera y combate el lavado de capitales—, sostuvo que las organizaciones criminales utilizaban iglesias con representación en varios países de Latinoamérica para el lavado de dinero.

De acuerdo con este especialista, las agrupaciones religiosas acudían a un banco para depositar fuertes sumas en efectivo que decían haber recibido de sus fieles; luego el dinero era transferido a otro banco y finalmente a otro, fuera de su país de origen, principalmente en instituciones ubicadas en paraísos fiscales.

Aunque Buscaglia no descartó que se utilizaran las estructuras religiosas para lavar dinero, consideró que las organizaciones criminales las usaban para granjearse el favor de la gente, y de esta manera garantizar su propia seguridad.

Explicó: "La situación de penetración es con fines típicos que todo grupo criminal tiene para poder protegerse socialmente en determinadas áreas. A veces lo hacen a través de la Iglesia católica y en otras ocasiones utilizan a las asociaciones evangélicas, protestantes. En Centroamérica se valen de las bautistas y evangélicas."

Detalló que los grupos criminales promovían su protección social mediante la construcción de iglesias y de infraestructura religiosa, y asimismo por medio del financiamiento de actos religiosos. En ese sentido, sostuvo, las iglesias no buscaban lavarles dinero a los grupos criminales. Protegerse socialmente y obtener legitimidad social, ese ha sido el *modus operandi* de los grupos criminales.

Destacó que la delincuencia organizada "tiene que ser vista cercana a los valores religiosos de las poblaciones en donde los grupos mafiosos buscan protección… Estos pretenden que con sus actos el pueblo les dé su beneplácito."

El investigador enfatizó que esa relación "es un factor de penetración muy importante para que los grupos criminales cuenten con protección social. Esta es tan importante como la protección política. No se puede entender hoy cómo *El Chapo* se protege si no se entiende el ángulo social de esa cobertura que tiene una faceta religiosa.

"Las construcciones, las actividades que la familia realiza en los templos, ese tipo de cosas implican realmente un lavado patrimonial que no es de gran envergadura, pero que adquiere relevancia para explicar los niveles de protección social de los que gozan los cárteles en México y en otros países."

Mediante su trabajo, el experto se ha percatado de que los cárteles establecían centros productivos en lugares donde podían realizar sus actividades de manera abierta y notoria. "Para ello necesitan dos cosas: la protección política por parte de los gobernadores de estas provincias y la protección social, que implica que la población no los denuncie, no los expulse. ¡No todo se logra con amenazas ni con asesinatos! Por lo tanto, sí han penetrado las iglesias, no solamente las evangélicas sino también la católica en estas regiones", puntualizó.

Diversificación

Mediante sus pesquisas, Buscaglia pudo constatar cómo tres iglesias evangélicas —además de la del Nuevo Milenio— han sido penetradas patrimonialmente por el cártel de Sinaloa. Aunque reveló dónde se ubican, solicitó que no se mencionara el sitio exacto, por razones de seguridad.

"Son tres iglesias evangélicas… En poblaciones en donde no estaban acostumbrados a este tipo de presencia hoy se observan amplias presencias productivas y patrimoniales de cárteles mexicanos en esa región, que el gobierno argentino no está combatiendo. El gobierno está permitiendo activamente la presencia de esos grupos y eso significa que también existen indicios de penetración política."

Agregó que el siguiente paso es la penetración patrimonial en el sector privado, sobre todo en empresas farmacéuticas. Incluso recordó que en Argentina ya se han presentado varios homicidios de empresarios de este ramo.

—¿La razón por la que los cárteles mexicanos se están trasladando a Argentina es a la persecución del gobierno, que buscan lugares más seguros o países más facilitadores?

—La expansión de los cárteles mexicanos a 52 países muestra sin lugar a dudas mayor fortaleza patrimonial. México ha sido su base de corrupción, de poderío político que les ha permitido expandirse a otros países. Ellos, cuando incrementan su riqueza, tratan de diversificar sus posiciones para minimizar riesgos.

"No eligen cualquier país —por ejemplo, no se van a Chile o a Colombia a establecer sus bases productivas— acuden a lugares donde hay más impunidad, como Argentina. En este momento —explicó— ese país tiene índices muy altos de impunidad en donde causas ligadas a grupos criminales prescriben, no se les tipifica como delincuencia organizada; amplios sectores políticos están siendo penetrados por grupos criminales, y por eso la presencia del cártel de Sinaloa en Argentina no es casual. Ellos buscan paraísos patrimoniales, como México y Argentina.

Buscaglia destacó el trabajo de Paraguay y de Brasil para frenar la presencia de cárteles de la droga. "Ahí no hay surgimiento como hongos de bases productivas; sí se observan en Argentina, donde la impunidad es mayor y, por lo tanto, la vinculación con iglesias responde a intereses productivos, patrimoniales y políticos de los grupos criminales."

Advierte a las iglesias que deben ser muy cuidadosas para no dejarse capturar mediante la treta de la obra social proveniente del narco: "Porque si bien uno argumenta que las iglesias no están activamente buscando ese canal de lavado patrimonial, también es cierto que muchos actores de las iglesias y de la Iglesia católica se hacen de la vista gorda. Fingen que no se percatan de esa búsqueda de legitimidad social por parte de las mafias mexicanas. La Iglesia tiene que ser mucho más activa en impedirlo, pero es algo que no se observa en Latinoamérica ni en México."

Y añadió: "Las iglesias son bastante cómodas y aceptadoras de la infiltración delincuencial y eso hace que desde el punto de vista pasivo también sean sujetas a acusaciones de corrupción. Aunque se trata de corrupción pasiva, es corrupción al fin."

Arizona, acceso libre

J. Jesús Esquivel

"La bodega de mariguana más grande del mundo", denominaron agentes federales de Estados Unidos y de México al estado de Arizona. El motivo: por esta región se introducía la droga que posteriormente se distribuía en los 50 estados del país.

De acuerdo con reportes obtenidos por este semanario, esa descomunal concentración de droga solo se explicaba por el hecho de que las agencias policiacas locales estaban corrompidas por cárteles del narcotráfico.

El 22 de abril de 2010 el periódico *Eastern Arizona Courier* publicó un artículo en el que atribuye a Tony Coulson, agente de la DEA en el estado, declaraciones según las cuales diariamente se realizaban ahí transacciones de droga procedente de México por 2 millones de dólares. El dato reflejaba la dimensión del problema y lo re-dituable que resultaba ese negocio en particular al cártel de Sinaloa.

"Es increíble, pero por la frontera de Arizona pasa casi toda la mariguana que se consume aquí; o por lo menos eso indican las estadísticas oficiales", comentó a *Proceso* un agente federal estadounidense mientras acompañaba al reportero en un recorrido por las ciudades hermanas de Nogales: la de Arizona y la de Sonora.

El entrevistado pidió que se omitiera su nombre para no entorpecer, dijo, una indagatoria que se realizaba sobre la corrupción en los cuerpos policiacos locales y su implicación con el narcotráfico. Esta investigación involucraba también a los integrantes de la organización de los Beltrán Leyva.

Sin embargo, alertó: "Si pasa tanta droga es porque algo anda mal en este estado o quizá porque las autoridades locales son ineficientes para contener ese tráfico."

En junio de 2009, funcionarios y agentes de la DEA y del Buró Federal de Investigaciones comentaron a este corresponsal que los cárteles mexicanos operaban en la zona desde hacía muchos años. En Arizona estaban casi todos: los Beltrán Leyva, el cártel de Juárez, La Familia Michoacana, Los Zetas y la organización de *El Chapo* Guzmán (*Proceso* 1704).

El mismo informante declaró en aquella ocasión que "su agencia tiene abiertas decenas de investigaciones sobre las operaciones de los cárteles mexicanos en esta región."

Otro de los entrevistados comentó que la gente del cártel de Sinaloa desbancó de esa plaza a los hermanos Beltrán Leyva, sus antiguos aliados.

Arizona comparte 626 kilómetros de frontera con México, y por esta franja limítrofe —"la puerta verde", le dicen algunas personas en Agua Prieta, Sonora— entraban diariamente varias cargas de mariguana a Estados Unidos.

"¿Dónde está la DEA? Aquí, en Arizona, no está. Si estuviera, no habría tanta droga en el estado", declaró Phil Gordon, alcalde de Phoenix, a la cadena de televisión Fox el pasado 23 de abril.

Las estadísticas de confiscación de estupefacientes proporcionadas a *Proceso* por el Buró de Aduanas y Patrulla Fronteriza (CBP, por sus siglas en inglés) confirmaban por qué Arizona era llamada la "bodega de mariguana más grande del mundo" y por qué la frontera que comparte con Baja California y Sonora era "la puerta verde."

En el primer bimestre de 2010, por ejemplo, la Patrulla Fronteriza de Estados Unidos incautó 168 mil 328 kilogramos de la yerba en el sector Tucson; otros 7 mil 246 en la zona Douglas-Agua Prieta; 3 mil 132 en el sector de Naco, y mil 575 en el de Willcox.

"Y estas son solo cifras de la mariguana confiscada; seguramente los cargamentos que logran pasar son mucho mayores", comentó un funcionario adscrito a la oficina del CBP en Tucson.

De acuerdo con las estadísticas del CBP, durante 2009 sus agentes decomisaron 43 mil 571 kilogramos de cannabis en Douglas, 21 mil 64 en Naco, y 11 mil 178 en Willcox. El año previo interceptaron 13 mil 780 kilogramos en Douglas, 9 mil 126 en Naco y 8 mil 295 en Willcox.

La mayoría de los decomisos de mercancía entre 2008 y 2010 se realizó en cuatro ciudades de Arizona: Phoenix, Tucson, Mesa y Glendale, así como en el desierto que se localiza entre las montañas de Chiricahua y Huachuca, poblaciones adyacentes al estado de Sonora.

"La plaza de la distribución de mariguana en Arizona está dominada por la gente de *El Chapo* (Joaquín Guzmán Loera)", afirmó a *Proceso* un agente federal mexicano en Nogales, Sonora.

Los medios de comunicación, en especial los periódicos de las ciudades fronterizas de Arizona, publicaban cotidianamente notas sobre los cargamentos decomisados al cártel de Sinaloa en la región desértica de Agua Prieta y Nogales.

El 19 de abril de 2010, el diario *Willcox Range News* informó en su página electrónica que "agentes locales de la Patrulla Fron-

teriza confiscaron casi 439 kilos de mariguana, cuyo valor en el
mercado asciende a 441 millones de dólares."

Entre las montañas de Chiricahua y Huachuca hay una
inhóspita franja desértica de unos 100 kilómetros de largo. Autoridades fronterizas de ambos países comentaron al corresponsal
que por este punto se introducía a Estados Unidos gran parte de
la mariguana que se distribuía y consumía en su territorio.

De manera coincidente, ahí se concentraba la mayoría de los
"ranchos ganaderos" de Arizona, cuyos terrenos eran utilizados
por los cárteles de la droga y los traficantes de indocumentados,
aseguraron los entrevistados.

"Lo raro de esos ranchos ganaderos es que en ellos no hay
vacas, sino puro desierto. Son extensas propiedades privadas
colindantes con el estado de Sonora y que a la vista solo tienen arbustos, cactus, arena. Extraño, ¿no?", comentó a *Proceso*
el agente federal que acompañó al corresponsal en el recorrido.

Ranchos "ganaderos" sin ganado

Para conocer los "ranchos ganaderos" el reportero contrató un
guía que lo condujo por la carretera interestatal número 10, que
atraviesa la ciudad de Douglas y el condado de Apache. Y, como
dijo el funcionario estadounidense, en ese entorno agreste no se
observaba ningún animal.

Consultadas al respecto, autoridades de los condados de Apache y Cochise se negaron a hablar del asunto.

El 27 de marzo de 2010 el ranchero Robert Krentz fue asesinado en el interior de su propiedad. La extensión sobrepasa los
141 kilómetros cuadrados y se ubica al este de las montañas de

Chiricahua, entre el condado de Apache y la ciudad de Douglas, colindante con territorio mexicano.

El *sheriff* de Cochise, Larry Dever, comentó al día siguiente que, según las pesquisas iniciales, el ranchero había muerto a causa de un disparo hecho por un indocumentado de origen mexicano.

La muerte de Krentz molestó a las autoridades de Arizona y a la Asociación de Rancheros local, cuyos integrantes se lanzaron contra los inmigrantes. Los calificaron de criminales y los acusaron de estar ligados al tráfico de drogas.

La gobernadora de Arizona, la republicana Jan Brewer, pidió incluso a la administración de Barack Obama que desplegara a la Guardia Nacional a lo largo de la frontera con México; además, el senador estatal, el también republicano Russell Pearce, redactó una iniciativa de ley para proponer que la policía de Arizona tuviera facultades para detener a cualquier persona que por su aspecto físico resultara "sospechosa de ser inmigrante indocumentado."

Semanas después de la muerte de Krentz, el 23 de abril de 2010, la gobernadora Brewer avaló la propuesta de Pearce y promulgó la ley SB 1070. Las autoridades de Cochise aún no esclarecían el caso del ranchero Krentz, aunque insistían en que había sido un inmigrante indocumentado quien le dio muerte.

Los medios locales manejaron una versión diferente: los hermanos Robert y Phil Krentz permitían que los narcotraficantes mexicanos utilizaran sus terrenos para el trasiego de la droga, pero tuvieron diferencias por el cobro que recibían y Phil disparó contra su hermano, según esa interpretación.

Lo extraño del caso fue que un día antes del asesinato de Robert, agentes de la Patrulla Fronteriza de Tucson encontraron en su propiedad 131.5 kilogramos de mariguana en pacas. La noticia solo fue publicada por *The Arizona Daily* el 29 de marzo, dos días después de ese crimen.

Robert Boatright, subdirector del CBP en Tucson, informó a los medios de comunicación que tras el hallazgo de la mercancía en el rancho de Krentz se rastrearon "unas huellas humanas" y se logró capturar a ocho inmigrantes indocumentados. Sin embargo, horas después se les deslindó del caso por falta de evidencias.

"En Arizona hay mucha corrupción por narcotráfico. Que no lo quieran admitir las autoridades de Estados Unidos es otra cosa", subrayó un agente federal mexicano consultado en Nogales.

La red de Cochise

El 29 de enero de 2010 las autoridades del condado de Cochise anunciaron el desmantelamiento de una "red" de aliados del narcotráfico mexicano en el poblado de Bisbee. En conferencia de prensa, las autoridades los responsabilizaron de traficar por lo menos 18 mil 143 kilogramos de mariguana durante tres años.

Entre los detenidos estaban Angélica Borquez e Ignacio Erives, a quienes se acusó de proporcionar información confidencial al cártel de Sinaloa sobre los operativos antinarcóticos en el condado de Cochise entre noviembre de 2008 y enero de 2010. Borquez trabajaba en la oficina del fiscal del condado, informó a los medios locales la vocera del *sheriff*, Carol Capas.

"Centro de distribución"

Por su ubicación geográfica, Arizona es la joya de la corona en el trasiego de narcóticos. ¿La razón? Además de compartir frontera con México, esa entidad colinda con Utah, Nevada, Nuevo México, California y Colorado.

"La mayoría de la mariguana que entra a Arizona no se consume en el estado; Arizona es una especie de centro de distribución hacia casi todo el territorio de Estados Unidos", dijo un funcionario del CBP consultado por *Proceso*.

Desde México, los operadores del cártel de Sinaloa utilizaban varios métodos para introducir la droga a territorio estadounidense a través de Arizona, dijeron al corresponsal funcionarios de ambos lados de la frontera.

Un agente federal mexicano describió el *modus operandi*: "La mariguana entra por el desierto en cargamentos pequeños. Los inmigrantes indocumentados solo piden ayuda para llevar la mercancía a ciudades como Tucson, camuflada en camiones de carga o en las cajuelas de autos privados; en lomos de caballo, y hasta en aviones superligeros."

—¿En aviones superligeros? —preguntó el reportero.

—Sí, por supuesto. Apenas el 4 de marzo el Ejército Mexicano descubrió tres aviones superligeros en Agua Prieta. Dos de ellos en óptimas condiciones y otro que estaba en reparación.

El 29 de enero de 2010 *The Sierra Vista Herald* publicó en su primera plana un artículo sobre la confiscación de dos caballos por parte de la Patrulla Fronteriza en Douglas. Los animales transportaban un cargamento de 71 kilogramos de mariguana. Las personas que guiaban los caballos huyeron hacia Agua Prieta.

El corresponsal acudió a la oficina regional de la DEA en Phoenix para solicitar información sobre el narcotráfico y la forma en que las autoridades locales lo combaten. Ningún funcionario quiso abordar el tema de manera abierta.

Solo el funcionario del CBP en Tucson comentó al corresponsal que una dependencia del gobierno federal tenía bajo investigación a todo el departamento de policía de Bisbee, "por su presunta colaboración con el cártel de Sinaloa para introducir a territorio estadounidense mariguana y otras drogas."

7

EL PROTEGIDO

La guerra no llega a Sinaloa

ÁLVARO DELGADO

Cuna de los más prominentes narcotraficantes de México, como Joaquín *El Chapo* Guzmán, Sinaloa padece una crisis peor que la de Chihuahua porque, debido a la negligencia del gobierno de Felipe Calderón, se ha consolidado ya como "el modelo de la narcopolítica" en el país, acusó el diputado federal por el PAN Manuel Clouthier Carrillo.

"Somos la avanzada de este mugrero que se vive ya en México", definió el hijo de quien fue candidato presidencial del Partido Acción Nacional (PAN) en 1988, Manuel de Jesús Clouthier, y aseguró que el contubernio de los políticos con el crimen organizado en Sinaloa, que denominó "el narcopoder", ha comenzado a "clonarse" en otros estados.

La razón: la guerra que Calderón declaró al narcotráfico, al inicio de su gestión, no ha existido en la entidad. Al contrario, aseguró, el régimen calderonista ha protegido al cártel de Sinaloa, encabezado por *El Chapo* Guzmán, fugitivo desde los primeros meses del sexenio de Vicente Fox.

"El gobierno federal habla de una guerra contra el narcotráfico que en Sinaloa no se ha visto. Se ha golpeado a todos los cárteles y no ha sido proporcional con el de Sinaloa. ¡Eso es evidente! ¡Y si nos preguntan a los sinaloenses, es más evidente!", exclamó.

Pero además, aseveró, el gobierno de Calderón ha hecho negocios en Sinaloa promovidos por la administración estatal, como la multimillonaria compra de terrenos —para un desarrollo turístico— propiedad del exgobernador Antonio Toledo Corro, en cuyo sexenio se inició el auge del narcotráfico.

"Son cosas muy extrañas", comentó.

Tras advertir que existía el riesgo de que en las elecciones del 4 de julio de 2010 ganara un candidato a gobernador que fuera plenamente un narcotraficante, cuando de acuerdo con encuestas el PRI tenía una ventaja de dos a uno frente al PAN, Clouthier sentenció que en Sinaloa se estaba llegando "a un punto de no retorno."

Y explicó: "El punto de no retorno será cuando el costo de combatir al crimen organizado y a la corrupción que genera sea más alto que el costo de tenerlo. Y cuando el costo de combatirlo sea más alto que el costo de tenerlo, nadie le va a entrar."

Harto de promesas incumplidas y de la arrogancia gubernamental, el diputado federal responsabilizó directamente al presidente Felipe Calderón de no atacar la narcopolítica en Sinaloa —en la cual incluía al gobernador priista Jesús Aguilar Padilla—, y anticipó: "Eso significa que nos va a costar a los sinaloenses generaciones enteras, porque un cabrón irresponsable —y digo irresponsable porque es su responsabilidad— no tuvo el tamaño de hacer lo que le correspondía por mandato."

Ni con el pétalo de una rosa

En entrevista la mañana del 11 de febrero, en su departamento de la colonia Condesa de la Ciudad de México, Clouthier insistió con vehemencia en su reclamo a Calderón por no atacar al narcotráfico en Sinaloa y expuso su sospecha de que ello se debe no solo a ineptitud y negligencia sino a "otro tipo de arreglos:

"A mí que no me platiquen. Yo entiendo que en Michoacán esté tomando acciones, es su tierra; pero la mía es Sinaloa, ese es mi México. ¡Es el México que a mí me interesa que se transforme! ¡A mí no me importa que esté combatiendo en Michoacán! A mí me importa que haga su tarea en Sinaloa. Y eso es lo que reclamo. ¡Pero resulta que a Sinaloa no la han tocado ni con el pétalo de una rosa! Y la pregunta es ¿por qué?"

—¿Por qué?

—Para mí hay varias posibilidades: una, que Sinaloa sea intocable, efectivamente, en materia de crimen organizado, y esto significaría entonces que hay otro tipo de arreglos en esa lógica, porque no creo, me resisto a creer, que el Estado no tenga la fuerza para combatir y ganar la batalla contra el crimen organizado. Eso sería tanto como decir que no solo en Sinaloa habremos cruzado el punto de no retorno, sino que el país ya también se chingó.

—¿Es una estrategia deliberada?

—¡Claro! ¿Qué puede ser? Primero, que Sinaloa es intocable. Lo segundo sería que, dada la colusión real que existe de narcopolítica en Sinaloa con lo que llamo la camarilla mafiosa en el poder —y que no es un término propagandístico ni electorero, sino un término descriptivo real, o sea, una pequeña camarilla que se ha incrustado en el poder aliada con el crimen organizado—, nos está cociendo desde el poder.

Para ilustrar este cocimiento, Clouthier hizo una analogía. Dijo que si se lanza una rana a una olla de agua hirviendo, el animal salta y, aunque se quema, logra salvarse. Pero si la rana se introduce en una olla de agua fría y esta se va calentando poco a poco hasta hervir, la rana nunca saltará para salirse y terminará por cocerse.

"A eso me refiero cuando digo que a los sinaloenses nos están cociendo desde el poder: la corrupción de la sociedad sinaloense está siendo promovida desde el poder, y nos están corrompiendo precisamente con el ánimo de irnos preparando para que nuestros gobernantes ya no sean los políticos de antes ni los narcopolíticos de ahora, sino, finalmente, miembros directos del narcotráfico."

Según Clouthier, "hay un convenio entre la camarilla mafiosa y el crimen organizado desde hace al menos 10 años, y tiene ese objetivo."

Explicó: "No se dio el brinco de un político a un narcotraficante, sino que se necesitaba un paso de transición que fuera permitiendo al sinaloense acostumbrarse a tratar con la gente desprestigiada, vinculada con el narcotráfico en el poder, y eso es lo que se ha venido haciendo en el sexenio de hoy."

Por eso, añadió, no es fortuita la ejecución del secretario de Turismo del gobierno estatal, Antonio Ibarra Salgado, el 22 de diciembre de 2009. "Todos sabíamos de los vínculos de este señor con el crimen organizado. Pero no es el único que (con esos vínculos) está en este gobierno."

A mediados de enero de 2010, el legislador generó un escándalo al declarar públicamente que a Sinaloa lo gobernaba una "camarilla mafiosa", en la que inscribió al alcalde de Culiacán, Jesús Vizcarra, a quien llamó "mafioso, autoritario y acomplejado."

Y es que en Sinaloa, sostiene, está en auge la narcopolítica y se proyecta que el narcotráfico gobierne. "Todo el mundo sabemos que esto está siendo promovido desde el poder estatal."

—¿Y el poder federal?

—Ese es mi cuestionamiento, y ese es el reclamo que le estoy haciendo a Felipe Calderón. Él tiene una obligación de gobierno, ¡de gobierno, no de cara a un proceso electoral! ¡Ha sido omiso en tres años en relación a Sinaloa! Eso lo cuestiono y lo reclamo como sinaloense y como mexicano.

Negocios con Toledo Corro

Invitado en 2009 por Germán Martínez a ser candidato a diputado plurinominal por el PAN, Clouthier no había reactivado su militancia en ese partido desde que, en 1994, renunció a él y se retiró de la vida política para dirigir el periódico *El Noroeste*, del que, afirma, ya solo era accionista minoritario.

Pero tomó además la determinación de no inscribirse para contender por la candidatura del PAN al gobierno estatal, porque no estaba de acuerdo con las decisiones que se han tomado en ese partido "desde el centro."

Al respecto evaluó: en el PAN "traen un verdadero desmadre que han creado en Sinaloa de cara al proceso electoral. Desde los más altos niveles nos quieren decir a los sinaloenses cómo hacer las cosas. Y, con todo respeto, lo primero que tendrían que hacer es preguntar."

Eso ocurría, también, con el gobierno de Calderón, como lo atestiguó Clouthier en una reunión con Genaro García Luna, secretario de Seguridad Pública federal. "Le escuché decir que en Sinaloa no existe el crimen organizado sin base social. Volteé yo y le dije: 'Disculpe, señor, no existe crimen organizado sin apoyo institucional.'"

Por eso, precisó, "cuestiono la estrategia de Calderón en el combate al crimen organizado. Se ha concentrado en la parte policial, pero sostengo que debe ser una estrategia integral atacando cuatro vertientes, no solo una: las otras tres son combate a la corrupción, reforma educativa y reforma económica."

Como Calderón, Vicente Fox era asimismo responsable del desastre existente: "No ha habido, en los gobiernos panistas, un combate férreo contra la corrupción, una corrupción que le da sustento institucional al crimen organizado. Otra vez: no hay crimen organizado sin apoyo institucional."

En los casi 10 años de gobiernos panistas, reprochó, no se ha impulsado una verdadera reforma educativa para, por la vía cultural, educar al nuevo mexicano que construirá el nuevo México; ni una reforma económica real, con un sello distinto y distinguible, para que este país sea atractivo y confiable para la inversión productiva.

Esto, dijo Clouthier alzando la voz, "¡lo grito porque nos están convirtiendo en el excusado del país, y vamos a perder generaciones enteras!".

Al hijo del que fue candidato del PAN a la Presidencia de la República le parecían extraños los negocios que el gobierno de Calderón hacía con el exgobernador Toledo Corro, a quien el gobierno federal compró 2 mil hectáreas para establecer un desarrollo turístico instrumentado por el Fondo Nacional de

Fomento al Turismo. El monto de la operación fue de mil 203 millones de pesos.

Consideró que este hecho "es muy emblemático y sospechoso. ¿No había otros terrenos en Sinaloa, además del de don Antonio Toledo Corro? ¿Cuál es el mensaje que se está mandando al sinaloense o a la comunidad mexicana? Para mí eso es extrañísimo. No estoy cuestionando que el gobierno federal haga inversiones en Sinaloa, pero ¿qué tipo de arreglos hay ahí, qué cosas extrañas están sucediendo? No tengo respuestas. Tengo preguntas que me veo obligado a formular públicamente."

—¿Usted se lo ha dicho a Calderón o lo ha buscado para decírselo?

—Yo he tratado de buscar primero los cauces institucionales para el diálogo; he pretendido afanosamente establecer el diálogo con las instancias correctas… Ha sido difícil conseguir hasta una pinche cita.

Por eso estimó que en el PAN, como partido y como gobierno, existía mucha arrogancia, no solo al hablar una colusión social con el crimen organizado, sino también porque, desde el centro, "nos quieren decir cómo hacer las cosas sin habernos preguntado ni pedirnos un diagnóstico." Esa soberbia llegaba al punto de que "la mano de Felipe Calderón en el PAN, en una serie de situaciones en relación a los procesos electorales, también está dictando acciones divorciadas de la realidad de las regiones."

El títere y el titiritero

La charla con Clouthier tuvo lugar el 11 de febrero de 2010, un día después de la renuncia al PAN de Fernando Gómez Mont, secretario de Gobernación, cuando el presidente Calderón, acompañado de aquel, visitaba justamente la localidad que se ha convertido en el emblema del fracaso de su estrategia antinarco: Ciudad Juárez, Chihuahua.

Sin embargo, Clouthier Carrillo aclaró que su estado natal estaba peor que Chihuahua: "Puedo hablar con los pelos en la mano y me pongo enfrente con el que quieras. Sinaloa va adelante. Sinaloa es el modelo de narcopolítica que está permeando en el resto de los estados y que ha sido tomado para clonarse. Es el que va de avanzada; por eso es tan importante pegarle a Sinaloa."

—O no pegarle…

—Bueno, nomás que yo vuelvo a insistir: dirigir es educar, y, segundo: el que tiene mayor autoridad tiene mayor responsabilidad.

—¿Es ineludible la que tiene Calderón?

—Es el presidente de la República.

—¿Lo ha decepcionado?

—No es un asunto de decepciones, es un asunto de reclamo. Yo como mexicano y como sinaloense reclamo, exijo y lo grito: ¡no se vale que nos estén destinando a los sinaloenses a perder generaciones enteras!

—¿Se refiere a Vizcarra?

—Yo estoy hablando más que claro. Los nombres pónganlos ustedes. Todo Sinaloa lo entiende.

Por eso, aunque Clouthier no contendería por la candidatura del PAN al gobierno estatal, apoyaría una alianza que, incluso podría postular al senador priista Mario López Valdez, vinculado al exgobernador Juan S. Millán, enfrentado con el entonces mandatario.

"Mario López Valdez es un buen hombre. Al menos eso creo hasta ahorita, pero yo sostengo que tiene que dar pruebas de su amor por los sinaloenses en al menos dos sentidos: Mario tiene que deslindarse del PRI y tiene que deslindarse del titiritero, porque si no quedará como títere."

—¿Quién es el titiritero?

—Juan Sigfrido Millán. Por eso la gente quiere ver que su líder sea líder, no títere. Porque si es títere, mejor hablo con el titiritero. Mario tiene que demostrar que, cuando le agarren ahí, trae algo, y no como Fox, que no traía nada. De él depende. Que dé señas de que tiene vida propia y de que no es un títere.

Su fuerza, incólume

La célula del narcotráfico integrada por los hermanos Marcos Arturo, Héctor, Mario, Carlos y Alfredo Beltrán Leyva es una de las más viejas en el negocio de las drogas: emergió a la luz pública entre finales de los ochenta y principios de los noventa, cuando Amado Carrillo Fuentes se convirtió en el jefe del cártel de Juárez, tras el asesinato de Rafael Aguilar Guajardo, crimen que se atribuyó al llamado *Señor de los Cielos*.

Los Beltrán Leyva han desplegado todo su poder económico y armado en el país. Y es tan fuerte el respaldo policiaco de que han dispuesto, que el subprocurador de Asuntos Jurídicos e Internacionales de la PGR, José Luis Santiago Vasconcelos, hizo público que un grupo de sicarios bajo el mando de los Beltrán planeó ejecutarlo.

Este subprocurador, quien había investigado la evolución de todos los cárteles en la última década, difundió el plan criminal para asesinarlo, y el 24 de enero de 2008 el propio secretario de Seguridad Pública, Genaro García Luna, especificó que quienes pretendían eliminar a Vasconcelos eran cinco sicarios detenidos el 18 de diciembre de 2007 en el Distrito Federal, los cuales tenían apoyo de algunos miembros de la policía capitalina.

217

Los sicarios, pertenecientes a la célula de los Beltrán Leyva, eran Carlos Gerardo Acosta, José Édgar Flores Rivera, Armando González Guzmán, Elpidio Huerta y José Luis Delgado. Los tres primeros fueron identificados como elementos de la Policía Federal Preventiva, Judicial del Distrito Federal y la AFI, respectivamente.

García Luna identificó a quienes pretendieron atentar contra Vasconcelos: "Son comandos de la parte estructural, del esquema de los Beltrán Leyva, en particular del Pacífico..."

La historia del clan

Originarios de Sinaloa —la mejor escuela del narco en toda la historia del crimen organizado en México—, los Beltrán Leyva se mantuvieron durante varios años como un ala importante del cártel de Juárez. Tras la muerte de Carrillo Fuentes decidieron operar por su cuenta, aunque por aquellos años ya tenían nexos con Joaquín *El Chapo* Guzmán, quien a la postre se convirtió en su jefe.

Tras la fuga de *El Chapo* —el 19 de enero de 2001 del penal de Puente Grande, Jalisco—, los hermanos Beltrán Leyva se asociaron con Guzmán Loera. Había más de una razón para que el jefe del cártel de Sinaloa los acogiera: los Beltrán lo habían introducido en el negocio de las drogas después de que Guzmán se peleó con Miguel Ángel Félix Gallardo —el capo mexicano más audaz de las décadas recientes—, de quien había sido lugarteniente.

Este dato salió a flote luego de que la PGR detuvo e introdujo en su programa de testigos protegidos a Marcelo Peña (cuñado de Guzmán Loera), cuya clave como testigo es *Julio*. Este contó, entre otras historias, que los Beltrán iniciaron a *El Chapo* en el negocio de las drogas.

Y durante la reclusión de Joaquín Guzmán, tanto en el penal de Almoloya de Juárez (hoy Altiplano) como en Puente Grande, los Beltrán se hicieron cargo de suministrarle dinero y todo lo que necesitaba para vivir cómodamente en las prisiones de máxima seguridad, la segunda irónicamente llamada "Puerta Grande."

Tras la fuga de *El Chapo,* los hermanos Beltrán se reposicionaron en el negocio del tráfico de drogas: durante el sexenio de Vicente Fox alcanzaron tanto poder que lograron dominar 11 estados de la República, aunque sus principales feudos eran Sinaloa y Guerrero.

Según documentos de la PGR, los Beltrán dirigían operaciones de transporte de droga, lavado de dinero, compra de protección y reclutamiento de sicarios.

De lo anterior da cuenta la averiguación PGR/UEIDCS/021/2005, así como las causas penales 82/2001 y 125/2001, las cuales establecen que Marcos Arturo Beltrán Leyva, *El Barbas*; Héctor Alfredo, *El H*; Mario Alberto, *El General*, y Carlos —todos ellos supuestamente perseguidos dentro y fuera del país— se mantuvieron durante largos periodos en la impunidad, protegidos por policías, militares y funcionarios de primer nivel del gobierno de Vicente Fox. Con base en esa protección, los Beltrán crecieron en forma fulgurante como empresarios del narco, lo cual permitió a su socio, *El Chapo,* convertirse en el capo más poderoso de los últimos siete años.

Tanto los informes de la SSP como los expedientes citados indican que el radio de acción de este clan tenía presencia en el Distrito Federal desde hace por lo menos una década. Otros territorios bajo sus dominios han sido el Estado de México,

Sonora, Guerrero, Chiapas, Querétaro, Sinaloa, Jalisco, Quintana Roo, Tamaulipas y Nuevo León.

Los mismos informes señalan que, además de sus actividades de narcotráfico, los Beltrán eran dueños de un equipo de futbol de salón en Culiacán, al cual patrocinaban; tenían residencias de lujo en Acapulco y casas de descanso —y de seguridad, para realizar negociaciones y acuerdos con políticos— en Valle de Bravo, Estado de México. De acuerdo con un organigrama elaborado por la PGR, el líder de la banda era *El Barbas*, Marcos Arturo Beltrán Leyva.

Ninguno de los hermanos había estado en prisión. Se habían mantenido impunes hasta que un grupo especial del Ejército Mexicano detuvo, el 21 de enero de 2008, a Alfredo Beltrán en una zona residencial de Culiacán, Sinaloa.

Sobre la captura de este personaje —golpe que fue visto como una arremetida inusual contra el cártel de Sinaloa— surgieron al menos dos versiones: que los Beltrán habrían enfrentado un rompimiento con *El Chapo* por diferencias de negocios y que los efectos alcanzaron a la SSP, encabezada por Genaro García Luna, quien ha sido señalado públicamente (y en la indagatoria arriba citada) como presunto protector de los hermanos Beltrán.

Entre los miembros del cártel de Sinaloa, el más sólido hasta antes de la captura de Alfredo Beltrán, no solo había sociedad en el negocio del narcotráfico; también existían líneas de parentesco. El 27 de junio de 2001 el testigo *Julio* declaró ante la PGR: "Arturo Beltrán Leyva es primo lejano de *El Chapo*, a quien inició en el negocio de la cocaína, ya que me lo dijo Beltrán una vez que fui a pedir dinero por parte de *El Chapo* a la ciudad de Querétaro (refugio de los Beltrán), esto fue por 1995 o 1996".

Agregó en su testimonio: "Sé que esta persona (Arturo Beltrán) es muy ostentosa y que tiene una casa en Acapulco, porque *El Chapo* me mandó una vez a visitarlo, citándome en una casa que tiene en el fraccionamiento Las Brisas…"

Otro socio de los Beltrán, Juan José Esparragoza Moreno, *El Azul*, de acuerdo con el testimonio rendido ante la PGR por Albino Quintero, también estaba ligado familiarmente con los Beltrán. En la causa penal 26/2006, página 62, Quintero cuenta: "Respecto de Juan José Esparragoza Moreno, lo conocí en Querétaro en una casa propiedad de mi compadre Arturo Beltrán Leyva." Más adelante dice que un familiar de Esparragoza estaba casado con una sobrina de Arturo Beltrán.

De Badiraguato vienen

Los hermanos Beltrán Leyva, quienes —después se supo— tenían varios años afincados en zonas residenciales del Distrito Federal, como San Ángel, entre otros sitios lujosos, son originarios de Temeapa, municipio de Badiraguato, Sinaloa.

En esta tierra, cuna del narco mexicano, nacieron *El Chapo* Guzmán, los hermanos Rafael y Miguel Ángel Caro Quintero, así como José Ramón y Diego Laija Serrano.

Según el oficio CI/C4/ZC/0340/05, del Centro Nacional de Planeación e Información de la PGR, el mayor de los hermanos Beltrán es Héctor Alfredo Beltrán *El Mochomo* —posteriormente detenido—, quien nació el 15 de febrero de 1951.

De acuerdo con sus antecedentes, era el encargado de trasladar cargamentos de droga a Monterrey, Nuevo León, donde su organización contaba con enlaces, para luego introducirlos a

Estados Unidos. La ficha de la PGR añade: "Se caracteriza por ser
una persona violenta y contar con un férreo control de los grupos
menores de narcotraficantes en la ciudad de Culiacán, Sinaloa".

El Mochomo, cuya detención festejó el embajador de Estados
Unidos en México, Tony Garza, tenía abierta una averiguación
previa (la número 2984/2002) en la delegación de la PGR en Los
Mochis, Sinaloa, "por siembra y tráfico de drogas."

La PGR también disponía de informes sobre las actividades
de Marcos Arturo. Este nació el 21 de septiembre de 1961, es
considerado por la SIEDO como operador de Guzmán Loera en el
Pacífico mexicano y tenía una orden de aprehensión girada por
el Juzgado Cuarto de Distrito con sede en la Ciudad de México.

Sobre el otro hermano, Mario Alberto, la PGR solo refería en
varias fichas que le decían *El General.* Y acerca de Carlos Beltrán, la dependencia le atribuía el lavado de activos del grupo, al
igual que a Héctor, dedicado a la siembra de drogas. Los Beltrán
Leyva estaban asociados también con Ismael Zambada García
El Mayo.

Después de la fuga de *El Chapo,* las fichas oficiales indican que todo el grupo participó en una reunión en Cuernavaca,
Morelos, a la que asistieron Zambada García, Esparragoza y
Arturo Beltrán. El objetivo del encuentro fue establecer acuerdos y reforzar la organización.

El golpe a la célula de los Beltrán se interpretó como una
sacudida al cártel de Sinaloa. Pero este ha seguido firme como
la organización criminal más poderosa de México, y su jefe, *El
Chapo,* a quien la PGR ya no le reconocía fuerza ni liderazgo, continúa paseándose por el país, celebrando fiestas en restaurantes y divirtiéndose a sus anchas entre choques de copas y risas
femeninas.

Al amparo del panismo

La discutida estrategia del gobierno de Felipe Calderón contra el narcotráfico se ha tornado insostenible cuando de Joaquín *El Chapo* Guzmán Loera se trata.

Desde que se fugó del penal de Puente Grande, en Jalisco, el 19 de enero de 2001, el narcotraficante sinaloense ha transitado a sus anchas por el país, al amparo de un gran aparato de protección. Es el prófugo más famoso de las presidencias panistas.

En cuanto burló la cárcel, *El Chapo* se fue a la playa, en la costa de Michoacán. Habitantes del municipio de Aquila lo vieron en La Privada, exclusivo club residencial localizado en una bahía de la costa central del Pacífico. En este lugar también buscaron refugio, en su momento, Amado Carrillo Fuentes, *El Señor de los Cielos*, y Javier Arellano Félix, *El Tigrillo*.

"Cuando estaba la noticia en la televisión (sobre la fuga de *El Chapo*), por acá había una presencia inusual de militares y de policías en los alrededores", relataron habitantes de la región a *Proceso* (edición especial número 25. "El México narco", segunda parte).

En esa zona de la costa michoacana se localiza El Tamarindillo, otra privilegiada bahía de la que el expresidente Vicente

Fox y su esposa, Marta Sahagún, pretendían adueñarse y que no ha sido ajena al trasiego de cocaína (*Proceso* 1694).

Semanas después de que Fox asumió la Presidencia, *El Chapo* se le fugó al responsable de los penales de máxima seguridad, el entonces subsecretario de Seguridad Pública Jorge Tello Peón, luego secretario ejecutivo del Sistema Nacional de Seguridad Pública. Desde el inicio de su gestión, Calderón tuvo a Tello como su asesor externo y a partir de 2008 lo incorporó formalmente en la Presidencia. Desde marzo de 2009 lo integró a su gabinete.

Identificado como "el capo del panismo", *El Chapo* no solo se ha movido en lugares públicos, sino que apareció en el sitio 701 de la lista anual en la que la revista estadounidense *Forbes* enumera a los hombres más ricos del mundo.

En su edición del 7 de enero de 2010 pasado, el semanario británico *The Economist* atribuía a un alto funcionario mexicano declaraciones en las que explicaba por qué las acciones contra el cártel de Sinaloa no habían resultado eficaces. El declarante, cuyo nombre omitió la publicación, aseguró que a diferencia de otros grupos criminales que se limitaban al narcotráfico y a las luchas por plazas y territorios, *El Chapo* lideraba una organización que operaba a escala trasnacional.

Además, según la fuente, Guzmán Loera controlaba en México un territorio de más de 24 mil kilómetros cuadrados, por lo que, precisó, para desarticular su cártel se requeriría una fuerza superior a los 100 mil soldados.

La fama y visibilidad de *El Chapo* la han utilizado en su contra sus enemigos en el mundo del narcotráfico. El 11 de febrero de 2010, por ejemplo, en despliegue perfectamente coordinado, Los Zetas colocaron, en 26 ciudades de siete estados del país,

44 mantas en las que reclamaban al gobierno de Calderón su protección al jefe del cártel de Sinaloa.

Este grupo paramilitar, integrado por desertores de cuerpos de élite del Ejército y que desde finales de 2008 se escindió del cártel del Golfo, colocó las mantas en entidades donde tiene presencia: Nuevo León, Sinaloa, Tamaulipas, Coahuila, Veracruz, Tabasco y Quintana Roo.

Los mensajes responsabilizaban a *El Chapo* de las matanzas de jóvenes en Torreón, Coahuila, y Ciudad Juárez, Chihuahua.

A diferencia de la narcopropaganda dirigida a autoridades o a cárteles enemigos, en esta ocasión las mantas se presentaron como "una carta a la ciudadanía."

Según Los Zetas, las órdenes de las masacres salieron de Durango y Culiacán. Además, acusaban al gobierno de Calderón de arremeter solo contra los narcotraficantes enemigos del capo sinaloense.

Textual, el mensaje decía: "¡Esta carta es para la ciudadanía! Para que se den cuenta o para los que ya tienen conocimiento que el gobierno federal proteje al Chapo Guzmán y su jente, que son los culpables de la masacre de gente inocente que hicieron en Torreón.

"Para el gobierno federal solo hay Z en el país y cárteles que son enemigos del Chapo, que es el (…) protejido de los panistas desde que Vicente Fox entró al poder, y lo soltó y todavía sigue el compromiso hasta la fecha, a pesar de las masacres (…) que hacen con gente inocente.

"¿que es eso de matar gente inocente en las discotecas? ¿la pregunta es porque lo hacen? porque no se pueden defender. Por que (…) no pelean con nosotros, de frente a frente invitamos al gobierno federal que atake a todos los carteles por igual hasta su protejido y que matan.

"Gobierno en Durango y Culiacán que es de donde vienen las ordenes para hacer esas barbaridades como sucedió en Cd Juares y Torreón".

Las mantas aparecieron en diversos municipios de Nuevo León. Una de ellas fue colocada en una de las bardas de la catedral de Monterrey. Otras en camellones y puentes peatonales de Guadalupe, Escobedo, Santa Catarina, San Nicolás y Cadereyta.

En Sinaloa, territorio natural de *El Chapo*, se informó de 11 mantas en Mazatlán y Los Mochis, incluso en los periódicos de ambas ciudades.

En Tamaulipas, zona del cártel del Golfo, se encontraron ocho narcomantas en puentes de importantes cruceros de Reynosa, Nuevo Laredo y Valle Hermoso. Una más fue localizada en Torreón, Coahuila.

En Veracruz, nueve, en la zona del puerto y Boca del Río; en Tabasco, cinco en avenidas de Villahermosa, Balancán, Tenosique, Comalcalco y Emiliano Zapata, y en Quintana Roo, cuatro en Cancún y Playa del Carmen.

La PGR anunció la apertura de actas circunstanciadas por la colocación de la narcopropaganda.

Una lucha amañada

JORGE CARRASCO ARAIZAGA

Las cifras oficiales lo confirmaron: la organización codirigida por Joaquín *El Chapo* Guzmán, la más importante del narcotráfico en México, ha sido la menos perjudicada en la guerra contra los cárteles de la droga del gobierno de Felipe Calderón.

La insistencia en México de que la organización de *El Chapo* ha gozado de la protección de los gobiernos del PAN se convirtió en certeza en Estados Unidos, cuando la radio pública de ese país dio a conocer una investigación de cuatro meses que confirmó el sesgo de Calderón en su confrontación con las bandas del narcotráfico.

Durante tres días, en coincidencia con la visita de Estado de Calderón a Washington, el 19 y 20 de mayo de 2010, la National Public Radio (NPR) difundió el reportaje "La guerra de México contra las drogas: ¿una lucha amañada?", en el que echaba por tierra la defensa de Calderón en el sentido de que su política afectaba por igual a todas las organizaciones de narcotraficantes.

No fue el único trabajo periodístico que amargó la visita del presidente mexicano. A la NPR —emisora que se sostiene fundamentalmente mediante contribuciones del auditorio y de

fundaciones, y que transmite desde Washington a todo el territorio estadounidense a través de alrededor de 800 estaciones, con
millones de escuchas— se sumó una publicación del influyente
periódico *The New York Times*.

El 17 de mayo, antes de la llegada de Calderón a Estados Unidos, el diario lo señaló como el responsable de la liberación de la
exesposa de *El Chapo*, Griselda López Pérez, detenida durante
unas horas el 12 de mayo.

Apoyado en fuentes oficiales no identificadas, el diario
publicó que Calderón "jugó un papel la semana pasada en la
rápida liberación de la esposa de uno de los más importantes
narcotraficantes en México, debido a la preocupación de que la
detención podría provocar una serie de represalias."

En su edición número 1750, del 16 de mayo de 2010, *Proceso*
describió el operativo de las fuerzas federales para detener a Griselda López Pérez en Culiacán y presentarla esposada y encapu-
chada ante la Unidad de Lavado de Dinero de la SIEDO de la PGR.

Testigos de los hechos dijeron a este semanario que la liberación de Griselda se produjo después de una llamada telefónica desde Los Pinos. Y la PGR informó de su detención al día
siguiente de realizada, cuando la exesposa de *El Chapo*, liberada, ya estaba de regreso en Sinaloa.

La PGR nunca precisó que se trataba de una investigación por
lavado de dinero. Los testigos añadieron que el propósito de la
operación era mantener bajo arraigo a la exmujer de Guzmán
Loera como presunta responsable del uso de recursos de procedencia ilícita.

Como sea, las reiteradas críticas en México a Calderón ante
la alegada protección al cártel de Sinaloa llevaron a la radiodifusora estadounidense a emprender su investigación. "En México

mucho se habla de que el gobierno de Calderón protege a *El Chapo*. Conscientes de que la prensa de Estados Unidos no había averiguado ese tema, en NPR decidimos hacer la investigación", contó en entrevista John Burnett, corresponsal de ese medio en Austin, Texas.

"En Estados Unidos es muy raro que se hable de esa protección. La imagen que prevalece es la de que el presidente de México está dando una lucha fuerte contra todos los grupos del narcotráfico, pero nuestra investigación dio resultados diferentes", añadió.

Clara tendencia

Junto con la productora Marisa Peñaloza, Burnett se trasladó a Ciudad Juárez, a la que definió como "la zona cero" de la guerra antinarco de Calderón. También estuvieron en el Distrito Federal y ampliaron la cobertura a El Paso, Texas, y a Washington.

Los periodistas no se quedaron solo con los testimonios judiciales, policiacos, de legisladores, víctimas de la violencia en Juárez y expertos en México y Estados Unidos que hablaron sobre la protección del gobierno mexicano a *El Chapo* y a su organización.

Para comprobar ese señalamiento, decidieron revisar los boletines de prensa difundidos por la PGR entre el 1 de diciembre de 2006 y el 28 de abril de 2010 con el propósito de identificar, a partir de la información oficial, la manera en que había actuado Calderón contra los cárteles.

En total revisaron 4 mil comunicados, en los que se mencionaban 2 mil 604 nombres de personas identificadas por la PGR como miembros de alguna organización de narcotraficantes. La información se refería a detenidos y procesados por delitos relacionados con la droga, la portación de armas prohibidas y la delincuencia organizada.

La cifra abarcaba detenciones, autos de formal prisión, órdenes de aprehensión, arraigos y sentencias de que ha informado la PGR.

Los resultados no dejaban lugar a dudas. El cártel de Sinaloa, señalado por el Departamento de Justicia estadounidense como una de las organizaciones delictivas más grandes del mundo, había sido poco tocado por el gobierno de Calderón. De 2 mil 604 detenidos y procesados por la PGR, solo 303, es decir, 11.64%, pertenecían al grupo de *El Chapo*.

"No decimos que ese es el total de detenidos en toda la República Mexicana. Pero nuestros datos sí muestran una tendencia muy clara de la manera en que se está dando la guerra contra los cárteles de la droga en México", dijo Burnett.

De acuerdo con los datos procesados por la NPR, las organizaciones más combatidas han sido el cártel del Golfo y Los Zetas. Asociados hasta 2008, ambos grupos tuvieron en el periodo analizado el mayor número de detenidos: mil 140, 43.78% del total.

Seguía La Familia Michoacana, con 405, 15.55%. Después, el cártel de los Beltrán Leyva —dividido desde la ejecución de su líder Arturo Beltrán Leyva a manos de la Marina, en diciembre de 2009— tenía en los registros de la PGR 329 detenidos.

Debajo del cártel sinaloense solo estaban el de Tijuana, con 294 detenidos (11.29%); el de Juárez, con 122 (4.69%), y el del Milenio o de los Valencia, con 11 (0.42%).

Esas cifras, obtenidas a partir de la información gubernamental, en nada se parecían a los datos proporcionados por el propio

Calderón el 24 de febrero de 2010 para responder a las críticas que le hizo el diputado federal del PAN por Sinaloa, Manuel Clouthier, quien lo acusó de negligente para atacar al narcotráfico en ese estado (*Proceso* 1737) y que fue entrevistado por los periodistas estadounidenses.

Calderón expresó que las acusaciones de que su gobierno favorece al cártel de Sinaloa "son totalmente infundadas y falsas." Subrayó: "Mi gobierno ni protege ni escuda ni tolera a ningún grupo de narcotraficantes, se llamen como se llamen." Fue cuando dio sus cifras y colocó al cártel de *El Chapo* como uno de los más golpeados por su gobierno, con detenciones como las de Jesús Zambada García, hermano de *El Mayo* Zambada; de Vicente Zambada Niebla, hijo del socio de *El Chapo*, y de Alfredo Beltrán Leyva, cuando formaba parte del cártel de Sinaloa.

Aseguró que de las 72 mil personas detenidas por delitos contra la salud durante su administración, 27% correspondía al cártel del Golfo y Los Zetas, 24% al cártel del Pacífico (Sinaloa), 17% al de los hermanos Carrillo Fuentes (Juárez), 14% al de los hermanos Beltrán Leyva, 13% al de los Arellano Félix y 5% a La Familia Michoacana y los Valencia-Milenio.

El 17 de mayo de 2010 Gobernación emitió un comunicado con las mismas cifras para afirmar que, en la administración de Calderón, "todas las organizaciones delictivas han sido atacadas en sus estructuras de manera proporcional a su tamaño."

En su revisión, los periodistas de la NPR encontraron que, de los 72 mil detenidos referidos por Calderón, solo 3.6% —los 2 mil 604— han sido relacionados por la PGR con algún cártel en calidad de miembros.

La corrupción

De acuerdo con la información oficial procesada por la radio estadounidense, ha sido el cártel de Sinaloa el que ha mostrado mayor capacidad para corromper a funcionarios federales.

Entre diciembre de 2006 y abril de 2010, 403 funcionarios públicos federales, policías ministeriales estatales y policías municipales fueron detenidos por su colaboración con los cárteles del narcotráfico.

La mayoría eran policías municipales. Pero, de un total de 19, se contaron 14 funcionarios federales y militares que fueron corrompidos por el cártel de Sinaloa.

"El patrón es claro: todos los cárteles infiltran agencias estatales y locales, pero en el caso de los sinaloenses y los Beltrán Leyva, antiguos aliados, es más probable que paguen a militares y a funcionarios federales de alto nivel", señalaba el reporte de la NPR que escucharon millones de estadounidenses.

Entre esos casos destacaba el de los funcionarios de la PGR y de la SSP detenidos en la *Operación Limpieza* a finales de 2008, que fueron comprados por el cártel de Sinaloa y los hermanos Beltrán Leyva, cuando operaban juntos.

En contraste, de 10 casos de corrupción por parte del cártel de Juárez, nueve de ellos fueron funcionarios municipales.

John Burnett amplió los datos. Dijo que en total registraron 54 casos de corrupción de funcionarios federales y militares. De ellos, 34 fueron por colaborar con los Beltrán Leyva y el cártel de Sinaloa cuando actuaban juntos, y 20 correspondieron a los entonces socios cártel del Golfo y Los Zetas.

Los contrastes a favor de *El Chapo* eran más significativos en el caso de Chihuahua. Desde marzo de 2008, cuando Calderón ordenó el despliegue de 8 mil soldados como parte del *Operativo Conjunto Chihuahua* (*Occh*), la información de la PGR analizada refiere solo 16 detenciones de miembros del cártel de Sinaloa. En el caso del cártel de Juárez, 88. Incluso, en diferentes boletines cuatro personas se mencionan como pertenecientes a ambos grupos.

Los testimonios recogidos por los periodistas estadounidenses señalaban la "colusión entre el Ejército Mexicano y la mafia de Sinaloa en Juárez." Lo corroboraron con un testimonio jurado de dos jefes del cártel sinaloense ante una Corte Federal de Estados Unidos en El Paso, Texas, en marzo de 2010.

Uno de ellos fue el expolicía de Juárez Manuel Fierro Méndez, quien declaró que entregaba información de inteligencia sobre La Línea —una red del cártel de Juárez— a un capitán del Ejército para favorecer a los sinaloenses. En el mismo juicio, el agente de la DEA Matthew Sandberg señaló que el contacto de Fierro Méndez y el Ejército era un capitán identificado como *La Pantera*.

El asesinato de 15 jóvenes en la colonia Villas de Salvárcar, el 30 de enero de 2010, obligó al Ejército a replegarse ante la inconformidad social por su inoperancia para controlar la violencia. Los militares fueron sustituidos por 5 mil elementos de la PF en la llamada estrategia *Todos Somos Juárez*, que reemplazó al *Occh*.

Pero a un mes de haberse establecido en Ciudad Juárez, un comando de La Línea emboscó y asesinó a seis policías federales. Al adjudicarse la acción, ese grupo señaló que se trataba de una represalia por la protección que se brindaba a *El Chapo* Guzmán, quien comandaba el cártel de Sinaloa junto con Ismael *El Mayo* Zambada, Ignacio *Nacho* Coronel y Juan José Esparragoza *El Azul*.

La opacidad

Ante la disparidad de las cifras, los periodistas intentaron entrevistarse con autoridades mexicanas para contrastar la información.

Entre el 8 de marzo y el 6 de mayo de 2010 buscaron a diferentes autoridades de México y de Estados Unidos. Ninguna respondió.

Trataron inútilmente de entrevistar al titular de la PGR, Arturo Chávez Chávez; al jefe de la Policía Federal Ministerial, Wilfrido Robledo Madrid; al secretario ejecutivo del Sistema Nacional de Seguridad Pública, Jorge Tello Peón; al secretario técnico del Consejo de Seguridad Nacional, Monte Alejandro Rubido García, y al titular de la SSP, Genaro García Luna.

En Ciudad Juárez buscaron al general Felipe de Jesús Espitia Hernández, comandante de la V Zona Militar, con sede en la capital de Chihuahua, y en Washington, al embajador Arturo Sarukhán.

Los periodistas estadounidenses entregaron los resultados de su investigación a la PGR. La única respuesta que tuvieron fue que sus datos estaban incompletos. Viviana Macías, subdirectora de prensa internacional de Comunicación Social de la PGR, les dijo, en un correo fechado el 6 de mayo, que tendrían que "revisar también los boletines de prensa de la SSP, Sedena, Marina y los boletines estatales, para tener un panorama más completo. Asimismo, las procuradurías de los estados también tienen información."

En su respuesta, Macías negó tener referencia sobre las cifras dadas a conocer por Calderón, y soslayó que los detenidos por las dependencias que mencionó son entregados a la PGR, a la que la Constitución asigna la función de procurar y administrar la justicia en los casos de delitos federales.

La investigación de la NPR no solo llamó la atención de los radioescuchas, sino que provocó el interés de los oficiales de la administración de Obama encargados de las políticas públicas hacia América Latina.

El presidente de la CEDH de Sinaloa, Juan José Ríos Estavillo, informó a *Proceso* que, el 14 de mayo, personal del organismo tramitó "una serie de denuncias por presuntas violaciones a los derechos humanos" cometidas en el operativo policiaco-militar en el que se detuvo a Griselda López Pérez, exesposa de *El Chapo*.

El ombudsman sinaloense explicó que por los testimonios de López Pérez y de su hija Grisell, quien es menor de edad, se trataba de "una posible afectación a nivel emocional llevada a cabo por autoridades presuntamente federales", hechos que, desde su punto de vista, ameritaban una investigación, "porque hay elementos para solicitar informes" de las autoridades involucradas, la Sedena, la Secretaría de Marina (Semar) y la SIEDO.

La denuncia de hechos, aclaró Ríos Estavillo, fue remitida el 15 de mayo a la Comisión Nacional de Derechos Humanos, que envió personal de la Segunda Visitaduría a Culiacán el 17 de mayo para recabar la ratificación de la denuncia formulada por López Pérez ante la CEDH de Sinaloa.

Dos sexenios de gloria

Ricardo Ravelo

Intocado por los gobiernos federales panistas, en particular por el de Vicente Fox, en cuya gestión incluso escapó del penal de máxima seguridad de Puente Grande, Jalisco, Joaquín Guzmán Loera, *El Chapo*, ha encabezado la más poderosa organización de tráfico de drogas en el país, con amplias redes en Sudamérica, Centroamérica y Estados Unidos.

En una entrevista concedida a *Proceso* en febrero de 2005, el entonces presidente de la Comisión Nacional de Seguridad Pública de la Confederación Patronal de la República Mexicana, José Antonio Ortega Sánchez, lo calificó como "el narcotraficante del sexenio" pues, afirmó, "es evidente que hay una protección (al capo), porque la PGR siempre llega tarde cuando tiene información de dónde se encuentra. Pareciera que es el narcotraficante protegido por las autoridades que tienen la obligación de detenerlo" (*Proceso* 1476).

En 2009, el reporte de la revista *Forbes* incluía al capo mexicano en su lista de millonarios con una fortuna de mil millones de dólares. No era la primera vez, sin embargo, que un narcotraficante figuraba en la célebre lista. En 1989, esa publicación estadounidense incluyó al narco colombiano Pablo Escobar Gaviria.

Para Edgardo Buscaglia, profesor de derecho y economía de la Universidad de Columbia e investigador del Instituto Tecnológico Autónomo de México, el reporte de Forbes sobre la fortuna de El Chapo no tenía una metodología confiable.

—Según su percepción, ¿cuál es el sentido de incluir a un capo de la droga en la lista de los hombres más ricos del mundo? —se le pregunta al también consejero del Instituto de Investigación y Formación de las Naciones Unidas.

—La publicación de Forbes es relevante como golpe mediático, pero pienso que las agencias de inteligencia de Estados Unidos están enviando señales muy claras al presidente Felipe Calderón de que debe emprender una investigación seria contra el cártel de Sinaloa y desmantelar la red de testaferros que están detrás del capital que mueve este grupo criminal. Los estadounidenses quieren que se canalicen las investigaciones patrimoniales en ambos lados de la frontera.

El investigador explicó que la percepción en Estados Unidos sobre México es "grave y preocupante", pues el dinero del narco está vinculado a 78% de las actividades legales mexicanas; además, "el cártel de Sinaloa no solo está afianzado en México, sino que ya se tienen registros serios de que está presente en 38 países. Por eso a México se le ve como un peligroso exportador de violencia e ingobernabilidad."

Y agregó: "El Chapo Guzmán puede tener mil millones de dólares o mucho más, pero es complejo confirmarlo. No pude evitar la sorpresa ante la falta de soporte del informe de Forbes, pero insisto: se trata de un golpe mediático. Existen estimaciones sobre los montos que lava el narcotráfico, pero hasta ahora no se ha podido acreditar a cuánto ascienden realmente esas ganancias.

"Para calcular esos valores necesitamos una investigación del mapa patrimonial y criminal en los sectores económicos de estos 38 países, algo que no se ha hecho de manera integral", afirmó.

—Entonces, ¿el fondo de la publicación de *Forbes* es un mensaje con presión política?

—El mensaje es claro: el gobierno mexicano debe destruir toda la red protectora que seguramente maneja el dinero del cártel de Sinaloa, en la que puede haber políticos y empresarios; deben romperse esas redes patrimoniales intocadas por las buenas o por las malas porque, de no hacerse, podría sobrevenir un golpe político brutal para Calderón si fuera de México se hacen públicos los nombres de las empresas y de los personajes ligados al cártel de Sinaloa.

Buscaglia señaló que el reporte de *Forbes* carecía de veracidad porque a *El Chapo* Guzmán nada más se le estaban cuantificando las supuestas ganancias por el tráfico de drogas y no lo que presuntamente obtenía de ingresos por las 25 actividades delictivas que realizaban los cárteles de la droga: tráfico de personas, piratería, trata de blancas, extorsión y secuestro, entre otras.

Lo que no dudó es que en México el cártel de Sinaloa y *El Chapo* han vivido en la más plena de las impunidades, pues no se han sentido acosados ni mucho menos perturbados por las acciones del gobierno mexicano; de ahí que toda la red patrimonial de Guzmán Loera, así como la impunidad de la que ha gozado, hayan sido el principal soporte de su fortaleza y de su poder.

Los señalamientos de Buscaglia, quien ha estudiado el comportamiento de la delincuencia organizada en 84 países, entre ellos Afganistán, Kosovo, Colombia y Guatemala, encuentran eco en la realidad: desde que se fugó del penal de Puente Grande, Jalisco, el 19 de enero de 2001, Joaquín Guzmán Loera ha consolidado una de las empresas criminales más sólidas. El investigador calculaba que su presencia podría abarcar hasta 50 países.

Los ocho años de regímenes panistas en México —de diciembre de 2001 a diciembre de 2009— han sido los más rentables desde el punto de vista criminal y financiero para Guzmán Loera, quien era considerado tanto por la PGR, así como por la SSP federal como el capo más poderoso de México.

Ascenso al poder

Tan pronto se sintió libre la tarde del 19 de enero de 2001, *El Chapo* Guzmán se refugió con los hermanos Beltrán Leyva —posteriormente sus acérrimos rivales— y recibió el respaldo de otra figura emblemática del narcotráfico: Ismael *El Mayo* Zambada.

Meses después de su fuga, Guzmán Loera fraguó uno de sus planes más ambiciosos para consolidar su proyecto narcoempresarial, el cual no estuvo exento de traiciones y muertes. Para lograrlo, el capo tuvo que romper sus viejos vínculos con el cártel de Juárez y con Vicente Carrillo Fuentes, jefe de esta organización con sede en Ciudad Juárez, Chihuahua.

Dicho plan se consolidó en la ciudad de Monterrey, según se asentó en una carta firmada por un lugarteniente de los hermanos Beltrán Leyva, la cual fue anexada a la averiguación previa PGR/SIEDO/UEIDCS/013 /2005 y enviada a la Presidencia de la República en octubre de 2004.

En ese documento se revelaba que *El Chapo* Guzmán convocó a sus socios a una reunión de negocios en Monterrey,

Nuevo León. Al encuentro acudieron Ismael Zambada García *El Mayo*; Juan José Esparragoza Moreno *El Azul*, así como Arturo Beltrán Leyva *El Barbas*.

En una de sus partes medulares, la carta asentaba: "Hace aproximadamente tres meses, en la ciudad de Monterrey, Nuevo León, se realizó una junta entre diversos personajes, los cuales tienen relación con la delincuencia organizada (…) siendo el motivo de la señalada junta planear el crimen de Rodolfo Carrillo Fuentes (perpetrado en septiembre de 2004) y, una vez ejecutado este, tratar de incriminar por ese homicidio a otro grupo contrario, el cual sería el grupo de Los Zetas, teniendo como objetivo estas acciones por una parte terminar con la hegemonía de la familia Carrillo Fuentes sobre este cártel u organización…"

Otros planes de Guzmán Loera consistían en exterminar a Los Zetas y declarar la guerra al cártel de Tijuana.

Todo ello se cumplió: fue ejecutado, en efecto, Rodolfo Carrillo, *El Niño de Oro*; emprendieron fuertes acometidas contra Los Zetas y, según fuentes de inteligencia consultadas, la información que brindó *El Chapo* Guzmán a las autoridades federales "resultó clave" para detener a Benjamín Arellano Félix y así "descabezar" al grupo criminal más temible de la época.

A partir de 2001, *El Chapo* Guzmán no solo consolidó al cártel de Sinaloa, su organización, como el más boyante del país, sino que no se le podía detener a pesar de que el titular de la PGR, Eduardo Medina Mora, y el de la SSP federal, Genaro García Luna, decían que no se dejaba de perseguir al capo sinaloense.

Pese a tal persecución, *El Chapo* Guzmán se paseaba públicamente y, desde finales del sexenio de Vicente Fox, existían referencias públicas de que incluso solía acudir a restaurantes de lujo en Jalisco, Sinaloa, Coahuila y Chihuahua, donde al hacer acto de presencia los otros comensales eran despojados de sus celulares para evitar que dieran aviso a la policía.

Por ejemplo, a mediados de 2006, las cámaras del sistema de seguridad de la ciudad de Durango detectaron a El Chapo Guzmán cuando conducía una cuatrimoto. Según el parte informativo de las autoridades municipales, el capo vestía ropa deportiva. En aquella ocasión se inició una persecución supuestamente para detenerlo, pero el narco se perdió entre el caos automovilístico.

Con todo, las imágenes obtenidas permitieron a la PGR conocer el nuevo rostro del jefe del cártel de Sinaloa, pues se confirmó que se había hecho una cirugía plástica que modificó su fisonomía: le recortaron las mejillas, le estiraron la piel y le desaparecieron las arrugas de los párpados.

La red sin fronteras

Aunque las autoridades mexicanas y las estadounidenses no han podido cuantificar las ganancias reales que obtienen los cárteles mexicanos, sí han identificado, desde el año 2000, parte de la estructura financiera que ha servido a los intereses del narcotráfico a través de presuntas operaciones de lavado de dinero.

Durante ese lapso, el Departamento del Tesoro de Estados Unidos, por ejemplo, ha emitido varias alertas sobre poco más de mil personas que, según sus informes, radicaban en México y tenían vínculos con el narcotráfico.

Los informes del Departamento del Tesoro han asentado igualmente que hay empresas, como Nueva Industria de Gana-

deros de Culiacán, SA de CV, propiedad de Ismael *El Mayo*
Zambada —el principal socio de *El Chapo* Guzmán—, que
han sido promocionadas por el gobierno federal y que durante el
sexenio de Vicente Fox recibieron apoyo de la Secretaría de Economía a través del Programa de Fondo de Pequeñas y Media-
nas Empresas.

De acuerdo con el reporte de la OFAC del Departamento del
Tesoro estadounidense, desde 2000 hasta mediados de 2008,
el gobierno de ese país registró 121 empresas "que han servido
de fachada para el lavado de dinero del narcotráfico."

El gobierno mexicano reiteró que esas versiones carecían de
veracidad, pues no existían evidencias de que las empresas seña-
ladas como parte de los "engranajes del lavado de dinero" estuvieran implicadas en actividades ilícitas.

Según el informe de la OFAC, dichas compañías se dedicaban
principalmente a la importación, exportación, consultoría, com-
praventa de divisas, servicios, minería y transporte, así como a
los giros farmacéutico, inmobiliario y alimentario.

Según datos consultados en la PGR, de las 121 empresas así
boletinadas, 48 pertenecían al cártel de Tijuana y 34 a la familia
Arriola Márquez (afincada en Chihuahua y socia del cártel de
Juárez), en tanto que 25 más estaban relacionadas con *El Mayo*
Zambada y familiares.

Mientras en México los golpes a la estructura financiera del
cártel de Sinaloa no habían sido contundentes, desde 2007 Estados Unidos puso el reflector sobre el principal socio de Joaquín
Guzmán: Ismael Zambada García.

En ese año, y como producto de una investigación de 20
meses realizada con la DEA, el Departamento del Tesoro relacionó seis empresas con las actividades de lavado de dinero de

Zambada: Establo Puerto Rico, SA de CV; Jamaro Constructo-res, SA de CV; Multiservicios Jeviz, SA de CV; Estancia Infan-til Niño Feliz, SC; Rosario Niebla Cardosa, A en P, así como Nueva Industria Ganadera de Culiacán.

La misma dependencia estadounidense identificó a la mexi-cana Margarita Cázares Salazar, *La Emperatriz*, como una de las piezas del cártel de Sinaloa dedicada al lavado de dinero. Más tarde tuvo que hacer lo propio la PGR.

Las investigaciones en Estados Unidos sobre este grupo cri-minal y su jefe, *El Chapo*, comenzaron a arrojar resultados y ya se contó incluso con nombres de personajes que formaban parte de una compleja red financiera que operaba en los dos países.

Con su poderío e influencia, Guzmán Loera vulneró los sis-temas de control a través de una intrincada red de operaciones en casas de cambio e instituciones bancarias que le permitió adquirir 13 aviones para ponerlos al servicio de su organización en el tráfico de cocaína entre Colombia, Venezuela, Centroa-mérica, México y Estados Unidos.

Después de que el Departamento del Tesoro acreditó tales operaciones, a mediados de 2007 la PGR integró el expediente PGR/SIEDO/UEIORP/FAM/119/2007, en el que se reveló que el cártel de Sinaloa compró los aviones a través de la Casa de Cambio Puebla.

De acuerdo con la indagatoria, esa institución financiera se valió de la triangulación de operaciones en las que participa-ron más de 70 particulares y empresas. Así, se hicieron trans-ferencias por 12 millones 951 mil 785 dólares a 14 compañías estadounidenses dedicadas a la adquisición y aseguramiento de aeronaves.

Según la averiguación, el artífice de las triangulaciones fue Pedro Alfonso Alatorre Damy *El Piri*, quien también se hacía llamar Pedro Barraza Urtusuástegui o Pedro Alatriste Dávalos y quien estuvo preso en 1998 por lavado de dinero, tras ser capturado al ponerse en marcha la *Operación Milenio*, que puso al descubierto el cártel que manejaban Armando y Luis Valencia. Tras recuperar su libertad, *El Piri* regresó a sus andanzas y se involucró en las operaciones financieras del cártel de Sinaloa.

Por otra parte, el costo de la droga variaba por su calidad y, lo más importante: por su transporte. Si era colocado un cargamento cerca de la frontera, tenía un costo más elevado que si se desembarcaba en un territorio diferente. Pero según los datos del libro *El negocio: la economía de México atrapada por el narcotráfico*, del periodista Carlos Loret de Mola (editorial Grijalbo, 2001), un kilogramo de mariguana, puesto en el mercado mayorista, costaba mil dólares.

Sin embargo, Loret estimaba en su investigación "que la cotización puede alcanzar hasta los 2 mil 500 dólares entre los distribuidores mayoristas, es decir, aquellos que compran grandes cantidades para luego venderlas al menudeo en las calles y barrios de la Unión Americana.

"Las condiciones del mercado para los agricultores de hoja de coca son parecidas: en Sudamérica el kilo de coca se compra en las zonas rurales en 2 mil 500 dólares, en tanto que entre distribuidores se comercia hasta en 45 mil.

"¿Y la heroína? Un gramo de esta sustancia, con muy bajo grado de pureza, se consigue en las calles mexicanas a un precio equivalente a 10 dólares, pero con solo cruzar la frontera puede llegar a 318 dólares".

Por su parte, Edgardo Buscaglia dijo que para saber cuánto ganan las mafias en el mundo hay que tener acceso a sus mapas patrimoniales. "En México debe hacerse esa investigación. Es básica para desmantelar las redes y para acabar con las complicidades que han hecho reinar al crimen organizado."

El ganón

RICARDO RAVELO

La imagen que la PGR obtuvo en 2006 de Joaquín Guzmán Loera era un retrato en el que el narcotraficante sinaloense lucía más rejuvenecido, luego de una cirugía plástica a la que se sometió.

A finales del sexenio pasado al capo le recortaron las mejillas, le restiraron la piel y le desaparecieron las arrugas. De cara al nuevo sexenio, *El Chapo* no solo se quitó algunos años; también hizo a un lado a varios de sus rivales en el negocio de las drogas y se aprestaba a ser el narcotraficante más poderoso.

Luis Astorga, especialista en problemas de narcotráfico y seguridad nacional del Instituto de Investigaciones Sociales de la Universidad Nacional Autónoma de México (UNAM), sostuvo que el sinaloense encabeza "una coalición de bandas dedicadas al narcotráfico que, a diferencia de los miembros del cártel del Golfo, es más flexible y está menos burocratizada. Todas las piezas están aglutinadas alrededor de una figura que parece ser *El Chapo* Guzmán."

Autor de *El siglo de las drogas*, Astorga no tenía duda de que serían los sinaloenses —*El Chapo* o cualquier otro miembro de su coalición— los que podrían alcanzar el liderazgo en el tráfico de drogas durante el sexenio de Felipe Calderón, entre otras razones porque, dijo, ese grupo de narcotraficantes no solo era el más viejo en el negocio, sino porque sus integrantes eran menos proclives a la violencia.

El investigador, que desde hace varios lustros ha estudiado la evolución de los cárteles mexicanos, consideró que la llamada coalición de narcotraficantes es una sola estructura con muchas ramificaciones. De hecho, explicó, funciona mediante acuerdos básicos que privilegian el negocio de las drogas y sus integrantes se alinean con un liderazgo que, según la propia PGR, descansa en Guzmán Loera.

Expuso: "La diferencia entre los cárteles del Golfo y de Sinaloa es que en este último no hay confrontación. Se privilegia más la lógica del negocio que la de la pugna o las luchas internas. Para el gobierno resulta más fácil tratar con grupos abiertos a la negociación que con los beligerantes."

Lucha por la hegemonía

—¿Se modificó el mapa del narcotráfico con las extradiciones y con los operativos militares y policiacos? —pregunta el reportero al investigador Astorga.

—Sí se modificó, en parte, porque la lucha del presidente Calderón es por recuperar el papel de árbitro que en el sexenio pasado perdió el Estado. El mensaje que manda al narcotráfico es muy claro: el sexenio de ausencia del Estado ya terminó y ahora viene el regreso del Estado como regulador del narcotráfico, que es una forma de contener la violencia.

"Con las extradiciones y los operativos se mueve el tinglado en el campo de las drogas. Los más golpeados, sin duda, pierden la posibilidad de confrontarse con la misma intensidad con sus rivales y con el Estado. Por eliminación, quien logre la hegemonía dentro del campo del narcotráfico tendrá que negociar y ponerse bajo las órdenes del Estado, ahora que con Calderón al frente busca convertirse en árbitro, en el regulador que se había perdido.

—¿Entonces el combate frontal contra el narcotráfico no va en serio con Calderón?

—Lo que tiene que quedar claro es que el negocio no se va a acabar. Las extradiciones son simples válvulas de escape que el gobierno tiene para bajar la presión de la violencia. La matanza de Acapulco (donde fueron ejecutadas siete personas el 6 de febrero) evidencia que el gobierno todavía no está preparado para la reacción del crimen organizado; los operativos se muestran desprovistos de inteligencia. ¿Qué sigue? Los cárteles tienen tres opciones: dejar el negocio, confrontarse con el gobierno y negociar, o aceptar al Estado como árbitro.

”Las dos últimas son factibles, sobre todo porque dentro de la complejidad de las organizaciones criminales, donde se rompe la lógica, operan grupos que no están controlados y que están dispuestos, como pasó en Acapulco, a confrontarse. Esa postura radical es más bien característica del cártel del Golfo y de su grupo armado, Los Zetas.

—¿Percibe riesgos en esta lucha del Ejército contra el narcotráfico desorganizado?

—Hay uno muy grave: que el Ejército pierda a sus mejores hombres y que se reproduzca el fenómeno de Los Zetas, como pasó a principios de los noventa, cuando Osiel Cárdenas decidió incorporar el paramilitarismo en el negocio de las drogas. Eso sería muy lamentable. El riesgo está latente si se insiste en

seguir utilizando a las Fuerzas Armadas para estas tareas policiacas.

Luis Astorga reconoció que Guzmán Loera, aunque golpeado, sigue manteniendo su liderazgo. "Yo no sé si convenga a
su grupo que él siga al frente, pero parece ser una figura todavía
con poder como cabeza hegemónica, pues Guzmán Loera tiene
una larga carrera en el tráfico de drogas y una posición de liderazgo que no existía —dice— desde la muerte de Amado Carrillo Fuentes.

"Con las medidas implementadas por el presidente Felipe
Calderón —añade— no solo se limpia al país de la competencia que estorba a los sinaloenses, sino que todo indica que se les
abre el camino para ser los beneficiarios de la política antidrogas del gobierno federal."

—¿Por qué?

—Insisto: son los más viejos en el negocio. Sus miembros vienen trabajando desde hace varios sexenios y en el campo del narcotráfico no parece haber quien tenga flexibilidad para alcanzar
acuerdos. Para el Estado, retomar el papel de árbitro llevará todo
el sexenio y sentar nuevas bases seguramente unos 20 años.

"La extradición de los capos y los operativos contra el narcotráfico implantados por el gobierno de Calderón provocaron
un fuerte impacto en el organigrama del narcotráfico en México:
fueron debilitados los cárteles de Tijuana y del Golfo con las
extradiciones de sus principales cabecillas, no así el de Sinaloa, cuyo jefe, El Chapo, es de nueva cuenta el narcotraficante
con mayor libertad que opera en el país al no enfrentar ninguna
competencia en el tráfico de drogas.

"Después de fugarse del penal de Puente Grande, Jalisco,
el 19 de enero de 2001, de Guzmán Loera poco se sabe, aun-

que se convirtió en un personaje mítico. Existen múltiples historias sobre sus andanzas, sus mujeres y sus negocios. Durante la administración de Vicente Fox, la PGR desplegó al menos tres operativos especiales para capturarlo, pero no pudo detener al capo que la propia PGR, en voz de José Luis Santiago Vasconcelos, calificó como "el más inteligente" que opera en México.

En el diván

En su libro *Máxima seguridad. Almoloya y Puente Grande*, el periodista Julio Scherer García trazó el retrato más nítido de Guzmán Loera. Lo hizo a partir de las palabras de Zulema Hernández, una de las amantes del sinaloense, y de las cartas de amor que ella recibía con frecuencia en vísperas de la fuga del capo.

Las palabras de Zulema brotan, en la entrevista con Scherer, como ráfagas y van pintando el atribulado mundo interior del jefe del cártel de Sinaloa. Scherer también puso al descubierto lo que llamó "el veneno de la corrupción" que corrió en Puente Grande durante el encarcelamiento de *El Chapo*.

Narró el fundador de *Proceso*: "Durante el confinamiento de Joaquín *El Chapo* Guzmán, el veneno de la corrupción hizo de Puente Grande carroña vil. Millonario hasta la inconsciencia, el narco asesino desquició el penal. Mujeres jóvenes y no tan jóvenes se adentraban en los dormitorios con la naturalidad de un cliente de burdel. El terror acompañó a la pudrición. Menudearon las golpizas y los insurrectos en los llamados 'cuartos agitados'. Aún se ven las huellas de dolor en las paredes cubiertas por hule espuma mal lavado. A los renuentes también se les castigaba con la supresión de la visita familiar y del encuentro carnal. Del terror se encargaban nueve atletas sin alma. Los negros se llamaban, fúnebre su estampa...

"*El Chapo* Guzmán atendía a su esposa y a su amante, Zulema Hernández, interna con otras cinco mujeres en una prisión para hombres. Al calce de sus iniciales con mayúscula, 'JGL', enviaba a Zulema cartas de amor redactadas por mano ajena. Le decía mi amor, negrita, mi vida. 'Me usaba, placentero' —sonríe Zulema..."

De la historia del capo existían pocos documentos que, como los que muestra Scherer, profundizaran en el lado humano del narcotraficante, un factor que no se incluía en los expedientes criminales.

En 1995, poco después de ser capturado en Guatemala acusado del asesinato del cardenal Juan Jesús Posadas Ocampo, Guzmán Loera fue encerrado en el entonces penal de Almoloya de Juárez. En la prisión, *El Chapo* fue sometido a terapia psicológica y a estudios rigurosos para conocer su pensamiento y medir su peligrosidad. Los psicólogos del penal ahondaron en una parte de las oscuras cavidades mentales del capo. El diagnóstico, que pasó a formar parte del expediente al que este semanario tuvo acceso, reveló: "Guzmán Loera Joaquín. Psicología. Diagnóstico inicial: comportamiento antisocial del adulto con fecha 15 de diciembre de 1995... Se instauró tratamiento. Su respuesta al encuadre fue favorable. Se le han otorgado 63 sesiones de asistencia psicológica en su modalidad individual. En el área de conductas especiales se percibe incremento a su tolerancia a la frustración (y) capacidad de demora. Aprendizaje de la experiencia y control de impulsos sugeridos.

"... Denota apertura para hablar sobre su núcleo familiar secundario e interés por modificar si fuera necesario su forma de actuar. Experimenta responsabilidad por los hijos procreados con diferentes parejas. Se (ha ido) fortaleciendo su capacidad de introspección y discernimiento, además de intervenir en el mantenimiento de su estabilidad emocional. Conforme a las experiencias de vida que ha colectado a lo largo de sus años de reclusión, ha establecido proyectos de vida en los cuales se visualiza reorganizando su persona, familia y desarrollándose laboralmente en actividades agrícolas".

Persecución electorera

Ricardo Ravelo y Patricia Dávila

Una serie de hechos, reportes de inteligencia y análisis de expertos coincidían en que los gobiernos tanto de México como de Estados Unidos tenían entre sus planes prioritarios la aprehensión de Joaquín Guzmán Loera, *El Chapo*, jefe del cártel de Sinaloa, pues los presidentes de ambos países apetecían ese manjar político-mediático que tendría dividendos electorales en 2012.

La captura del capo, uno de los más poderosos del mundo, se convirtió en tema de "emergencia electoral" para los presidentes Felipe Calderón y Barack Obama, quien buscaría la reelección, mientras que aquel pretendía que su partido mantuviera el poder, afirmó el investigador del Instituto Tecnológico Autónomo de México y asesor de la ONU Edgardo Buscaglia.

Ambos mandatarios, según Buscaglia, han cargado con fuertes sospechas de brindar protección a *El Chapo* Guzmán y a los "brazos operativos de Sinaloa."

—¿Por qué existen tantas presiones políticas sobre los dos presidentes respecto de la figura de este narcotraficante? —se le preguntó al también profesor de la Universidad de Stanford.

—Obama enfrenta las presiones de los republicanos. Si bien el problema en Estados Unidos es económico, la figura de *El Chapo* perturba a Obama porque sobre su gobierno pesan fuertes sospechas de brindarle apoyo. Pesa mucho el caso *Rápido y Furioso* y las armas que llegaron a las manos de Guzmán Loera; también pesa y mucho el cuestionamiento de que en Estados Unidos los capos mexicanos no son molestados.

"Este escenario hace posible que Obama esté empeñado en la captura de Guzmán Loera por cualquier vía: ya por una captura directa o mediante una entrega negociada, que no está descartada. Estados Unidos siempre juega dos cartas y así lo hizo con el jefe de Al Qaeda, Osama Bin Laden, de suerte que para Felipe Calderón el caso de la reelección de Obama le mete muchísima presión y casi lo obliga a tomar medidas contra Sinaloa, pues la presión internacional ya es fuerte y será peor conforme pasen los meses y se acerquen las elecciones presidenciales de México y de Estados Unidos.

En opinión del estudioso del fenómeno de la delincuencia organizada, cuando llegaron momentos políticos tan sensibles como los que enfrentaban Obama y Calderón, *El Chapo* dejó de ser un caso de seguridad nacional y se convirtió en un tema de campaña electoral. "Para Obama, *El Chapo* es el Osama Bin Laden no en el sentido de perturbación psicosocial, sino por la necesidad de asegurar la reelección y dar muestras de autolimpieza en su gobierno, lo que han puesto en duda los republicanos."

Y ante esta emergencia, explicó, no se descartaba que el gobierno de Estados Unidos buscara a Guzmán para detenerlo o negociar su entrega ofreciéndole no tocar sus bienes y proteger su vida y la de su familia.

Variantes con un mismo objetivo

Con dominio en buena parte de América Latina y presencia en 48 países, el cártel de Sinaloa se convirtió en la organización criminal más boyante en el continente; su afianzamiento se logró en 10 años, los mismos que llevaba el PAN en el poder. Según Buscaglia, el gobierno de Estados Unidos consideraba a *El Chapo* Guzmán un delincuente tan peligroso para el mundo como lo fue Osama Bin Laden y eso explicaba que Washington ofreciera 5 millones de dólares por su cabeza.

Con base en la información que Buscaglia dijo tener y en distintas fuentes consultadas en Estados Unidos, el investigador insistió en que el gobierno estadounidense echó a andar su estrategia para localizar a *El Chapo* Guzmán, objetivo para el cual, dijo, no se descartaba que estuvieran trabajando decenas de agentes de la Agencia Central de Inteligencia de Estados Unidos (CIA), el Pentágono y la DEA.

El equipo estaría operando con un plan que, según el consultor de la ONU, sería propio de la justicia estadounidense: no golpear la estructura financiera del cártel de Sinaloa, ofrecer a *El Chapo* garantías para poner a salvo sus capitales. Buscaglia dijo que era de llamar la atención que el gobierno de Calderón combatiera a los grupos criminales que estorbaban al de Sinaloa en sus planes de expansión.

El supuesto plan de Washington coincidiría con el reporte que emitió a principios de 2012 la consultora estadounidense Stratfor; esta aseguró que los gobiernos de México y Estados Unidos perseguían la consolidación del cártel de Sinaloa en el territorio mexicano.

Buscaglia añadió: "El cártel de Sinaloa es más que *El Chapo*, más que *El Mayo* Zambada y más que *El Azul* Esparragoza. La caída de Guzmán Loera no significa nada para el grupo criminal, pero sería mucho para el gobierno de Felipe Calderón de cara a las elecciones presidenciales de 2012. El presidente está desesperado porque el país se le despedaza entre muertos y balaceras.

"Apoyando la estrategia de Obama, Calderón busca un poco de oxígeno político para su partido en 2012 y es claro que no tiene en lo inmediato otra estrategia más que seguir el camino de Vladimir Putin, quien como presidente de Rusia se sentó a negociar con los delincuentes y así prohijó un Estado mafioso".

—¿En qué beneficia a México seguir la estrategia de Rusia?

—Consolidar a un solo cártel, en este caso el de Sinaloa, según los asesores de Calderón, equivale a bajar los niveles de violencia. Seguramente lo logren, pero sería pan de hoy y hambre de mañana, pues México se consolidaría también como un Estado mafioso donde los intereses de un solo cártel se mantienen a salvo.

Entre tanto, es un hecho que los estadounidenses operan con el apoyo del gobierno mexicano y están infiltrados en enclaves de inteligencia, empresas y grupos de élite del Ejército y de la PF, en tanto que otros más están dispersos en Sinaloa, Chihuahua, Nuevo León, Chiapas, Sonora y el Distrito Federal, donde se mueve el líder del cártel de Sinaloa.

El factor político

Por su parte, en entrevista, el integrante del Centro de Investigaciones sobre América del Norte de la UNAM Raúl Benítez coincidió en que sería de interés electoral una eventual captura de El Chapo Guzmán.

—¿Se ha privilegiado a *El Chapo*?

—Eso se dice, no me consta... ¡Qué tal si lo capturan en enero o febrero, de acuerdo con un calendario más político! Se dice que ya está desahuciado, que está transmitiendo muchos de sus poderes a *El Mayo* Zambada: *El Chapo* sabe que está rodeado por los servicios de inteligencia de Estados Unidos, que los aviones no tripulados están volando por toda la sierra de Durango, Chihuahua y Sinaloa; sabe que no puede salir del *Triángulo Dorado*. La última información que se le filtró a la prensa fue hace seis meses, cuando estuvo en Veracruz dos días.

Benitez explicó las implicaciones de una eventual detención del jefe sinaloense del narcotráfico: "Incluso se habla de que de acuerdo con un calendario político-electoral pudieran capturarlo o matarlo en enero o febrero de 2012. Pareciera que si se da un golpe mediático de esta naturaleza podría cambiar la imagen de la guerra contra los cárteles y parecería que el gobierno va ganándola.

"De esta manera beneficiará a algún candidato oficial en la contienda de 2012. Mantener la Presidencia no gravita al 100% en su captura, pero sí es uno de los factores para ganarla. Capturar a *El Chapo* no es una broma, es muy difícil; se dice que tiene un sistema de defensa fortificado con misiles antiaéreos, que si lo cercan helicópteros militares se los va a bajar y que la Fuerza Aérea no se atreve a eso, si fuera el caso".

—¿Qué sería necesario para detenerlo si la Fuerza Aérea no se atreve?

—Tendrían que aplicar una estrategia de fuerzas combinadas o algo así... He escuchado cuatro o cinco planes. Como está metido en la sierra, hasta un comando estadounidense puede entrar y sacarlo, pero sin que lo vean los mexicanos.

"Si es un trabajo por tierra, tiene que ser el Ejército el que entre, pero el traslado de *El Chapo* de un poblado a otro tiene que ser un operativo combinado de fuerzas de mar, tierra y aire. También se dice que hay seis bloques de búsqueda de *El Chapo*, como los que había con Pablo Escobar en Colombia: uno lo encabeza la Marina, dos el Ejército y dos la PF. Es lo que se dice.

"En una nota publicada en enero de 2010 por *The Economist* se afirma que el jefe del cártel de Sinaloa se refugia en un territorio serrano de unos 60 mil kilómetros cuadrados y que para capturarlo se necesitarían unos 100 mil soldados.

Hechos e indicios confirmatorios

Proceso confirmó con varias fuentes que una pieza clave para el objetivo mexicano-estadounidense en relación con *El Chapo* sería Anthony Wayne, embajador en México y proclive a las negociaciones, característica que mostró en los más duros conflictos que trató a su paso por Afganistán.

Por lo demás, la supuesta protección desde Estados Unidos al cártel de Sinaloa y a sus principales operadores no sería un señalamiento nuevo. En 2011 Vicente Zambada Niebla *El Vicentillo*, hijo de Ismael *El Mayo* Zambada —principal aliado de Guzmán Loera—, reveló en aquel país que en 1998 se inició un plan de negociación con la DEA para brindar protección al cártel de Sinaloa a cambio de que aportara información sobre otras organizaciones delictivas mexicanas.

Zambada Niebla fue capturado en el Distrito Federal y arraigado por lavado de dinero y tráfico de drogas. Luego fue extraditado a petición del gobierno estadounidense. En su declaración, rendida ante una Corte Federal en Illinois, dijo que la DEA selló un "pacto de inmunidad" con el cártel de Sinaloa.

El Vicentillo expuso que el enlace entre la DEA y el Servicio de Inmigración y Control de Aduanas de Estados Unidos fue el narcotraficante Humberto Loya, quien —dijo Zambada Niebla— fue asesor y confidente de *El Mayo* y de *El Chapo*.

"Zambada Niebla fue parte de ese arreglo entre el gobierno de Estados Unidos a través de sus oficiales de la DEA, y el cártel de Sinaloa a través de Loya. El acusado proporcionó información que Loya transmitió al gobierno (de Estados Unidos)", quedó asentado en uno de los documentos presentados ante la Corte Federal por la defensa de Zambada Niebla.

A *El Vicentillo* se le acusó en Estados Unidos de conspiración y tráfico de drogas. Trabajaba para el cártel de Sinaloa, organización de la que su padre ha sido socio. La PGR averiguó que operaba en el aeropuerto de la Ciudad de México con la protección de agentes federales, funcionarios de la SIEDO y agentes de la Interpol.

Con base en el llamado "pacto de inmunidad", Zambada Niebla afirmó en otro de sus testimonios que el gobierno de Estados Unidos no podía juzgarlo y debía ponerlo en libertad porque ese pacto lo amparaba "gracias a la valiosa información" que ofreció.

Mientras la DEA empezó a proteger al cártel de Sinaloa a partir de 2004 —según Zambada Niebla—, en México se comenzó a golpear a las organizaciones rivales de los sinaloenses.

Vicente Fox emprendió la lucha contra el narcotráfico con el programa *México Seguro*, que asestó duros golpes a los cárteles de Tijuana y del Golfo; pero 50 días después de que el guanajuatense tomó posesión de la Presidencia, *El Chapo* Guzmán se fugó del penal de Puente Grande, Jalisco. Y durante el sexenio foxista el cártel de Sinaloa expandió sus tentáculos en buena parte del territorio nacional.

Al arrancar el sexenio de Calderón, *El Chapo* Guzmán extendió sus redes hacia Centro y Sudamérica, y hay ejemplos de la impunidad que ha cobijado al capo sinaloense y a sus familiares: en mayo de 2010, durante cateos en domicilios de una zona residencial de Culiacán, Sinaloa —muchos de ellos señalados como refugios de *El Chapo*—, fue detenida Griselda López Pérez, exesposa de Guzmán Loera y quien dijo llamarse Karla Pérez Rojo. Pero horas después fue dejada en libertad.

Desde 2009 Guzmán Loera comenzó a ser visto como el gran jefe del cártel de Sinaloa dispuesto a dominar el tráfico de drogas en Latinoamérica. Ese año Bruce Bagley, presidente de Estudios Internacionales de la Universidad de Miami, habló así de él: "*El Chapo* es claramente un psicópata dispuesto a involucrarse en elevados niveles de violencia, pero también es muy hábil para manejar esas turbulentas aguas."

A principios de 2012 la consultora estadounidense Stratfor Inteligencia Global colocó a *El Chapo* Guzmán como "el amo y señor" del narcotráfico en América Latina, y en un estudio sobre el crecimiento del cártel de Sinaloa pronosticó que el narcotraficante sinaloense consolidaría su organización criminal durante 2011.

"En el transcurso de 2011 estaremos viendo signos de que La Federación de Sinaloa y sus nuevos amigos podrían convertirse en la entidad del crimen organizado dominante en México", expuso Stratfor. "La nueva Federación, encabezada por el cártel de Sinaloa, es una alianza entre grupos criminales que tienen como enemigo común a Los Zetas, pero cada uno de sus miembros sigue operando sus respectivas rutas."

Stratfor estableció también que en el cártel de Juárez, encabezado por Vicente Carrillo Fuentes, "acusan a la organización de Joaquín Guzmán Loera de recibir favores del gobierno."

Y añadió: "La Federación de Sinaloa ha extendido e incrementado su influencia de Tijuana hasta algunas partes de Río Grande, en Texas, y tiene los mayores recursos a su disposición, lo que la convierte en la más capaz de las organizaciones criminales de México y en la más idónea para encabezar una alianza que pueda consolidar el poder en regiones volátiles y convertirlas en estables."

No es todo: en marzo de 2011, un cable difundido por WikiLeaks reveló que en 2009 el consulado de Estados Unidos en Ciudad Juárez envió a Washington un informe detallado sobre la narcoviolencia, según el cual existe la visión de que el Ejército Mexicano "está cómodo" con dejar que los cárteles de Sinaloa y de Juárez se debiliten mutuamente.

El cable fue enviado el 23 de enero de 2009 por el entonces cónsul Raymond McGrath y se catalogó como "sensible."

La entrevista con el *Times*

El tema de *El Chapo* y la necesidad de capturarlo fue abordado por Felipe Calderón en una entrevista cuya versión resumida fue publicada por *The New York Times* el 16 de octubre de 2011; la transcripción completa en español se difundió un día después en su sitio de internet.

Calderón afirmó que el jefe del cártel de Sinaloa vivía en territorio estadounidense. A la pregunta de cómo la esposa de Guzmán (Emma Coronel, quien el pasado 15 de agosto parió mellizas en el hospital Antelope Valley de Lancaster, California) pudo viajar a territorio estadounidense sin ser perseguida y regresar a México, Calderón respondió: "Eso habría que preguntárselo a las autoridades aduanales norteamericanas. Porque la aduana que tiene que cruzar para ir a Los Ángeles es la de Estados Unidos, no la de México. Y si *El Chapo* estuvo en Los Ángeles yo me pregunto: los americanos, por qué no lo atraparon. (…) Si la señora hubiera dado a luz en el hospital Ángeles…, pues otra cosa sería".

En la entrevista, Calderón afirmó categóricamente que *El Chapo* Guzmán no está en territorio mexicano. Y añadió: "Aquí lo sorprendente es que él o su esposa están tan tranquilos en Estados Unidos, lo cual me lleva a preguntarme: ¿cuántas familias o cuántos capos mexicanos estarán más tranquilos en el lado norte de la frontera que en el lado sur? ¿Qué lleva a *El Chapo* Guzmán a tener a su familia en Estados Unidos?"

Luego reconoció que *El Chapo* Guzmán, como Heriberto Lazcano, jefe de Los Zetas, entre otros, "es gente que está muy protegida y gente que tiene redes de cobertura muy complejas. En el caso concreto de *El Chapo* sospechamos que tiene un área de influencia, que es la Sierra Madre Occidental, entre los estados de Chihuahua, Durango y Sinaloa, que le permite una gran movilidad y que cualquier operativo que hacemos para capturarlo, él tiene manera de detectarlo a decenas de kilómetros de distancia, a horas de distancia."

"¿Lo quiere vivo o muerto?", le preguntó *The New York Times*; Calderón respondió: "Yo no le deseo la muerte a nadie…"

El suyo, un "narcoholding"

RAFAEL CRODA

Transformó un grupo criminal en un auténtico *holding*, una multinacional con tentáculos en casi toda Latinoamérica. Sus emisarios, los del cártel de Sinaloa, son auténticos gerentes de sus "franquicias": es *El Chapo* Guzmán, un delincuente que ya le quedó grande al Estado mexicano.

De acuerdo con una amplia investigación, cuyos resultados adelanta el politólogo de la Universidad Nacional (UN) de Colombia Pablo Ignacio Reyes Beltrán, en varias regiones de este país (con fuerte presencia del narcotráfico) se habla del sinaloense con admiración y temor.

"Todos los narcotraficantes colombianos quieren tener tratos con él. Lo buscan, le proponen negocios. En estos momentos *El Chapo* es el narcotraficante número uno. Sus socios de aquí dicen que en México es el dios de dioses y que el cártel de Sinaloa es lo más fuerte que hay", indica el también catedrático y especialista en relaciones socioculturales mafiosas, del Grupo de Investigación Cultura Jurídico-Política, Instituciones y Globalización de la UN.

Adelanta a *Proceso* que en el estudio del grupo sobre los paralelismos entre los fenómenos mafiosos en Colombia y México, cuyos resultados serán divulgados este año, se establece que Guzmán Loera es mucho más que el jefe de un cártel de la droga: "Es un empresario mafioso que transformó al cártel de Sinaloa en un grupo empresarial o *holding*, como McDonald's, con sucursales y franquicias en Colombia, Ecuador, Perú, Bolivia y Argentina. Tiene gente por todas partes; son los gerentes de su empresa. Él proporciona la logística, la protección, la red de complicidades y las condiciones para que se trafiquen las drogas. Eso fue en su momento Pablo Escobar Gaviria (el fallecido jefe del cártel de Medellín), pero el mexicano lo hace a una escala hemisférica."

Reyes Beltrán menciona que los organismos de seguridad colombianos detectaron la creciente presencia de enviados de *El Chapo* en las zonas donde operan Los Rastrojos y Los Urabeños, bandas criminales formadas por los remanentes de los grupos paramilitares que se han apropiado del negocio del narcotráfico en ese país.

Según informes de la inteligencia colombiana, los emisarios del capo mexicano, incluido un presunto sobrino suyo, estrecharon sus contactos con sus proveedores locales de cocaína porque estos pretenden entrar al negocio de las drogas sintéticas y requieren la protección y la logística del cártel de Sinaloa.

En Perú, la Cuarta Fiscalía contra el Crimen Organizado mantiene abierta una investigación sobre la presencia del cártel de Sinaloa en la zona fronteriza de ese país con Ecuador, donde la estructura de *El Chapo* está integrada por delincuentes colombianos, ecuatorianos y peruanos que protegen la producción de cocaína y mantienen el control sobre las rutas para traficarla.

En Colombia, la Defensoría del Pueblo reportó, el 4 de enero de 2013, que en el suroccidental puerto de Buenaventura hay un grupo de mexicanos verificando la salida de cocaína. Es el principal punto de distribución de grandes cargamentos de la droga hacia Centroamérica, México y Estados Unidos.

De acuerdo con el profesor Reyes Beltrán, "el cártel de Sinaloa, el *holding*, supervisa la logística de producción y distribución de cocaína en los países andinos (Bolivia, Colombia, Ecuador y Perú) y sus socios locales trabajan como franquicias, pero cada vez hay un mayor control de los mexicanos en los canales de producción y distribución."

Añade: "Buenaventura es una salida estratégica. La otra es el golfo de Urabá (en el noroccidente de Colombia), donde *El Chapo* puede operar con sus socios de Los Rastrojos y Los Urabeños para poner la droga en Centroamérica y en México; ahí él tiene otras estructuras para moverla a Estados Unidos."

Según el politólogo, "al Estado mexicano le ha quedado grande la tarea de acabar con *El Chapo* Guzmán y con toda su estructura; por esa razón, *El Chapo* ya es un *holding*, una empresa matriz multinacional, que implica una estructura mafiosa con gran poder de infiltración en las instituciones policiacas y militares de México y otros países."

A decir de Reyes Beltrán, es "imposible" que el narcotraficante más buscado de México (desde que se fugó del penal de Puente Grande, Jalisco, el 19 de enero de 2001) haya evitado su captura durante tanto tiempo sin contar con una red de protección a cargo de funcionarios gubernamentales.

"Este esquema lo reproduce en toda la región a través de sus socios (...) Tiene un ejército, aviones y lanchas para transportar drogas; posee los mecanismos para lavar activos, el control de varias rutas desde Sudamérica hasta Estados Unidos, los canales de comercialización. Y cobra un porcentaje a sus socios, filiales

y franquicias por el uso de esa estructura empresarial multinacional. Es mucho más que un cártel de la droga", señala.

"México aún no entiende"

Según la categorización que utiliza el Grupo de Investigación
Cultura Jurídico-Política de la UN, una mafia es una empresa
económica que produce, promueve y vende protección en aquellos espacios y nichos sociales que el Estado deja vacíos. En
cambio, de acuerdo con este concepto, un cártel de la droga sería
solo un grupo delictivo organizado.

"Desde ese punto de vista", explica Reyes Beltrán, "*El Chapo*
no es el jefe de un cártel, sino un capo mafioso que vende protección y logística para hacer un negocio: el narcotráfico. Es lo
mismo que fueron en su momento Pablo Escobar (asesinado
por un grupo de élite de la policía en 1993) y Salvatore Riina
(el capo de la mafia siciliana capturado en 1993 y que cumple
cadena perpetua)."

La tesis de los investigadores de la UN se apoya en testimonios de narcotraficantes colombianos sobre la influencia trasnacional de Guzmán Loera.

Además, un informe de inteligencia de la Policía Nacional
de Colombia (PNC) sustenta la hipótesis de que el jefe del cártel de Sinaloa buscó deliberadamente el liderazgo regional y lo
disputó con otros cabecillas.

El 18 de septiembre de 2012, en un operativo conjunto de las
policías antidrogas de Estados Unidos, Colombia y Venezuela,
fue capturado en este último país el que se consideró el último
gran capo colombiano de la droga: Daniel *El Loco* Barrera.

Según el reporte de la PNC, cuando fue detenido, *El Loco* preparaba una guerra contra *El Chapo*, pese a que habían sido socios hasta poco antes. Su alianza comenzó a deteriorarse en 2012, cuando los dos pusieron la mira en los dominios de los colombianos que dejaron Luis Agustín Caicedo Velandia, conocido como *Lucho*, y Julio Lozano Pirateque, cabecillas de la denominada Junta Internacional del Narcotráfico. El primero fue capturado en abril de 2010 en Argentina, durante una redada de la DEA, y el segundo se entregó a la justicia estadounidense siete meses después.

En el documento, la policía colombiana señala que *El Loco* Barrera intentó quedarse con el negocio de *Lucho* y Lozano Pirateque, a fin de "cobijar bajo su mando a todos los cabecillas del narcotráfico a nivel latinoamericano, situación que despertó la codicia de *El Chapo* Guzmán, alterando más las relaciones entre estos dos capos del narcotráfico."

Barrera planeó atacar a Guzmán con el apoyo de una facción de Los Zetas con la que seguía haciendo negocios hasta el momento de su captura. La caída de *El Loco* terminó de consolidar el liderazgo del capo mexicano en toda la región.

El doctor en historia Carlos Medina Gallego, otro integrante del Grupo de Investigación Cultura Jurídico-Política de la UN, señala que si bien los fenómenos de violencia, mafias y narcotráfico en Colombia y en México están diferenciados por las condiciones de cada país, existen paralelismos muy notables, como su entorno socioeconómico.

"En los dos países las diferentes crisis económicas (las del café y algodón en Colombia, en los cincuenta y sesenta; la de la deuda externa que afectó a toda Latinoamérica en los ochenta; la de 1994-1995 en México, y el impacto del Tratado de Libre

Comercio, TLC, en el campo mexicano en los noventa) obligaron a muchos sectores de la población a buscar posibilidades de vida en economías informales y en prácticas ilegales", indica.

Para el investigador, no es casual que la explosión de la violencia de los últimos años en México sucediera en medio de un mediocre crecimiento económico (menos de 2% por año en promedio durante el sexenio de Felipe Calderón) y de un aumento de la pobreza, estimado en 2 millones de personas, lo que, aunado a la fallida estrategia contra el narcotráfico, derivó en más de 80 mil muertos.

"La guerra contra el narcotráfico y el crimen organizado arrojó resultados muy desalentadores, con lo cual el delito adquirió nuevas y más sólidas formas de confrontación que se inscriben en la infiltración de las mafias en la economía, las instituciones, la política y las prácticas sociales", señala Medina Gallego.

El también experto en violencia sostiene que tanto en Colombia como en México los grupos ilegales, en particular los cárteles del narco, se consolidaron regionalmente y crearon "una nueva territorialidad administrativa."

Por eso plantea: "Creo que los mexicanos todavía no logran entender el impacto que el narcotráfico y el crimen organizado tienen en la sociedad mexicana y lo que significa su injerencia en las economías convencionales, su dominio y control territorial, y la manera en que han permeado a las clases sociales convencionales, subordinándolas a las lógicas de la corrupción, de la amenaza, del miedo y del terror, tal como pasó en Colombia desde las épocas del cártel de Medellín (en los ochenta y noventa), hasta las matanzas y ejecuciones narcoparamilitares (en los noventa y a principios de la primera década del siglo XXI)."

TLC, el gran detonador

Para Reyes Beltrán, los niveles de violencia que se observan en México son resultado de "técnicas de violencia, terror e intimidación que vimos en Colombia en la época más cruenta de los paramilitares." Los jefes de estos se convirtieron, durante los noventa, en los nuevos capos de la droga y son ellos a quienes grupos humanitarios responsabilizan de 2 mil 500 masacres que dejaron más de 14 mil víctimas, contadas hasta 2007.

Por ese motivo, el mencionado grupo multidisciplinario de investigación de la UN, que dirige el doctor Óscar Mejía Quintana, considera posible que los narcos colombianos hayan transmitido su experiencia a sus socios mexicanos.

De acuerdo con Reyes Beltrán, la lumpenización del narcotráfico mexicano en los últimos años está relacionada con la estrategia de seguridad, la cual golpeó a algunas bandas pero no socavó las estructuras de las mayores, lo que propició el ascenso de los sicarios a las más altas esferas del poder. "Y los gatilleros son más violentos que sus jefes, como se vio aquí en Colombia cuando los cárteles se atomizaron", comenta.

Aclara que si bien el problema de la violencia en México se exacerbó en los últimos años, "el fenómeno mafioso (en el país) no es un fenómeno coyuntural, sino permanente" y tiene su origen en los plantíos de amapola que los inmigrantes chinos, quienes consumían opio, sembraron en la sierra de Sinaloa a principios del siglo XX.

"Ahora", dice, "muchas organizaciones criminales se han lumpenizado y la violencia que generan se degradó, pero las estructuras mafiosas ya estaban ahí. Nosotros no lo vemos solo como un fenómeno criminal, sino como algo más profundo. Es, desde nuestro punto de vista, un fenómeno sociocultural relacionado con herencias históricas, con la desintegración geográfica, con exclusiones sociales y con la imposición de poderes locales."

Una conclusión de la investigación es que "hay en nuestros países una cultura de la ilegalidad que rivaliza con el respeto a un Estado de derecho y que entroniza a los jefes mafiosos como referentes sociales dignos de prestigio y privilegios", adelanta.

En el estudio se revela que en amplios segmentos de las sociedades mexicana y colombiana el entorno familiar es el lugar donde se legitiman las prácticas mafiosas como vías para obtener prestigio, dinero y ascenso social. Para Reyes Beltrán, "pasamos de sociedades rurales, donde era importante la palabra, a sociedades donde lo único importante es la sobrevivencia y el consumo a cualquier precio, incluso al precio de la ilegalidad, y esto es propiciado por nuestras propias élites."

Y sostiene que, "en Latinoamérica, el narcotráfico se va a profundizar más si las élites siguen queriendo apropiarse hasta del último peso que produce la economía, a costa de la degradación de los sectores medios y bajos, y todo esto en un modelo económico en el que estos sectores están más propensos a descender que a subir en el escalafón social por las crisis recurrentes."

A su vez, Medina Gallego afirma que "este fenómeno no se va a acabar si nosotros seguimos pensando únicamente que la solución está en más violencia, en más coerción, en aumentar las fuerzas policiacas, en aumentar la capacidad de combate del Ejército." Si bien, "necesitamos un Estado más fuerte para hacer frente al delito", argumenta el historiador, "también requerimos educación, empleo para nuestros jóvenes y combatir la pobreza y la exclusión social.

"En ese sentido no sé qué tanto les podrá ayudar (a los mexicanos) el general (Óscar) Naranjo (exdirector de la policía colombiana que asesora en materia de seguridad al presidente Enrique Peña Nieto), porque no todo se debe apostar a la lucha policiaca. De hecho, en México se recrudece la violencia porque la política del Estado (con Calderón) fue atacar frontalmente el fenómeno y no sus raíces."

Señala que una hipótesis del grupo de investigación es que el TLC, que entró en vigencia en 1994, contribuyó a extender el narcotráfico por su impacto en amplios sectores del agro mexicano y por los cinturones de miseria que se crearon alrededor de la industria maquiladora en las ciudades fronterizas del norte, como Ciudad Juárez, Tijuana, Reynosa, Matamoros y Nuevo Laredo.

"Hay una gran renuencia por parte de algunos académicos mexicanos y del Estado a aceptar que el TLC influyó en este fenómeno, pero nuestra hipótesis es que sí influyó, por la quiebra de miles de productores agrícolas que no pudieron competir con Estados Unidos y que fueron absorbidos por las mafias del narcotráfico", concluye el especialista.

Reestructura y expande su imperio

Anabel Hernández

Aun cuando ya tiene el control en 20 de las 32 entidades federativas y cada vez extiende su poder más allá de México, el líder del cártel de Sinaloa, Joaquín Guzmán Loera (designado como enemigo público número uno en Chicago, al parejo del legendario Al Capone, según la DEA), pretende expandir su imperio aún más.

Catalogado por la revista *Forbes* como uno de los multimillonarios más destacados del mundo, en los últimos meses *El Chapo* comenzó a reestructurar su organización criminal e incluso reclutó a menores de edad a los que habilita como "informantes"; ahora, además de dedicarse al tráfico de mariguana, heroína y cocaína, cuenta con personal que le ayuda en la elaboración, distribución y venta de drogas sintéticas.

El Chapo no solo busca mantener su hegemonía, sino también hacer crecer sus dominios y acabar con sus rivales en los próximos meses, de acuerdo con un documento elaborado por investigadores del Centro Nacional de Planeación, Análisis e Información para el Combate a la Delincuencia (Cenapi) de la PGR a finales de la administración calderonista, según el cual el capo sinaloense modificó su organización y redefinió su estrategia para mantener su poder, ampliar sus territorios y obtener la protección del nuevo gobierno priista.

Y mientras para Enrique Peña Nieto y sus colaboradores *El Chapo* es innombrable y la palabra *cártel* ha sido borrada de los discursos oficiales (como si las organizaciones criminales ya no existieran), el cártel de Sinaloa se reposiciona para enfrentar a sus rivales.

Según la información obtenida, el grupo delictivo que lidera *El Chapo* "tiene las raíces más profundas, lo que le proporciona flexibilidad y habilidades considerables de penetración social e institucional y le confiere proyección internacional. Es la más compleja de las organizaciones del narcotráfico en México, agrupa varias estructuras y grupos delictivos."

A diferencia de otros grupos criminales, la mayoría de las veces *El Chapo* y sus seguidores han podido mantener la cohesión de sus estructuras y, según admite la PGR por primera vez de manera explícita, hoy son los más poderosos.

"Sus redes de protección institucional están más desarrolladas, por eso pueden desplegar mayores capacidades logísticas"; el cártel de Sinaloa es omnipotente y omnipresente, pues hoy tiene presencia también en Centro y Sudamérica. Y advierte: "Reforzará sus posiciones en Centroamérica y Sudamérica. Las funciones de protección institucional están más desarrolladas que las de su competidor Los Zetas. En la zona cuentan con rutas de tráfico terrestres y costeras, así como con áreas de almacenamiento."

El cártel de Sinaloa tiene presencia por lo menos en 20 de las 32 entidades federativas de México. Según se desprende del análisis, se avizora un incremento de la violencia en al menos 16 estados de la República.

Nuevo *modus operandi*

Desde enero de 2001, cuando se escapó del penal de máxima seguridad de Puente Grande, Jalisco, se han tejido innumerables mitos sobre *El Chapo*: que fue capturado y lo dejaron escapar, que fue ejecutado (esta versión ha circulado por lo menos una decena de veces), como supuestamente ocurrió el 21 de febrero de 2013 en el departamento de Petén en Guatemala, lo cual resultó falso.

Lo cierto es que en los últimos 12 años el capo sinaloense se convirtió en un narcotraficante todopoderoso. El análisis del Cenapi afirma por primera vez que el cártel de Sinaloa (rebautizado por la dependencia como cártel del Pacífico) es la organización más poderosa porque tiene mayor protección de las instituciones responsables de combatir el crimen y el narcotráfico.

"Sus redes de protección institucional están más desarrolladas, por eso pueden desplegar mayores capacidades logísticas", indica el documento; señala como presuntos cómplices de la organización a empresas, empresarios, presidentes y expresidentes municipales, jueces y hasta procuradores regionales en diferentes estados.

El Chapo ya controla el tráfico de mariguana, cocaína y heroína dentro y fuera del país, y ahora incursiona de manera más agresiva en la producción de metanfetaminas. Lo mismo en Jalisco, donde proliferan los narcolaboratorios en el llamado *Triángulo Dorado*, el cual abarca los estados de Sinaloa, Durango y Chihuahua.

La investigación de la PGR indica que en el *Triángulo Dorado* se encuentran laboratorios de "diferentes grados de sofisticación y capacidad instalada." Cita incluso el de Tamazula, Durango, "que llamó la atención por las grandes dimensiones del inmueble que permitía, de manera simultánea, contar con una gran capacidad de almacenaje de precursores químicos y enervantes y para alojar al personal que laboraba en sus instalaciones." El laboratorio fue desmantelado el 6 de agosto de 2009.

Además del negocio de la droga, la información oficial reconoce que existen "ilícitos conexos" en los que participan integrantes del cártel de Sinaloa, como la "extorsión, la privación ilegal de la libertad en la modalidad de secuestro (contra empresarios de bajo y mediano perfil)", así como levantones de los grupos rivales.

"Con el fin de incrementar el control del territorio donde mantiene presencia", agrega, "El Chapo recluta menores de edad para evitar que su estructura se vea afectada por las bajas durante las confrontaciones con sicarios de otras organizaciones o con las policías y las tropas del Ejército y la Marina"; ellos "no son sujetos a sanciones jurídicas equiparables con las de los adultos, lo que les permite evadir la cárcel y reintegrarse en el corto plazo a las actividades criminales."

En su "seguimiento de información", la PGR indica que los integrantes de grupos como Los Ántrax y Sanguinarios del M1 son los encargados de enganchar menores en las escuelas, sobre todo en las secundarias.

"Se observa que ese sector constituye el grueso de las bases de la organización, en tanto les son asignadas tareas específicas a partir del comportamiento y lealtad que demuestren, dado que son fácilmente manipulables y sustituibles en caso de ser detenidos o asesinados por sus contrarios o por autoridades", dice el documento.

La mayoría de ellos son utilizados como informantes, "ya sea en las inmediaciones de los barrios y colonias donde viven, o a través de internet y en las redes sociales." Además suelen integrarse a las pandillas y grupos afines a la organización en las entidades donde esta tiene presencia.

A uno de esos grupos se le conoce como Los Chapitos y sus integrantes son considerados "el ala juvenil de la organización." Según el documento, tienen presencia en Nuevo Laredo y Ciudad Juárez.

Liderazgos emergentes

De acuerdo con el documento de la PGR, son tres los líderes del cártel del Pacífico: Joaquín Guzmán Loera, quien es considerado el icono de la organización; Ismael *El Mayo* Zambada, el estratega, y Juan José Esparragoza Moreno, *El Azul*, el negociador.

La organización es vista como la más sólida y poderosa dentro y fuera del país y también como la que "mayor número de desafíos" tiene, no tanto por los ataques de las corporaciones policiacas, sino por los embates de los pistoleros de los cárteles enemigos.

En los reacomodos de las organizaciones criminales como resultado de la llamada "guerra contra el narcotráfico" (que durante el sexenio de Felipe Calderón provocó más de 80 mil muertes), se definen también los tres principales rivales de *El Chapo* y su clan: Los Zetas, el cártel de los Beltrán Leyva y el cártel de Juárez (quienes decidieron aliarse para disputar la hegemonía a los capos de Sinaloa), además de organizaciones menores, como el cártel Independiente de Acapulco.

Como parte de la reestructuración de los grupos del narco-tráfico, el "seguimiento de información" de la PGR señala que el cártel de Sinaloa también ha hecho "alianzas circunstanciales" con La Familia Michoacana, Los Valencia y el cártel del Golfo.

La dependencia prevé un recrudecimiento de la violencia en Ciudad Juárez, pese a que pareciera disminuir. Y aun cuando la guerra entre los cárteles han absorbido "cuantiosos recursos", subraya el análisis, los cárteles de Juárez y de Sinaloa no ceden.

El documento identifica tres "hombres clave" de la organiza-ción de El Chapo en Chihuahua: Paulino Guerrero Estrada, su lugarteniente; Félix Valderrama Esparza, líder de Los Sinaloas, y los hermanos Ángel, Francisco, Juan Ramón, Guillermo y Valentín Olivas Olivas, integrantes de la célula Los Huarachudos.

Otros territorios donde es posible que se recrudezca la violen-cia son Veracruz, Guerrero, Baja California, Tamaulipas, sobre todo en las ciudades de Nuevo Laredo y Ciudad Victoria, así como en algunas zonas de Colima, Nayarit, Sinaloa y Jalisco.

"En Durango se observará una aparente calma, prevalecerán los enfrentamientos posiblemente entre grupos locales bajo el mando de Joaquín Guzmán Loera, El Chapo, y Los Zetas, espe-cíficamente en la región de la Comarca Lagunera y el Triángulo Dorado." Ahí, según el documento, "los posicionamientos son más rígidos, y los comportamientos, más violentos."

Y agrega: "En Jalisco, el cártel persistirá para cohesionar a la vertiente de Ignacio Coronel Villarreal, autodenominada cártel de Jalisco Nueva Generación, y su brazo armado Los Matazetas. En esta zona, además, encara las incursiones de Los Zetas pro-cedentes de Zacatecas; para ello usa una célula disidente de La Resistencia."

A la organización, concluye el documento, le es "útil" hacer ostensible la violencia, y aunque este esquema le ha resultado efectivo, mantendrá un "bajo perfil", mientras que en entidades como Tamaulipas intentará "tener notoriedad."

Los presuntos cómplices

El análisis de la Cenapi incluye una relación de personas y empresas que presuntamente están involucradas con el cártel de *El Chapo* y serían parte de su estructura criminal.

La lista comprende varios estados que, según el informe de la PGR, forman parte de las redes de poder del clan de *El Chapo*.

En Baja California se menciona la empresa Grupo Ambiental del Noroeste y la compañía Mina International Group Inc. *Proceso* detectó que la primera se dedica a la prestación del servicio de reciclado de residuos peligrosos y tiene su sede en San Diego, California.

En Chihuahua, siempre, según el documento de la Cenapi, aparece el nombre del panista Francisco David Carrasco Carnero, presidente municipal de Julimes entre 2004 y 2007, quien "renta un rancho denominado Carrizo Viejo", supuestamente usado para la siembra de mariguana.

En Guerrero, los presuntos cómplices son Luis, Diógenes, Arquímedes y Lauro Justo Herrera, de Azoyú, en la región de la Costa Chica. Se les acusa de la "compra y venta de ganado", así como de acopio y venta de armas de fuego; también se les relaciona con Rogaciano Alba Álvarez, *El Roga*. Según el análisis, todos son familiares de Omar Justo Vargas, alcalde de Azoyú, y hermanos del exprocurador regional Héctor Justo Herrera.

Con respecto a Jalisco, el presunto integrante del cártel de Sinaloa es Octavio Herrera Ávila, quien era juez municipal en el

estado cuando se elaboró el documento. Su hermano Francisco
Herrera Ávila, de extracción panista, fue alcalde de San Martín
Bolaños en el periodo 2004-2006. El municipio se ubica cerca
de Zacatecas y se le conoce por haber en él mucha siembra de
mariguana.

Asimismo, se incluye en la lista al empresario Catarino Treviño
Chávez, de Lagos de Moreno, a quien se le adjudica el nego-
cio El Potrero, y al presunto líder del cártel de Jalisco Nueva
Generación, Nemesio Oseguera Cervantes, *El Mencho*, quien
actúa bajo la fachada de empresario. Él vive con su esposa, Rita
Parada, en Zapotlán el Grande.

En Michoacán los cómplices de *El Chapo* son Alberto Sosa,
El Cali, quien "mantiene el control de bares, cantinas, centros
nocturnos y vacacionales, y cuya zona de influencia incluye
los municipios de Jiquilpan, Sahuayo y Marcos Castellanos,
además opera en Quitupan, Valle de Juárez, Mazamitla, Tamazula de Gordiano y Tuxpan", en Jalisco, y Uriel Farías, *El Paisa*,
expresidente municipal de Tepalcatepec, quien fue encarcelado
temporalmente en 2009 durante el michoacanazo. En 2012 un
juez volvió a señalar los presuntos nexos de *El Paisa* con el cártel del Milenio, una de las organizaciones aliadas de *El Chapo*.

En cuanto a Sinaloa, el documento de la PGR señala a Luis Guillermo Roiz Ruiz, yerno del exrector de la Universidad Autónoma
de Sinaloa, Héctor Melesio Cuén Ojeda, quien presuntamente
tiene vínculos con Ismael *El Mayo* Zambada García. También se
señala como el "operador financiero" de la organización a Juan
José Esparragoza Monzón, *El Negro*, hijo de Juan José Esparragoza Moreno, miembro de la tríada que encabeza la organización criminal de *El Chapo*.

La "lavandería" colombiana

Rafael Croda

Decenas de grabaciones, evidencias y testimonios recopilados de manera encubierta por agencias estadounidenses (que ultiman detalles de un voluminoso expediente criminal que llevará a inminentes capturas) revelan que el narcotraficante mexicano Joaquín *El Chapo* Guzmán penetró, por medio de varias operaciones de lavado de dinero, el corazón del sistema bursátil colombiano.

"Hay pruebas irrefutables. *El Chapo* está por todos lados", dice a *Proceso* el congresista colombiano Simón Gaviria al referirse a la investigación de lavado de activos que desarrollan las autoridades de Estados Unidos en varios frentes, uno de los cuales tiene por objetivo esclarecer las actividades financieras del jefe del cártel de Sinaloa en Colombia.

En la investigación están implicadas 11 casas de bolsa colombianas que manejan más de la mitad de las operaciones del mercado bursátil del país y que, según las evidencias conocidas por Gaviria, habrían lavado dinero de *El Chapo*, de la Oficina de Envigado (heredera del cártel de Medellín), del cártel de los Soles de Venezuela (como se conoce desde los años noventa a un grupo de militares venezolanos presuntamente aliados con el narcotráfico) y de supuestos enviados de la guerrilla de las Fuerzas

Armadas Revolucionarias de Colombia (FARC), que en realidad eran agentes encubiertos.

"Esas conocidas casas de cambio, cuyos nombres no puedo dar para no comprometer las investigaciones, no tuvieron ninguna reserva en lavar dinero de *El Chapo* y de sus socios de la Oficina de Envigado. Hay operaciones que hicieron juntos. Hay conversaciones (grabadas) donde se dan claramente esos vínculos", afirma Gaviria, representante por el Partido Liberal y presidente de esa institución política que forma parte de la coalición de gobierno en Colombia.

Según el expediente del caso, que está en manos de la Fiscalía General de la Nación, 36 entregas de dinero a comisionistas de las 11 casas de bolsa, con fines de blanqueo en el sistema bursátil colombiano, se produjeron en el exclusivo hotel La Fontana, en el norte de Bogotá, y están grabadas, al igual que varias más que involucran operaciones de lavado de *El Chapo* en sociedad con la Oficina de Envigado (grupo creado por el capo Pablo Escobar en los años noventa como una estructura de sicarios, la cual se transformó después en una organización dedicada al narcotráfico, la extorsión y todo tipo de actividades criminales).

Los nexos entre el cártel de Sinaloa y la Oficina de Envigado han sido documentados por la Policía Nacional de Colombia, que hace dos años descubrió intercambio de drogas por armas entre los dos grupos.

Interbolsa

Gaviria, economista que trabajó como analista financiero en Estados Unidos y es hijo del exmandatario colombiano César

Gaviria Trujillo, encabeza desde noviembre pasado una investigación legislativa sobre el caso Interbolsa, la casa de bolsa más grande del país hasta ese mes, cuando fue intervenida por el gobierno y sometida a liquidación debido a evidencias de acciones fraudulentas en el mercado de valores local.

El congresista descubrió que, además de delitos como estafa, manipulación de acciones, fraude y concierto para delinquir, los accionistas y funcionarios de Interbolsa pudieron haber incurrido en lavado de dinero del narcotráfico.

La fiscalía colombiana adelantó en abril de 2013 (*Proceso 1901*) que había "serios indicios" para pensar que a través de Interbolsa se lavaron activos procedentes del narcotráfico y que *El Chapo* era uno de los implicados en esas operaciones.

El 8 de mayo de 2013 Gaviria encabezó una sesión de la Comisión Tercera de la Cámara de Representantes en la que corroboró que en Interbolsa y en Proyectar Valores (propiedad de los mismos socios) se lavó dinero del narcotráfico.

Y reveló que esas casas de bolsa en proceso de liquidación fueron utilizadas para blanquear activos procedentes de millonarios sobornos de una constructora propiedad de los hermanos Nule al exalcalde bogotano Samuel Moreno, encarcelado por ese ilícito que compromete recursos públicos por unos 500 millones de dólares.

"En Colombia existe un cártel de la Bolsa encargado de lavar más de 10 mil millones de dólares anualmente, que opera con plena impunidad y que está conformado por delincuentes de cuello blanco que van a los mejores colegios, a las mejores universidades, las de abolengo, y a los cocteles de Bogotá y Medellín", dice el representante, quien revela que Interbolsa (cuyos socios principales son Rodrigo Jaramillo, Tomás Jaramillo,

Víctor Maldonado y Juan Carlos Ortiz) era apenas la punta del iceberg.

Según el expediente en manos de la fiscalía, integrantes de la Oficina de Envigado establecieron vínculos en el sistema bursátil colombiano para lavar dinero de esa organización y de *El Chapo* Guzmán a través de un mecanismo de envíos de divisas desde Estados Unidos, las cuales se retiraban en el mercado cambiario local en pesos colombianos. Todo esto con la intermediación de diferentes casas de bolsa.

Las investigaciones estiman que el lavado de activos en Interbolsa (que hasta noviembre de 2012 manejó más de la tercera parte del mercado bursátil local) oscilaba entre 80 y 100 millones de dólares al año en operaciones que abarcaban la red internacional de esa firma, como su sucursal en Panamá y un banco de Hong Kong.

Según Gaviria, hay "pruebas irrefutables de que los *traders* (corredores) de Interbolsa y de las otras 11 comisionistas investigadas recibieron montones de plata sabiendo que venían de las FARC, de la Oficina de Envigado o de *El Chapo*. Eran operaciones masivas de lavado de dinero que debe determinar (en sus montos) la fiscalía, pero son muchos millones de dólares."

La fiscalía colombiana trabaja en coordinación con las autoridades estadounidenses y se dispone a emitir varias órdenes de captura con fines de extradición a Estados Unidos contra los implicados en estas transacciones.

Varios propietarios y accionistas de las casas de bolsa investigadas se han acercado a la embajada de Estados Unidos en Bogotá para intentar demostrar que estas operaciones las habrían hecho a sus espaldas sus corredores, agentes bursátiles y jefes de cuenta, lo que según las investigaciones podría ser cierto en algunos casos. Algunos de ellos están llegando a acuerdos a cambio de información.

Leyton-Multibank

Un personaje clave en esta trama es Carlos Leyton Sinisterra, exgerente comercial de la firma hermana de Interbolsa, Proyectar Valores, y quien fue detenido con fines de extradición en noviembre de 2012 en esta capital. Leyton solo espera que el presidente colombiano, Juan Manuel Santos, firme su extradición a Estados Unidos, donde enfrentará cargos como cabecilla de una red que lavó al menos 6.7 millones de dólares de narcotraficantes colombianos y mexicanos, *El Chapo* entre ellos.

La telaraña financiera que desentrañan agencias estadounidenses, como la DEA y el Servicio de Impuestos Internos, conduce al banco panameño Multibank, que según Gaviria podría ser un eslabón de primera importancia en la red de lavado de *El Chapo* y otros jefes del narcotráfico, como el extraditado exjefe del colombiano cártel del Norte del Valle, Carlos Ramírez Abadía, *Chupeta*, exsocio del capo sinaloense.

Multibank tuvo tratos comerciales en Colombia con la exjefa de Leyton Sinisterra, Rocío Castellanos, accionista de Proyectar Valores y quien fue expulsada del mercado bursátil en 2011 por prácticas irregulares. Ella también estuvo vinculada con el empresario y testaferro del cártel del Norte del Valle, Ricardo Morales, quien hoy es informante de la DEA.

Gaviria sostiene que "según fuentes de inteligencia creíbles y verificables, Multibank podría ser presentado dentro de poco como una institución financiera vinculada con una de las redes de lavado de activos más grandes a nivel mundial, con tentáculos que van desde grupos terroristas en Medio Oriente hasta la compra de armas en Europa.

"Ahí puede aparecer otra vez *El Chapo*", afirma el legislador, considerado estrecho aliado y operador político del presidente Santos, con quien ha abordado en privado el caso Interbolsa.

Multibank solicitó a la Superintendencia Financiera de Colombia una licencia para operar en territorio colombiano. Gaviria recomendó al superintendente Gerardo Hernández Correa consultar con organismos de inteligencia antes de autorizar la operación en este país de la institución financiera panameña.

El jefe de la Sección de Asuntos Antinarcóticos de la embajada de Estados Unidos en Bogotá, James Story, indica que varias agencias de su país trabajan en conjunto con instituciones judiciales y policiacas colombianas para rastrear el lavado de dinero de los cárteles de la droga, y "también estamos trabajando con el gobierno de México en este asunto (blanqueo de activos)."

El director antinarcóticos de la Policía Nacional de Colombia, Luis Alberto Pérez Alvarán, afirma que la asociación entre narcotraficantes mexicanos y colombianos para lavar dinero es producto de los estrechos vínculos comerciales entre unos y otros, lo que obliga a las autoridades de los dos países a tener "una relación de mucha coordinación, de mucho apoyo en la parte de información."

Para el profesor de la UN Pablo Reyes, quien desarrolla una amplia investigación sobre los nexos entre narcotraficantes de los dos países, las actividades de blanqueo de activos de *El Chapo* Guzmán en Colombia confirman el creciente fenómeno de trasnacionalización de la economía criminal.

"Los narcotraficantes ya no guardan su dinero en caletas (bajo tierra) en sus casas de seguridad, sino que usan sofisticados mecanismos financieros en sociedad con las élites económicas, lo que produce una pedagogía de la ilegalidad en toda la sociedad", dice el académico.

La fiscalía colombiana presentará en los próximos días cargos contra ocho accionistas y corredores de Interbolsa. Más adelante vendrá una andanada de órdenes de aprehensión con fines de extradición a Estados Unidos contra los operadores de la red que habría utilizado el mercado bursátil colombiano como una gran lavandería de dinero ilícito.

"Una verdadera cloaca", comentó el ministro colombiano de Hacienda, Mauricio Cárdenas.

8

RECAPTURA Y FUGAS

La cacería, paso a paso

Ismael Bojórquez Perea/*Ríodoce*

Una incursión de la Marina en la sindicatura de El Salado, Sinaloa, el 13 de febrero de 2014, dio comienzo a todo. En un recorrido por la zona, marinos detuvieron a varios halcones, entre ellos a los hermanos Apolonio y Cristo Omar Sandoval Romero, quienes trabajaban para Ismael *El Mayo* Zambada.

A partir de estas capturas pudieron tenderle una trampa a Joel Enrique Sandoval Romero, *El 19*. Al ser detenidos, los halcones pidieron hablar por teléfono con su hermano, de quien dependían. Lo llamaron en presencia de los efectivos de la Armada; *El 19* les ofreció dinero a cambio de que los soltaran. "¿Cuánto puedes juntar?", le preguntaron. "Cien mil dólares", fue la respuesta. "Vente, pues."

Joel Enrique Sandoval, encargado de las comunicaciones del cártel de Sinaloa en esa región, fue aprehendido a su llegada al rancho Aguazarca, cerca de El Álamo, pueblo donde nació *El Mayo*.

A media mañana del 14 de febrero un avión de la Marina llegó al aeropuerto de Culiacán. Detrás de él aterrizó un helicóptero artillado. Al menos cinco hombres esposados y con los rostros cubiertos fueron bajados a toda velocidad del helicóptero y subidos al avión, el cual despegó de inmediato.

A los cinco detenidos les decomisaron —informó la PGR— 91 armas de fuego, cartuchos, cuatro vehículos y 286 mil pesos. A cuatro de los capturados los internaron en el Centro Federal de Readaptación Social (Cefereso) 3 en Matamoros, Tamaulipas. *El 19* fue enviado al Cefereso número 1, el Altiplano, en el Estado de México.

Un lunes sorprendente

Hacia las 4:30 de la madrugada del 17 de febrero, dos helicópteros artillados de la Marina aterrizaron en el terreno baldío de la vieja central camionera de Culiacán, predio perteneciente a Juan Manuel Ley.

Después se sabría que las dos aeronaves habían despegado de un buque de la Armada que estaba anclado frente a Cospita, en el extremo sur del municipio de Culiacán.

La Armada ya tenía objetivos concretos pues, desde el mediodía del 16 de febrero, sus efectivos habían sitiado un domicilio en la calle Río Humaya, de la colonia culiacanense de Guadalupe. Sin bloquear la calle se apostaron frente a una casa sin número, entre Manuel Bonilla y Domingo Rubí.

No fue sino hasta la madrugada del lunes 17 de febrero cuando entraron en el inmueble. Decenas de marinos bloquearon con sus vehículos al menos cinco cruceros; pusieron "ponchallantas" y levantaron las tapas de las alcantarillas para impedir la circulación. Versiones de los vecinos dicen que de ahí se llevaron a un hombre, aunque oficialmente ni la PGR ni la Marina informaron nada. El inmueble estuvo custodiado hasta la tarde del 20 de febrero.

Al mismo tiempo fueron cateados otros 12 domicilios, entre ellos dos en la colonia Libertad, dos en Colinas de San Miguel y uno en la colonia Capistrano. En este último fue detenido Mario Hidalgo Argüello, *El 70*, quien sustituyó a Carlos Adrián Guardado Salcido, *El 50*, muerto en agosto de 2013 en un enfrentamiento con militares. Otro capturado fue presentado como Mario López Osorio.

Al informar oficialmente de la detención de estos dos presuntos operadores del cártel de Sinaloa, la PGR dijo que ambos eran objetivos de la operación iniciada la madrugada del lunes 17 de febrero "en seguimiento a las labores de inteligencia desplegadas desde días pasados en el estado de Sinaloa por la Agencia de Investigación Criminal de la Procuraduría General de la República, en coordinación con la Semar de México."

El 70 o *El Picudo* pertenecía al círculo cercano de Joaquín *El Chapo* Guzmán.

La misma madrugada de ese lunes la Marina cateó una casa de Griselda López Pérez, expareja de Guzmán Loera. La misma casa que el 12 de mayo de 2010 había sido allanada por la PF, con el apoyo del Ejército, y donde la mujer fue detenida y liberada horas después en la Ciudad de México.

Cuando los marinos llegaron solo encontraron al velador. Abrieron la puerta a golpes y revisaron el sitio; se llevaron algunas pertenencias de Griselda López, entre ellas fotografías. Los uniformados se marcharon pero al día siguiente regresaron a resguardar el lugar. No se retiraron hasta la tarde del jueves 20 de febrero. En la casa pegaron calcomanías que decían: "Inmueble asegurado, averiguación previa PGR/SEIDO/UEITA/25/2014."

El Culiacán subterráneo

El mismo lunes 17 de febrero hubo cateos en otras dos casas de la colonia Libertad, centro neurálgico de operaciones del cártel de Sinaloa. Esta colonia y las Díaz Ordaz, Ejidal, Pemex y Nuevo Culiacán forman una maraña habitacional conectada por el subsuelo a través de las redes de drenaje pluvial, rutas de escape de los criminales.

Ambos inmuebles cateados estaban conectados vía el drenaje pluvial.

El martes 18 la PGR informó que en estas dos casas se encontraron más de 3 mil kilogramos de drogas (cocaína y mariguana), armas (entre ellas cohetes y granadas), más de mil cartuchos y vehículos, algunos blindados. Al día siguiente se sabría que entre los vehículos asegurados había una patrulla clonada de la Policía Municipal y otra de la Marina.

La droga estaba escondida en plátanos y pepinos de plástico.

Una de estas dos casas fue construida hace tres años. Los albañiles trabajaron día y noche hasta que la levantaron y después se dedicaron a los "detalles": un pasadizo (al cual se llega desde la tina de baño) hasta el drenaje pluvial, cámaras de video, ventanales blindados..., un diseño muy parecido al de la fortaleza que habitaba El 50 cuando fue sorprendido por el Ejército, el 3 de agosto de 2013.

El otro inmueble (de características similares) había sido construido apenas en 2012, luego de que el arroyo que corría por la calle fue entubado y convertido en drenaje.

La PGR estuvo informando desde la tarde del 17 de febrero del resultado de los operativos coordinados con la Armada y (luego se sabría) con la DEA. Anunció la detención de El 19 y sus cómplices, el decomiso de casi 100 armas y vehículos, pero no dijo nada acerca de los otros cateos del mismo día.

La tarde del 18 de febrero dio a conocer en conferencia de prensa el decomiso de las drogas y las patrullas clonadas e informó sobre las rutas subterráneas de escape.

Las casas cateadas permanecieron resguardadas por la Marina hasta la tarde del día 20. En una de ellas, frente a la preparatoria Augusto César Sandino, en la colonia Libertad, fue improvisado un campamento a donde fueron llevados todos los vehículos asegurados.

La tarde del 19 de febrero, por lo menos dos agencias de autos de lujo, Mercedes Benz y Dodge Auto Country, también fueron cateadas y de ellas se llevaron al menos cinco vehículos usados, todos al mismo campamento de la colonia Libertad.

A partir del descubrimiento de las patrullas clonadas, la Marina empezó a interceptar vehículos de la Policía Municipal y a cotejar credenciales y armamento de los uniformados.

La Policía Municipal y el Ejército fueron mantenidos al margen del operativo de la Marina.

El 19 de febrero, durante los festejos del Día del Ejército Mexicano, el comandante de la Novena Zona Militar, Miguel Hurtado Ochoa, aceptó que se trataba de un operativo exclusivo de la Marina y advirtió que *El Chapo* Guzmán y *El Mayo* Zambada eran sus objetivos. El propio gobernador sinaloense había aceptado el 17 de febrero que la Armada no le había informado de los operativos, por temor a las "filtraciones."

Desde el día 17 y el resto de la semana, no hubo madrugada en Culiacán en la que no se escuchara el vuelo de los helicópteros de la Marina sobre prácticamente todos los puntos de la ciudad. Pero fue el día 20 cuando se asestó el golpe más contun-

dente hasta ese momento: en Colinas de San Miguel fue capturado Jesús Peña González, *El 20*, considerado el hombre más
cercano a *El Mayo* Zambada.

La detención, trascendió de fuentes policiacas no oficiales,
ocurrió en la casa de una hermana de Peña González, donde se
había escondido. La PGR informó que en esa casa se encontraron
drogas y armas. En el mismo informe, la PGR dijo haber detenido
a los hermanos Kevin Alonso y Karim Elías Gil Acosta, supuestamente en posesión de armas y drogas.

Después de la detención del 20 de febrero sobrevino una
calma inusitada en Culiacán. Los marinos empezaron a retirarse
de las casas que habían ocupado, desmantelaron el campamento de la colonia Libertad y se llevaron los vehículos asegurados.

El día 21 transcurrió sin sobresaltos, aunque con rumores de
que habían detenido a uno que otro "cachorro" del narco.

La captura mayor

Las primeras versiones empezaron a llegar a México por medio
de funcionarios del Departamento de Estado estadounidense,
quienes afirmaban que la mañana del 22 de febrero la DEA había
detenido a *El Chapo* Guzmán y que más tarde el gobierno mexicano haría el anuncio.

A las 9:20 de la mañana, la agencia de noticias estadounidenses AP ya ponía en circulación un despacho preliminar en
el que anunciaba que "el capo del cártel de Sinaloa, Joaquín *El
Chapo* Guzmán, fue detenido durante la noche de este viernes
en un hotel de Mazatlán, Sinaloa, por autoridades mexicanas y
de Estados Unidos."

En realidad el capo fue aprehendido al amanecer del sábado 22 de febrero en una operación quirúrgica, en la que no se disparó ni un tiro. Varias camionetas de la Marina rodearon el edificio de condominios Miramar (en la avenida del Mar, entre avenida de los Deportes y Río Elota, en Mazatlán) y un pequeño grupo subió hasta el cuarto piso. Llegaron a la habitación 401 y detuvieron a un hombre que estaba en la cama.

Era *El Chapo* Guzmán.

También aprehendieron a un ayudante cuyo nombre no se dio a conocer inmediatamente.

En la habitación, de 50 metros cuadrados, no había nada desordenado, salvo en la recámara. Los efectivos de la Armada derribaron la puerta, aprehendieron a Guzmán Loera y a su ayudante, y salieron con los dos hombres, a los que subieron a una camioneta cvr blanca para llevarlos al aeropuerto de Mazatlán.

La Marina resguardó el edificio durante las primeras horas de la mañana. Al mediodía desalojó el lugar.

Uno de los condóminos entrevistados por *Ríodoce* afirmó haber visto varias veces en el edificio a una persona de baja estatura entrar y salir de la habitación 401, pero nunca se imaginó que se trataba del narcotraficante más buscado del mundo.

Dijo que lo único que le parecía raro era que su cuarto siempre tenía mucha basura.

El Chapo Guzmán escapó muchas veces de los operativos del gobierno mexicano y de la dea, siempre monitoreando y anticipándose a sus movimientos. En febrero de 2012 estuvo a punto de ser atrapado, según dio a conocer el titular de la entonces siedo, José Cuitláhuac Salinas. Los hechos habrían ocurrido la última semana de febrero, un día después de que se realizó en

Cabo San Lucas, Baja California Sur, una reunión del G-20 en la que participaron jefes de Estado de los cinco continentes para discutir temas económicos. A esa cumbre asistieron la secretaria de Estado estadounidense Hillary Clinton y el entonces presidente de México Felipe Calderón.

El hecho se hizo público. Pero hubo otros que no. Unos en los cuales el capo estuvo a punto de ser capturado en operativos que fueron "abortados", algunos "extrañamente", como dijo a *Ríodoce* un expolicía federal que participó en esas acciones.

Una de ellas ocurrió en Culiacán poco antes de la de febrero de 2012 en Los Cabos, cuando un grupo especial de la PF, apoyado logísticamente por la DEA, viajó de Mazatlán a Culiacán para atrapar a un "blanco." Se trataba de *El Chapo*, localizado en la colonia Libertad.

Esa vez el convoy policiaco quedó a un kilómetro y medio del "objetivo", pero los propios agentes de la DEA abortaron la operación sin dar explicaciones. Cuando los federales (quienes viajaban en vehículos no oficiales) se retiraban, fueron interceptados por patrullas de la Policía Ministerial; luego de identificarlos, los dejaron ir.

El otro intento de captura fue más espectacular. Ocurrió la mañana del 3 de agosto de 2013, cuando en un operativo del Ejército en la colonia El Vallado, de Culiacán, murió *El 50*, encargado de las ejecuciones y ajustes de cuentas ordenados por *El Chapo* en la capital de Sinaloa.

Los soldados sitiaron una vivienda que (después se sabría) contaba con blindajes, cámaras de seguridad y túneles de escape.

Ahí el Ejército fue atacado y se produjo un tiroteo que duró al menos cuatro horas. El saldo oficial fue de tres soldados y un policía heridos; una jovencita herida en una pierna y tres civiles muertos, dos en el interior del domicilio y uno más que llegó a atacar a los soldados desde el exterior. En la cochera de la casa quedó tirado el cuerpo de Carlos Adrián Guardado Salcido, *El 50*.

Un día después, la PGR dio a conocer lo que aseguró en esa vivienda: cerca de 14 mil cartuchos, 20 granadas, armas y cinco vehículos. También se aseguró un lanzacohetes marca L-JUD, modelo AH-296, y un cohete L-JUD, modelo A-IX-I.

Ese día circuló la versión de que alguien había escapado del lugar y que *El 50* se había sacrificado para salvar a su jefe. El sicario recibió un disparo en la nuca que le desfiguró la cara.

Versiones extraoficiales confirmaron a *Ríodoce* que en esa casa había estado *El Chapo* y había escapado por el drenaje. Agregaban que Guzmán había sido auxiliado por policías municipales.

La huelga de hambre terminó con un "triunfo"

Joaquín *El Chapo* Guzmán, quien fue considerado en Estados Unidos como el capo "más poderoso del mundo", no ha sido neutralizado en el penal de máxima seguridad del Altiplano, donde supuestamente se encuentra aislado desde el 22 de febrero de 2014. Por el contrario, ha dado nuevas muestras de su poderío al ganar desde la cárcel su primera batalla pública al gobierno de Enrique Peña Nieto.

Junto con Édgar Valdez Villarreal, *La Barbie*, exsocio del cártel de Sinaloa e integrante del cártel de los Beltrán Leyva, *El Chapo* organizó una huelga de hambre masiva en el Cefereso número 1, que inició el 16 de julio de 2014 y terminó cinco días después, al recibir atención la mayoría de las demandas de los reclusos.

A la convocatoria de huelga de hambre, emitida por *El Chapo* y por *La Barbie*, se sumaron por lo menos mil reclusos del penal, que exigían mejor trato de las autoridades, pues se quejaban de mala alimentación, deficiente atención médica, falta de ropa interior y uso de uniformes sucios y en mal estado.

Igualmente protestaban porque no se les permitía tener acceso a la tienda del penal, donde por derecho pueden comprar

303

artículos de higiene personal; porque no se respetaba su tiempo de visita familiar, y porque solo se les concedía un único intento para realizar la llamada telefónica que tienen autorizada cada nueve días (*Proceso* 1968).

Familiares de internos y abogados de defensa entrevistados por *Proceso* informaron que, tras cinco días en que los reclusos se negaron a probar alimentos, la huelga de hambre concluyó el 20 de julio, luego de que el director del Altiplano, Valentín Cárdenas Lerma, había fracasado en varios intentos de ejercer presión para acabar con la protesta y terminó cediendo a las exigencias.

Se informó a este semanario que en dicha prisión hay entre mil 300 y mil 500 presos, lo cual significa que *El Chapo* y *La Barbie* lograron organizar por lo menos a dos terceras partes de ellos.

El 22 de julio esta reportera interrogó vía telefónica al comisionado del Órgano Administrativo Desconcentrado de Prevención y Readaptación Social, Juan Ignacio Hernández, sobre la crisis penitenciaria. Hernández dijo que no estaba autorizado para hablar de ello, pero que ese mismo día la Comisión Nacional de Seguridad Pública (CNS), encabezada por Monte Alejandro Rubido, emitiría un comunicado al respecto, lo cual no ocurrió. De igual forma, fue inútilmente solicitada una reacción de la Segob. El gobierno federal se negaba a fijar una postura pública sobre el caso.

La ayuda de custodios

De acuerdo con la información obtenida, custodios del penal de máxima seguridad fueron pieza clave para organizar, de manera exitosa, la huelga de hambre de un extremo a otro del reclusorio. Dichos empleados federales llevaron a los distintos módulos la "invitación" al ayuno girada desde el área de Tratamientos Especiales, donde se encuentran los dos capos.

El penal del Altiplano está conformado por siete módulos, además de las áreas de Tratamientos Especiales, de Medidas Especiales de Seguridad y Vigilancia Especial y de Atención Médica, así como por el Centro de Observación y Clasificación (COC).

Entre un área y otra hay diamantes de seguridad, cámaras de vigilancia y puertas automatizadas. Los únicos que tienen movilidad en todas las zonas son los guardias de seguridad, quienes dependen del OADPRS.

Se aseguró a este medio que custodios del penal ayudaron a divulgar la convocatoria a la huelga de hambre, que a unos presos les llegó de parte de Valdez Villarreal y a otros de Guzmán Loera.

El llamado corrió con más rapidez entre los presos que tienen contacto en actividades deportivas y en el comedor.

Tratamientos Especiales, módulo aislado del resto, presenta el mayor dispositivo de seguridad porque allí se encuentran los internos de mayor peligrosidad, como *La Barbie*, *El Chapo* y otros integrantes de los cárteles de Sinaloa, de Juárez, del Golfo y de Los Zetas.

En Tratamientos Especiales no hay un programa de atención penitenciaria; únicamente les proporcionan libros, servicio terapéutico y permiso para pasar unos 15 o 20 minutos diarios en el patio, sin ninguna compañía ni posibilidad de convivir con otros presos. Las celdas de ahí no tienen ventanas ni visibilidad hacia el resto del penal. Una pared supuestamente impenetrable divide esa zona del área común.

Tales presos solo pueden salir de su celda cuando van al área de visita familiar, a los locutorios y al patio, si tienen autorización. Se supone que están prohibidas las pláticas en pasillos o de celda a celda. Y los reclusos de ese sector son sometidos a frecuentes revisiones.

Los internos del COC también se localizan en un área aislada. En teoría solo están ahí los de nuevo ingreso, a quienes luego de un mes se les asigna un módulo dependiendo de su peligrosidad. Pero debido a la sobrepoblación del Altiplano, también se hallan en ese sitio reclusos a los que se da protección especial porque peligran sus vidas o porque tienden a ser conflictivos.

El presidiario César Freyre (acusado de presuntamente haber secuestrado y asesinado a Hugo Alberto Wallace Miranda), quien lleva nueve años recluido, se encuentra en el COC debido a que ya intentaron asesinarlo dentro del penal, supuestamente por órdenes de Isabel Miranda Torres, madre de Hugo Alberto, según señaló a *Proceso* María Rosa Morales, madre de Freyre.

Entrevistada el 22 de julio de 2014, Morales refirió que el 18 de julio, al llegar el día de visitar a su hijo, este le informó que todo el penal estaba en huelga de hambre desde el día 16; que hasta el COC había llegado la "invitación" para que se sumaran a la protesta, pero que su hijo no se puso en huelga de hambre porque tiene una dieta especial por cuestiones de salud.

Refirió que habitualmente los presos tenían dos uniformes al año, pero que hacía poco les habían quitado uno; que es muy poca la comida que les proporcionan, y que ella incluso tuvo que interponer un amparo para que su hijo tuviera doble ración, ya que estaba bajando rápidamente de peso, lo que ponía en riesgo su salud. Añadió que también reclamaban aumentar la ración de garrafones de agua purificada de uno a dos.

Atestiguó que cuando ella iba ingresando al penal, llegó una comitiva de por lo menos 10 funcionarios públicos con vestimenta distinta a la que usan los empleados del reclusorio, y que entraron en las oficinas.

El 17 de julio, Agustina García de Jesús, esposa de Arturo Campos Herrera, consejero de la Policía Comunitaria de la Coordinadora Regional de Autoridades Comunitarias (CRAC) en El Paraíso, Guerrero, preso en el Altiplano, informó al periódico *El Sur de Acapulco* que en el reclusorio se habían puesto en huelga de hambre más de mil 300 internos.

Y en entrevista con *Proceso* el 22 de julio, García de Jesús contó que, en la llamada telefónica a la que todos los internos tienen derecho cada nueve días, su marido le informó del ayuno. "Estaban en huelga todos los presos de todos los módulos, con excepción de los enfermos", aseveró.

Arturo Campos Herrera, indígena *na'savi* que se unió a la CRAC para defender a su comunidad del ataque de narcotraficantes, fue detenido en diciembre de 2013 tras participar en una protesta por la detención de la líder comunitaria Nestora Salgado García.

Agustina García de Jesús indicó que su marido le ha comentado que para todos los presidiarios hay un solo doctor. "Hace días mi esposo estuvo enfermo y me dijo que no los atienden ni les dan medicina hasta que ven que se están muriendo. Hay malos tratos, mala comida y los tienen con uniformes rotos", agregó.

Campos Herrera, quien está encerrado en el módulo 5, relató a su esposa que el director del penal ya había comenzado negociaciones con los presos y les prometió que iban a mejorar las condiciones. "Eso está por verse", advirtió Agustina García.

A su vez, Ausencia Honorato, esposa de Gonzalo Molina, promotor de la CRAC en Tixtla, Guerrero, preso en el módulo 7 del Altiplano, también confirmó a *Proceso* la existencia de la huelga.

Los ganadores

El director del Cefereso número 1, Valentín Cárdenas Lerma, comenzó a negociar con los internos el mismo día en que empezó el movimiento. Según la información recabada el 18 de julio de 2014, intentó disuadir a los reclusos de la protesta haciendo traslados de algunos presos, ninguno de relevancia, a otros penales. La huelga continuó el 19 y todavía el 20 fueron cambiados de cárcel otros internos.

La huelga terminó el día 20 de julio, luego de que las autoridades del penal cedieron a varias exigencias de los huelguistas: se entregaron ropa y tenis nuevos a varios de los internos y les sirvieron mayor cantidad de comida, aunque de la misma mala calidad.

El director también aceptó permitir que los presos compren más productos en la tienda del penal, como papel de baño, aunque no les aumentó el monto de lo que pueden depositar sus familias, como ocurre en el Cefereso de Matamoros, Tamaulipas, porque eso, argumentó, se determina según el salario mínimo de la región.

Los huelguistas también consiguieron que se les permitiera hacer tres intentos de llamada telefónica a sus familiares, pues solo podían hacerlo una vez, y si no enlazaba la llamada, no contestaban o estaba ocupada la línea, ya no podían tratar de comunicarse nuevamente hasta pasados otros nueve días.

RECAPTURA Y FUGAS   309

El director Cárdenas Lerma se comprometió a que en 15 días todos los acuerdos serían implementados.

La táctica de *El Chapo*

Ganarse la simpatía y voluntad de sus compañeros de prisión fue una táctica utilizada por Joaquín Guzmán Loera cuando llegó al penal de máxima seguridad de Puente Grande, Jalisco, en 1995. Entonces era el preso 516; ahora, en el Altiplano, es el 3578.

El primer paso que dio *El Chapo* para vulnerar la seguridad de esa cárcel, de la cual logró fugarse en enero de 2001, fue justamente aliarse con los demás internos, según consta en la causa penal 16/2001-III referente al expediente de la fuga de Guzmán Loera, a la que se tuvo acceso.

Pagaba la atención médica de familiares de presidiarios que lo necesitaban, daba sueldo a los prisioneros por servirle de mensajeros dentro del penal, y a otros, por ser sus secretarios particulares. Organizaba actividades deportivas y fiestas de Navidad, y en ocasiones compartía con otros reclusos la comida que llegaba a ingresar al reclusorio proveniente de restaurantes de lujo de Guadalajara.

A la par se fue ganando la voluntad de los custodios y directivos de la cárcel a través de sobornos o amenazas. Afuera de la prisión operaba un grupo que, identificado como Los Fontaneros, se encargaba de amenazar y golpear a los custodios que no cedían a los sobornos de Guzmán Loera.

Para 1999 *El Chapo* era el amo y señor de Puente Grande. Se le permitía recibir prostitutas a todas horas, droga, alcohol y grupos musicales.

En abril de 1999 la Segob designó como subdirector de Seguridad de Puente Grande al comandante sinaloense Dámaso López, quien terminó de ayudar a *El Chapo* a tener el control total. Hoy el exfuncionario federal es uno de los hombres más cercanos al capo y uno de los principales operadores del cártel de Sinaloa.

De acuerdo con decenas de declaraciones ministeriales de presos y empleados del penal de Puente Grande que obran en la causa penal 16/2001-III, Guzmán Loera consiguió el control de la prisión de máxima seguridad con el conocimiento de Enrique Tello Peón, entonces subsecretario de Seguridad Pública de la Segob, y de Miguel Ángel Yunes, director de Prevención y Readaptación Social en 1999, así como de Enrique Pérez Rodríguez, quien sustituyó a Yunes en el 2000 y se mantuvo en el cargo hasta después de la fuga.

Finalmente, en enero de 2001 y sin que nada ni nadie tratara de impedirlo, Joaquín Guzmán Loera se fugó de la cárcel de máxima seguridad y se mantuvo prófugo e intocable durante 13 años.

En 2014, tras la huelga de hambre de cinco días, *El Chapo* y *La Barbie* ganaron la batalla. No solo lograron doblegar al gobierno federal, sino que consiguieron beneficios para todos los internos, lo que seguramente les granjeó mayor simpatía e influencia dentro de la prisión.

Funcionarios del gobierno dieron vía libre

Anabel Hernández

A las nueve de la noche del 11 de julio de 2015, los presos del módulo de Tratamientos Especiales del penal de máxima seguridad del Altiplano fueron despertados violentamente por los guardias, quienes los sacaron de sus celdas, los desnudaron y les echaron encima a los perros. Los animales les olisquearon cada centímetro mientras los custodios registraban las celdas. Era una práctica común en cualquier día, en cualquier momento y sin aviso. Pero en la madrugada se enteraron de la fuga del preso 3578, ubicado en la celda 20: Joaquín Guzmán Loera, *El Chapo*.

El gobierno federal informó a una comisión del Congreso que la alerta de fuga se dio en 15 minutos; sin embargo, abogados y familiares de internos, entrevistados por *Proceso*, señalan que demoró varios minutos más. Reos de los módulos 4 y 5 comentan que a las 9:30 de la noche aún podían hacer las llamadas telefónicas reglamentarias. Aproximadamente una hora después corrió el rumor de que *El Chapo* había muerto. Se escuchaba mucho movimiento. A medianoche los internos oyeron que el primer helicóptero sobrevolaba la zona.

Uno de los presos más sorprendidos del módulo de Tratamientos Especiales fue Miguel Ángel Treviño Morales, *El Z-40*, quien había regresado a ese penal tres meses antes, como resultado de una batalla de amparos, pues fue trasladado a la prisión federal de Puente Grande cuando *El Chapo* llegó al Altiplano.

La corrupción ya predominaba en ese penal y crecía. Por eso Treviño Morales peleó por volver. Existen datos sobre el deterioro en la seguridad del penal desde 2010, pero a raíz de la llegada de *El Z-40* en 2013 y de *El Chapo* en 2014, la corrupción escaló a niveles de escándalo.

Todo esto ante la impasibilidad de los operadores del Cisen en el presidio, de los efectivos de la PF, cuya División de Inteligencia se encarga de manejar las cámaras y los micrófonos, así como de pasar lista a los reos.

Igual actitud mostró el personal del Órgano Administrativo Desconcentrado de Prevención y Readaptación Social (OADPRS), responsable de los penales federales, y de la Dirección General de Políticas y Desarrollo Penitenciario, ambos pertenecientes a la Comisión Nacional de Seguridad.

Todas estas instancias dependen a su vez de la Segob, encabezada por Miguel Ángel Osorio Chong, y el subsecretario de Gobierno, Luis Enrique Miranda.

En una investigación iniciada antes de la fuga de *El Chapo*, este semanario confirmó, mediante testimonios de empleados, abogados y familiares de internos, que el consumo de droga y la corrupción en el penal del Altiplano eran tales que, pese a los supuestos dispositivos para inhibir las señales telefónicas, en los módulos funcionaban aparatos celulares.

Por 150 mil pesos se podía comprar un celular "encajuelado", es decir, introducido por un preso en su recto, envuelto en una bolsa de plástico. Quienes no alcanzaban ese privilegio tenían que pagar 25 mil pesos por una llamada y 10 mil por un mensaje de texto; el caso era que los capos podían seguir manejando sus negocios delictivos desde la prisión.

El narcotraficante Gerardo Álvarez, *El Indio*, presume de tener en su nómina a la mitad del penal, principalmente directivos y custodios.

Y durante los siete meses que estuvo preso ahí, *El Z-40* fue el amo. Así como pagaba a los abogados de los zetas presos, también hacía que sus defensores y operadores depositaran dinero para otros internos. Muchos de ellos, olvidados por sus familias, podían comprar jabón, galletas, agua embotellada, papel de baño y otros productos. Los convirtió en sus incondicionales.

Ejercía el mando con dinero y una fuerte campaña de intimidación, que incluyó el asesinato del testigo protegido de la PGR con la clave *Karen* en las plazas Outlet Lerma, en las inmediaciones de Toluca. El propio Treviño Morales divulgó en la prisión que dio esa·orden para mostrar su poder y dar un escarmiento (*Proceso* 2017).

Sin embargo, ni *El Indio* ni *El Z-40* lograron escapar de esos muros. Para salir de ese penal corrupto se requería otro nivel de complicidad.

En julio de 2014 y febrero de 2015, Guzmán Loera vulneró los esquemas de seguridad en el penal del Altiplano, como lo hizo en el de Puente Grande antes de su primera "fuga" (*Proceso* 1968, 1969 y 2000).

Fuentes del reclusorio federal afirman que, tras la recaptura de Guzmán Loera, el presidente Enrique Peña Nieto dio instrucciones para poner ahí otro círculo de seguridad a cargo del Ejército y con vigilancia permanente del Cisen.

De acuerdo con la información recabada, ninguna de esas instancias hizo su trabajo. *El Chapo* pudo huir gracias a fun-

ESPLENDOR Y CAÍDA DE EL CHAPO

cionarios del gobierno federal dentro y fuera del penal, y con el apoyo de Ismael Zambada García, *El Mayo*, quien nunca dejó de ser su aliado e incluso envió al grupo de abogados, encabezado por Óscar Gómez, para atender todas sus necesidades. Gómez también fue abogado del hijo de Zambada García, Vicente.

"Todo se escucha y todo se ve", comenta sobre el sistema de seguridad del Altiplano un exfuncionario de alto nivel en el área de penales federales.

Los responsables de la "fuga"

Antes del segundo escape de *El Chapo*, algunos funcionarios tuvieron información sobre sus actos corruptores y, por lo tanto, debieron darle seguimiento. Sin embargo, permitieron que su poder en la prisión siguiera aumentando. Uno de ellos es Ramón Pequeño García, quien era jefe de la División de Inteligencia de la PF.

Él era el encargado de las cámaras de seguridad y micrófonos que se ubican en el centro de control y en las celdas, incluida la de Guzmán Loera.

Un exfuncionario de alto nivel del sistema penitenciario federal, quien pidió el anonimato por precaución, explica que todas las cárceles de alta seguridad en México tienen un esquema de redundancia para "vigilar al que vigila" en caso de corrupción. La celda de Guzmán Loera no solo era monitoreada en el centro de control del Altiplano, sino a través de Plataforma México por el equipo de Pequeño García.

"En el video difundido por Gobernación es evidente la conducta irregular de *El Chapo* al meterse en el área de regadera en horas prohibidas, vestido y con zapatos. Si el policía federal en el Altiplano no lo vio", argumenta la fuente, "en la Plataforma México había otro equipo monitoreando que debió haberlo detectado. De lo contrario", dice, "hay clara complicidad."

Asimismo, los pases de lista corresponden a la PF. El último es a las nueve de la noche, y los llamados "delfines" o "corzos" (elementos de la división de Pequeño García) están en todos los pasillos desde las 8:15.

Pequeño García es uno de los hombres más cercanos a Genaro García Luna, quien fue secretario de Seguridad Pública en el sexenio de Felipe Calderón y fue acusado con su equipo de recibir pagos del crimen organizado, particularmente del cártel de Sinaloa y sus aliados.

En noviembre de 2012, Édgar Valdez Villarreal, *La Barbie*, quien fuera aliado del cártel de Sinaloa durante muchos años y luego de los Beltrán Leyva, denunció que él personalmente y otras organizaciones criminales pagaron sobornos a Pequeño García. Pero lo despidieron el 14 de julio de 2015, tras el escape de Guzmán Loera.

Solo su equipo tenía acceso al centro de control del penal, y pese a que hay sistemas de videovigilancia y grabación de audio, ninguno dio pie a medidas preventivas, aun cuando había señales de que el capo había corrompido a todo el presidio. Menos aún fueron eficaces el día en que el famoso recluso se fue de la cárcel.

En el Altiplano la PF graba las conversaciones de los internos con sus familiares y con los abogados. Esta reportera tiene transcripciones de las pláticas de Alfredo Beltrán Leyva con uno de sus abogados, en las que aquel se queja de la poca actividad de su otro defensor, Américo Delgado, quien fue ejecutado en Toluca en 2009.

Monte Alejandro Rubido, comisionado nacional de Seguridad, fue subsecretario de la ssp cuando García Luna era el titular. Pequeño García entregaba un reporte diario sobre las tareas de inteligencia realizadas en los penales federales de alta seguridad. Si por esa vía dio informes reales a Rubido, este debió actuar de inmediato para evitar que *El Chapo* controlara la prisión.

El titular del Cisen es Eugenio Ímaz, quien trabajó con Osorio Chong cuando fue gobernador de Hidalgo; pero durante los primeros dos años del sexenio, hasta hace cinco meses, el responsable del área de inteligencia (y de esas tareas en los penales federales) era Gerardo Elías García Benavente, hombre de confianza del subsecretario Luis Enrique Miranda, a quien llama compadre, y que dice ser amigo del presidente "Enrique."

García Benavente también trabajó en la pf, actualmente ostenta el cargo de coordinador general de Contrainteligencia. Daniel Santos Gutiérrez Córdova es el coordinador general de Inteligencia, pero en el interior del Cisen se afirma que García Benavente controla ambas áreas y reporta directamente a Miranda.

La investigación también arrojó que Juan Ignacio Hernández, titular del oadprs y exsubprocurador de Quintana Roo, lo mismo que Celina Oseguera, directora general de Políticas y Desarrollo Penitenciario, extitular de la Agencia Federal de Investigación, fueron advertidos de que el Altiplano era una bomba de tiempo. No hicieron nada. El día de la "fuga", Oseguera no estaba en su puesto; argumentó que fue a cuidar una propiedad que tiene en Colima ante la alerta emitida por el volcán.

Valentín Cárdenas, director general del Altiplano, lleva 20 años trabajando en cárceles federales. Era el responsable directo del presidio y en su escritorio tenía seis u ocho monitores de las áreas de mayor riesgo, como Tratamientos Especiales y Medidas Especiales. Era tal su responsabilidad que debía vivir en el penal; solo salía cada 15 días.

Personal vinculado con las actividades del Altiplano afirma que Cárdenas siempre fue muy servicial con Guzmán Loera, su familia y abogados; siempre dispuesto a atender cualquier petición suya.

Cuando *El Chapo* llegó a la prisión de alta seguridad, hubo un reacomodo de jefes de plaza por módulo. Por ejemplo, se obtuvo información de que, al regresar Treviño Morales al Altiplano, mandó golpear a *La Barbie*.

El director técnico, Librado Carmona García, junto con el jefe del Centro de Observación y Clasificación (presuntamente su compadre), es el responsable directo de haber asignado la celda 20, en Tratamientos Especiales: la de Guzmán Loera.

Esto llama la atención porque la 20 es la celda más cercana a la colonia Santa Juana. Se afirma que las reubicaciones de los presos son decididas por Carmona García "ante el mejor postor", a veces sin razón, para extorsionar a los internos: estos son llevados al área de Medidas Especiales, donde el único contacto es con el guardia, no hay llamadas ni visitas y no se puede comprar en las tienditas. Las autoridades del penal "le ponen el precio al aislamiento."

El senador Alejandro Encinas fue parte de la comisión bicamaral que hizo el recorrido por el penal del Altiplano tras el escape de Guzmán Loera. Al preguntarle si la celda 20 es donde siempre estuvo el capo, respondió que eso afirmó Gobernación, pero nunca le mostraron ningún documento. De igual forma, el gobierno dijo a los legisladores que la PF y los directivos del penal emitieron la alerta de fuga 15 minutos después de la huida, pero tampoco presentó pruebas de eso.

El ostentoso control del capo

En el Altiplano hay ocho módulos divididos en las secciones A y B. Existe un cuerpo de Seguridad Penitenciaria y el de Guarda y Custodia. El primero se encarga de la seguridad interna, de sacar y meter a los presos de sus estancias, trasladarlos a locutorios, enfermería, visita familiar o íntima. El segundo vigila que no haya ataques externos, que los visitantes no introduzcan cosas prohibidas y que no ingresen personas sin permiso o con documentos falsos.

Una de las fuentes consultadas afirmó que era imposible construir el túnel por el que, según el gobierno, escapó Guzmán Loera, "a menos que las tres compañías lo permitieran": la PF y los cuerpos de Seguridad Penitenciaria y de Guarda y Custodia.

De acuerdo con los datos obtenidos, tras la llegada de *El Chapo*, la situación empeoró. El capo no solo vulneró los sistemas de seguridad en el penal y en el juzgado donde se llevaban a cabo sus audiencias, sino también en el exterior.

Desde hace seis meses, el líder del cártel de Sinaloa formó un equipo de colaboradores que se desplazaban en un automóvil Tsuru de color claro y modelo reciente, sin rótulos ni marcas distintivas. Se le veía rondando las inmediaciones del penal y dejando paquetes o sobres en tienditas cercanas a la entrada principal de la prisión, en Santa Juana: la colonia donde se construyó la casa donde desemboca el túnel. El equipo de abogados de Guzmán Loera, incluido Óscar Gómez, también dejaba sobres con mensajes o dinero.

Las tienditas alrededor del penal también se utilizan como servicio de correspondencia. Abogados, familiares o empleados de los internos pueden dejar mensajes en papel, dentro de sobres cerrados, por 10 pesos; la persona que los recoge paga otros 10 pesos.

A través de ese sistema no solo Guzmán Loera, sino también *El Z-40* y *El Indio* sobornaron al personal penitenciario. Todo esto bajo la supuesta vigilancia de la PF y del Ejército, en dos cercos de seguridad colocados a raíz de que fue recluido Guzmán Loera. Los testigos afirman que ni la operación del Tsuru ni la entrega de sobres eran discretas, pues se realizaban de día y frente a quienes debían vigilar el exterior.

"La PF y el Ejército estaban ahí como el parapeto perfecto", dijo uno de los informantes consultados. No supervisaban los vehículos por más llamativos u ostentosos que fueran.

Personas involucradas con los internos narran que desde hace dos meses había una nueva forma de meter teléfonos celulares a las celdas: en las televisiones a las que los reos tienen derecho, siempre y cuando el consejo se las autorice. Que dejaran pasar los aparatos costaba 5 mil dólares. Al menos tres de los narcotraficantes más importantes contaban ya con sus teléfonos mediante esa modalidad.

Un suceso que mostró la falta de seguridad en el penal fue el abril pasado, cuando la CNS informó que en el área de prácticas judiciales del penal una mujer con papeles falsos entró a ver al *El Chapo* Guzmán, por lo que el organismo responsable de los penales federales iba a presentar una denuncia ante la PGR. Hace un mes se supo que la presunta visitante fue Lucero Guadalupe Sánchez López, diputada local panista de Sinaloa.

De acuerdo con los entrevistados, después de ese incidente, se hizo mucho más rígido el ingreso al penal; se exigía estampar las huellas digitales. Pero la medida duró cerca de 15 días.

Las fuentes añaden que uno de los puntos de mayor relajación en el sistema de seguridad del penal es cuando los presos van a juzgado. En ese momento el abogado, con documentación apócrifa, puede hacer que una persona confiable para el interno entre para conversar con él. Ahí no hay micrófonos y es una práctica común porque los juzgados son los que autorizan la entrada de las personas.

Esto recuerda la situación que predominaba en la prisión federal de Puente Grande antes de la huida de Guzmán Loera en enero de 2001: diversas voces dentro y fuera del penal advirtieron la corrupción y el control del capo, quien recibía comida de los mejores restaurantes de Guadalajara, prostitutas, cocineras o internas en su celda. También tenía una red de presos a su servicio y hasta un secretario particular.

El expediente judicial del caso, del cual tiene copia *Proceso*, revela que desde 1999 Jorge Enrique Tello Peón, entonces subsecretario de Seguridad Pública de Gobernación; Miguel Ángel Yunes, director general de Prevención y Readaptación Social, y Enrique Pérez Rodríguez, subdirector de Prevención y Readaptación Social, contaban con informes directos sobre el pleno control que Guzmán Loera ejercía en el penal.

Personas como Guadalupe Morfín, entonces presidenta de la CEDH de Jalisco, y Antonio Aguilar Garzón, supervisor de seguridad y traslados dentro del penal, dieron información precisa, pero fueron ignorados. Las consecuencias son conocidas.

Cuando ocurrió la primera fuga, Tello Peón era responsable de los penales federales en la recién creada SSP, y Pérez Rodrí-

guez fue nombrado director general de Prevención y Readaptación Social.

Las sanciones por aquel escape de *El Chapo* nunca llegaron
a los altos niveles de gobierno, pese a las pruebas contundentes
de negligencia y complicidad. Unos cuantos custodios y directivos de Puente Grande fueron encarcelados, y liberados poco
a poco por falta de pruebas o condenados a penas cortas, y aun
en estos casos nunca pisaron una cárcel de máxima seguridad,
sino penales locales del Distrito Federal, en los que gozaron de
privilegios.

Uno de los últimos en salir fue Leonardo Beltrán Santana,
nada menos el que fue el director del penal cuando ocurrió la
primera fuga, a quien la SSP, a cargo de García Luna, concedió
la preliberación por buena conducta en junio de 2010, tras cumplir nueve de los 18 años a que estaba condenado.

Peña Nieto se cobró la afrenta

JORGE CARRASCO ARAIZAGA

Reparada la afrenta, el presidente Enrique Peña Nieto debe responder ahora a la petición estadounidense de entregarle a Joaquín *El Chapo* Guzmán. Cuándo y cómo lo hará, no se sabe. La recaptura, sin embargo, mantiene intacta la responsabilidad que desde su gobierno facilitó hace casi medio año la fuga y exhibió a México ante el mundo.

El presidente calificó entonces el escape como una "burla y un desafío" para su gobierno. La afrenta terminó el 8 de enero de 2016, cuando la PF y la Marina reaprehendieron al jefe del cártel de Sinaloa en Los Mochis, municipio de Ahome, Sinaloa, en una acción en la que el gobierno no escatimó en autoelogios y evitó toda referencia a cualquier colaboración estadounidense.

Aunque el secretario de Gobernación, Miguel Ángel Osorio Chong, lo presentó como un logro de todo el gabinete de seguridad, se trató de un operativo coordinado de la PF y la Marina, dijeron a *Proceso* fuentes del mismo gabinete poco después de que Peña Nieto anunciara, a las 12:19 horas en su cuenta de Twitter, la reaprehensión de Guzmán Loera.

Los informantes precisan que la detención se concretó hacia las 8:00 horas en un motel en las afueras de Los Mochis, al norte de Culiacán, la capital sinaloense. Fue la culminación de una acción armada que la Marina había presentado inicialmente como un hecho aislado y como resultado de una denuncia ciudadana, aunque horas después Peña Nieto lo anunció como "un cuidadoso e intenso trabajo de inteligencia."

Insistente en la coordinación del Ejército, la Marina, la PF, el Cisen y la PGR, el gobierno federal reunió por la noche del 8 de enero a los titulares de estas dependencias, incluido el de Gobernación (de quien dependen la PF y el Cisen), en el hangar de la PGR para presentar al recapturado.

Pasaron 10 horas desde el anuncio presidencial hasta que Guzmán Loera bajó de un camión blindado de la Marina para que tres efectivos armados lo subieran a un helicóptero de la misma fuerza. El aparato lo regresó al penal de alta seguridad del Altiplano, en el Estado de México, el mismo lugar de donde se escapó por un túnel la noche del 11 de julio de 2015.

En sendas declaraciones, Osorio Chong y la procuradora Arely Gómez destacaron que todo el gabinete de seguridad tuvo que ver en la reaprehensión, en más de seis meses "de arduo" y "profundo" trabajo de inteligencia. En ningún momento se refirieron a una coordinación o cooperación de Estados Unidos.

La vanidad

Según la procuradora, *El Chapo* fue detenido a causa de su pretensión de filmar una película biográfica. En noviembre de 2015 este semanario publicó (*Proceso* 2038) que Guzmán tenía interés en publicar una autobiografía: *El ahijado*.

La funcionaria indicó que *El Chapo* "estableció comunicación con actrices y productores." Incluso, refirió, las tareas de seguimiento "permitieron documentar encuentros entre los abogados del ahora detenido y esas personas."

En ese seguimiento, en octubre pasado, fuerzas especiales de la Marina localizaron a Guzmán Loera por aire en un rancho de Pueblo Nuevo, Durango. Pero como iba acompañado de dos mujeres y una niña, la Armada decidió no disparar, lo cual le permitió huir por una cañada, según narró la procuradora.

La PGR informó en ese momento que en su huida, *El Chapo*, de 58 años, había resultado con heridas en la cara y una pierna al caerse en la cañada. Versiones de la prensa estadounidense dijeron que la persecución tuvo lugar en Cosalá, en la sierra de Sinaloa que hace frontera con Durango, en el llamado *Triángulo Dorado* de las drogas.

Días después, pobladores de Tamazula, Durango, acusaron a la Marina de arremeter contra la población civil y la responsabilizaron del desplazamiento de varias comunidades hacia Cosalá.

Gómez informó el 8 de enero que en esos operativos la Marina detuvo a siete colaboradores cercanos de Guzmán, quienes dieron "información relevante", después de lo cual "el delincuente se internó aún más en la zona del *Triángulo Dorado*, disminuyendo su círculo de seguridad y limitando sus comunicaciones."

La versión oficial indica que a finales de diciembre *El Chapo* quiso trasladarse a la zona urbana, y apenas el pasado 6 de enero sus perseguidores observaron movimientos inusuales en un domicilio de Los Mochis que ya estaba vigilado desde un mes antes por el seguimiento que se hacía a una persona especializada en la construcción de túneles.

Uno de los movimientos fuera de rutina del domicilio fue la llegada de un vehículo la madrugada del 7 de enero. Sin precisar quién obtuvo la información, la procuradora dijo que "los indicios y los trabajos de inteligencia dieron la certeza" de que Guzmán estaba en esa casa.

Versiones distintas

En contradicción con lo que por la mañana informó la Marina, la procuradora señaló: "Tras una planeación oportuna y eficaz, la madrugada del día de hoy se puso en marcha un operativo por parte de las fuerzas federales."

Poco antes del primer anuncio presidencial en la cuenta de Twitter @EPN, la Marina había emitido un comunicado para informar de "una agresión a elementos de Infantería de Marina" en Los Mochis.

Encargada de recapturar a Guzmán Loera, esa fuerza informó que en la madrugada del viernes los infantes de Marina fueron atacados cuando llegaron a un domicilio "por una denuncia ciudadana" que afirmaba que ahí habían personas armadas.

Los efectivos de la Marina repelieron la agresión "en legítima defensa, con el único fin de proteger la vida... de los elementos que participaron" en la acción, aunque uno resultó herido sin que su vida corriera peligro, de acuerdo con la versión de la institución armada.

El reporte dio cuenta de que cinco de los agresores murieron y seis fueron detenidos. Pero en la acción se escapó Orso Iván Gastélum Cruz, "presunto jefe de la zona norte de Sinaloa de una organización delictiva que opera en el área."

La Marina se limitó a enlistar el aseguramiento: cuatro vehículos, dos de ellos blindados, ocho armas largas, un arma corta, cargadores, municiones de uso exclusivo de las Fuerzas Armadas y un tubo lanzacohetes con dos cargas.

Hasta ahí llegó el relato de la Marina. Las fuentes del gabinete de seguridad dijeron a este semanario que el hombre detenido junto a *El Chapo* en el motel de Los Mochis fue precisamente Gastélum Cruz.

La Marina evitó decir no solo que se trataba de un operativo para detener al jefe del cártel de Sinaloa, sino que la presa se les había escapado.

La procuradora aseguró que, durante el enfrentamiento, Guzmán Loera logró fugarse a través del sistema de drenaje pluvial de la ciudad, "lo cual ya había sido considerado en la estrategia de captura." Huyó junto con Gastélum Cruz o Jorge Iván Gastélum Ávila, su jefe de seguridad.

En la "operación-persecución", los infantes de Marina los siguieron "por el interior de los túneles y red de drenaje." Guzmán y Gastélum "abrieron una alcantarilla para salir a una avenida." Según la versión oficial, al salir robaron vehículos para escapar.

Ante la alerta de robo, efectivos de las fuerzas federales implementaron un dispositivo para dar con el paradero de las unidades. Ubicaron uno de los coches sobre la carretera Los Mochis-Navojoa, lo interceptaron y detuvieron a los delincuentes, indicó Arely Gómez.

Añadió que, para asegurarlos y proteger la identidad de los efectivos, estos "se trasladaron a un motel cercano para esperar refuerzos." Poco después los detenidos fueron trasladados al aeropuerto de Los Mochis y de ahí a la Ciudad de México.

La celebración

Motivado por el anuncio presidencial del mediodía, el primero en festejar públicamente la recaptura fue Osorio Chong. Estaba en la 27 reunión anual de cónsules y embajadores de México, en el salón José María Morelos de la Secretaría de Relaciones Exteriores (SRE). Interrumpió su discurso para hablar telefónicamente con Peña Nieto y acordar la redacción del tuit.

Regresó al encuentro y leyó: "Misión cumplida. Lo tenemos. Quiero informar a los mexicanos que Joaquín Guzmán Loera ha sido detenido."

En el encuentro estaban también los titulares de la SRE, Claudia Ruiz Massieu; de la Sedena, general Salvador Cienfuegos Zepeda, y de Marina, almirante Vidal Francisco Soberón Sanz. Todos los funcionarios ahí reunidos aplaudieron y cantaron el Himno Nacional.

El entusiasmo que encabezó Osorio Chong, sin embargo, no lo evade de la responsabilidad en la fuga de Guzmán Loera el 11 de julio de 2015 del penal del Altiplano, en el Estado de México, en lo que fue su segundo escape de un penal de máxima seguridad. Apenas 17 meses antes había sido detenido también en Sinaloa por elementos de la Marina y agentes estadounidenses, en la llamada *Operación Gárgola*.

Las áreas encargadas de su vigilancia en el penal estaban todas bajo el mando de Osorio: la CNS, el OADPRS y la División de Inteligencia de la PF, encabezadas entonces por gente cercana al exsecretario de la SSP, Genaro García Luna.

A raíz de la fuga fueron cesados el comisionado del OADPRS, Ignacio Hernández Mora, su subordinada Celina Oseguera Parra, como coordinadora general de los centros federales, y el director del penal, Valentín Cárdenas. Sin embargo, la PGR solo pidió prisión para Oseguera y Cárdenas.

Hernández Mora apenas fue citado a declarar, mientras que su promotor en el OADPRS, el entonces titular de la CNS, Monte Alejandro Rubido García, renunció el 27 de agosto, mes y medio después de la fuga, pese a su negativa inicial a separarse del cargo. Fue reemplazado por el actual comisionado, Renato Sales Heredia.

El encargado de recibir los informes sobre las actividades de *El Chapo* en el penal del Altiplano era el titular de la División de Inteligencia de la PF, Ramón Eduardo Pequeño. Tras la evasión, la segunda del capo en 13 años, solo fue removido del cargo. Fue sustituido en la División de Inteligencia por el extitular de la SSP de Hidalgo y del Estado de México, Damián Canales Mena. El día de esa designación, el 15 de julio, se esperaba también la de Pequeño García como jefe de la Policía Cibernética de la propia PF.

Pero en la víspera, según relataron funcionarios de seguridad a este semanario, Pequeño fue captado por los servicios de inteligencia de la Segob en una reunión con su exjefe, Genaro García Luna. Osorio decidió entonces la salida de Pequeño de la corporación, pero sin que la PGR lo sometiera a proceso penal.

Contactos en la Segob

Durante los 17 meses que estuvo en el penal del Estado de México, Guzmán Loera operó su fuga con apoyo externo y del interior del propio penal, en lo que un alto funcionario del gabinete de seguridad describió a *Proceso* como "la disciplina del silencio."

Información de inteligencia obtenida por este semanario a través de la plataforma MexicoLeaks dio cuenta de una supuesta protección de la Segob para facilitar la fuga (*Proceso* 2038).

Corroborada con funcionarios del área de seguridad y del sistema penitenciario, la información refirió que desde un año antes de que se escapara, *Benito* o *R-5*, claves que las autoridades asignaron a Guzmán Loera en prisión, "cuenta con contactos en la Segob." Según ese reporte, esos contactos informaban al capo sobre las decisiones de la dependencia en torno a los traslados de internos a otros penales federales, entre ellos el suyo. A Guzmán nunca lo cambiaron ni siquiera de celda.

Se describió también cómo los abogados de *El Chapo* contactaron a funcionarios de la misma dependencia para obtener los planos del penal y beneficios como el de mantener a su cliente en la misma celda 20 del área de Tratamientos Especiales del Cefereso número 1. A raíz de la fuga, la zona fue reforzada con planchas de cemento.

El senador perredista Alejandro Encinas, integrante de la comisión bicamaral de Seguridad Nacional, informó en octubre pasado, después de una reunión con Osorio Chong, que *El Chapo* tuvo contacto con el exterior durante casi todos los 477 días que estuvo recluido. En ese lapso recibió 272 visitas de sus abogados, 68 de familiares y 46 conyugales.

Para sus operaciones dentro y fuera del Altiplano tuvo el apoyo de sus abogados Andrés Granados Flores y Óscar Manuel Gómez Núñez. El primero está prófugo; el segundo, detenido e internado en el mismo Cefereso número 1.

Otro de los detenidos por la fuga es Édgar Coronel Aispuro, cuñado de *El Chapo*, acusado de supervisar la construcción del túnel por donde el jefe del cártel de Sinaloa escapó.

Los demás empleados detenidos son de menor rango, entre custodios y monitoristas. Uno de los procesados era el encargado del centro de control en el Altiplano, Vicente Flores Hernández, quien recibía reportes sobre las actividades de Guzmán en el penal. De acuerdo con la información, Flores rendía cuentas al director de Monitoreo Técnico, David Fernando Rodríguez Robledo, y este a Dante Barrera Aguilar, encargado de la Dirección General del Centro de Monitoreo Técnico de la PF.

Las fuentes consultadas refirieron que Rodríguez y Barrera, junto con Rubio García y Pequeño García, formaron parte del equipo de García Luna el sexenio pasado.

La información entregada a través de MexicoLeaks reveló además que, mientras estuvo en prisión, Guzmán logró pactos y alianzas dentro y fuera del Cefereso para seguir operando. Uno de esos acuerdos lo estableció presuntamente con Sigifredo Nájera Talamantes, *El Canicón*, considerado jefe regional de Los Zetas en Tamaulipas.

Nájera, el vecino de celda más próximo que tuvo *El Chapo*, hizo una larga declaración ministerial sobre la fuga: murió en septiembre de 2015 dentro del penal por problemas de salud, pero sin que las causas fueran aclaradas.

Otra muerte no aclarada de gente cercana a Guzmán se registró apenas el 28 de diciembre de 2015 en el penal de mediana seguridad de Oaxaca. Ese día fue encontrado muerto Arturo Díaz Díaz, requerido también en extradición por Estados Unidos al considerarlo parte del cártel de Sinaloa.

Testimonios de personas cercanas a Díaz entregados a *Proceso* indican que la muerte fue reportada a sus abogados y familiares como un suicidio. Díaz había sido detenido en octubre e internado en el Centro de Observación y Clasificación del Cefereso número 13, en Miahuatlán, Oaxaca.

La Agencia de Investigación Criminal de la PGR lo aprehendió a petición de Estados Unidos, donde era requerido por la Corte Federal del Distrito de Arizona, acusado de ser el responsable de la logística de transporte y de rastrear el flujo de recursos de esas operaciones.

Según la PGR, Díaz trabajaba directamente para Adelmo Niebla González, *El G-3*, señalado como operador de *El Chapo* y quien también se fugó por un túnel del penal de Culiacán en mayo de 2014.

Esa obra tenía características de ventilación e iluminación similares a las del túnel por el cual se escapó Guzmán. El del penal de Culiacán tuvo 10 metros de profundidad y 400 de largo; el del Estado de México, 10 metros de profundidad y un kilómetro y medio de largo.

Reemplazables

Cabe recordar aquí algunas de las cosas que en abril de 2010 dijo otra de las cabezas del cártel de Sinaloa, Ismael *El Mayo* Zambada, al fundador de *Proceso*, quien lo entrevistó en algún lugar de aquel estado: "A mí me agarran si me estoy quieto o me descuido, como a *El Chapo*.

"(Supongamos que) un día decido entregarme al gobierno para que me fusile. Mi caso debe ser ejemplar, un escarmiento para todos. Me fusilan y estalla la euforia. Pero al cabo de los días vamos sabiendo que nada cambió.

"El problema del narco envuelve a millones. ¿Cómo dominarlos? En cuanto a los capos, encerrados, muertos o extraditados, sus reemplazos ya andan por ahí."

El día que conocí a Guzmán Loera

KATE DEL CASTILLO

Nací en la Ciudad de México. Mi madre es mexicana. Su padre también lo era, de Silao, Guanajuato, y su mamá era estadounidense nacida en El Paso, Texas. De esas raíces anglosajonas viene mi nombre: Kate. Mi papá es mexicano, nacido en Celaya, Guanajuato. Me hice actriz a temprana edad. El cine y la actuación han sido lo único que me ha apasionado y que, gracias a Dios, me ha dado de comer desde que tengo uso de razón, ya que mi padre también es actor y hemos vivido de este maravilloso oficio. Como actriz y cineasta siempre he buscado proyectos interesantes, fascinantes, retos para salirme de mi zona de confort. Por eso no pude decir "No." Por eso decidí contestar un correo electrónico y decir "Acepto."

Desde hace algunos años convive otra pasión con mi gusto por el cine y la actuación. Por primera vez en mi vida me embarqué en algo diferente: tequila. No solo me gusta tomarlo; me apasiona el agave que viene de la tierra. Es una bebida noble, el proceso es divino, pero sobre todo me gusta porque es México.

Hasta ahora no me ha faltado trabajo y no necesito dinero que no provenga de mi profesión como artista. Desafortunadamente en el amor no me ha ido igual de bien. Mi padre no quería que yo fuera actriz; me decía que era una carrera de "rechazo constante" y que para una mujer era aun peor, ya que sufrimos más en cuestiones del corazón. Qué verdad tan grande, comprendí después.

Hay ciertas vacaciones que a uno lo hacen reflexionar. Me sucedió después de un crucero con mi familia. Cabe mencionar que no me gustan los cruceros, nunca me han gustado; desde pequeña he sido retraída y me ponen nerviosa las multitudes. A eso se suma el hecho de estar en medio de la nada, y pensar en la posibilidad de una "crisis existencial" en un momento así lo hace aún peor.

En esa ocasión iba toda mi familia. Recibiría 2012 con ellos, llena de amor, amor del verdadero, del real. De regreso a mi casa, sola y muy feliz de volver a la quietud (era un lunes en la noche), quise recopilar todas las anotaciones que había dejado en cuadernos y notas: reflexiones, canciones y pensamientos escritos en los últimos años; reflexiones de cómo he cambiado mi forma de pensar a través de los 14 años que he vivido en Estados Unidos, una manera de conocerme más, lejos de mi familia, amigos y costumbres (muy arraigadas, por cierto), lejos de mi país. Preguntas sin respuesta acerca de la nación tan maravillosa que me vio nacer y donde hice una carrera: México lindo y querido. ¿Qué puedo hacer para ayudar? ¿Dónde hemos fallado como mexicanos? Lo más fácil es echar la culpa a los gobernantes, pero el cambio también empieza en uno mismo.

Me pregunto acerca de la gran diferencia entre la sociedad mexicana y la estadounidense, y también de lo que nos une: el crimen organizado. Quise guardar los textos en mi computadora. No soy escritora ni estoy cerca de serlo, simplemente me gusta escribir de vez en cuando, soltar aquello que a veces se aferra en mi cabeza solitaria. Lo hice. Sin haber transferido todo lo que encontré, hice un pequeño resumen y, ¡*zas!*..., lo tuiteé. Me terminé mi copa de vino. Era alrededor de la medianoche, cerré la computadora y me fui a dormir sin saber lo que se avecinaba. Sin poder imaginar que, aparentemente, Joaquín Guzmán Loera lee Twitter en su "tiempo libre" y me contactaría casi tres años después.

Como actor uno interpreta personajes fuertes, débiles, violentos, adorables, detestables... Yo he interpretado un poco de todo, pero una caracterización se quedó en la mente de mucha gente y me atrevo a decir que aún está ahí, debido al gran éxito que tuvo alrededor del mundo. Este personaje sigue en mi corazón, al igual que otros que no han corrido con la misma suerte. Se trata de Teresa Mendoza *La Mexicana*, mejor conocida como *La Reina del Sur* (surgida de un *bestseller* del mismo nombre escrito hace más de una década por el español Arturo Pérez-Reverte).

Me entregué 100% a Teresa Mendoza, me sumergí en el abismo de un personaje delicioso, que, por cierto, había perseguido años antes, sin suerte. Fue un gran riesgo como actriz, y el éxito me sorprendió en su totalidad. A pesar de lo dura (por decir una palabra suave) que fue la realización de dicha serie, valió la pena el desgaste físico, mental y emocional, las condiciones tan precarias en las que trabajamos por siete meses; gocé y sufrí al mismo nivel. Fue divino vivir el éxito que tuvo y que nunca me esperé.

Yo ya había terminado mi trabajo en esa serie, ya había dejado atrás a Teresa Mendoza, como lo hago siempre después de escuchar "¡Corte!" De hecho, ya estaba preparándome para un nuevo reto: *K-11*.

Me pregunto si mi tuit habría tenido el mismo impacto si no hubiera interpretado a Teresa Mendoza. O, si no hubiera tenido el éxito que tuvo la serie, ¿se me habría atacado y aplaudido de la misma manera?

Lo que sucedió al día siguiente de mandar ese tuit, y durante algunos meses más, fue entre desastroso, vulgar y maravilloso. En medio de este caos, mi equipo (*manager*, agente, publicista) me pidió que borrara el mensaje. Me rehusé. Después de leerlo varias veces no encontré ni una palabra de la que me arrepintiera, incluso después de que me atacara mucha gente de distintos medios y a pesar de que recibí amenazas de fanáticos religiosos. Pensé que sería peor borrar algo que ya habían leído miles de personas, y más aun tratándose de algo en lo que yo creía y de lo que no me avergonzaba. Fue una carta a corazón abierto, y así lo sigo viendo hasta el día de hoy.

Muchos dijeron que "me creía" *La Reina del Sur* y que por eso escribí ese tuit. Nunca "me he creído" mis personajes después de enterrarlos. Mis personajes se quedan en el *set*, pero entiendo que no todos los actores trabajamos igual. La serie estaba teniendo un éxito rotundo y por eso comprendí que así lo visualizaran algunos. Estaría en un hospital psiquiátrico si Blanca, la prostituta de *American Visa*; Laura, la tratante de personas de *Trade*; Elena, la alcohólica de *Julia*, o Mousey, la transexual de *K-11*, me hubieran afectado de la manera que (se dijo) Teresa Mendoza lo hizo. Ahora bien, quiero compartir que sí me identifiqué con Teresa en varias ocasiones: mi segundo matrimonio iba ya en picada, Teresa y yo sufríamos juntas.

Los ataques, amenazas y gritos no se hicieron esperar y contribuyeron a mi inestabilidad emocional en las semanas siguientes a mi tuit. Me sentía como pollo descabezado. Ajá, así exactamente. No sabía para dónde ir. Con las emociones a flor de piel y el dolor de ser atacada por compartir mis creencias y, al mismo tiempo, halagada al recibir apoyo de gente que admiro y respeto, hablé con mis padres tratando de ocultar "la falta" que me achacaban. Lejos de mi familia (a la que siempre acosan los periodistas a causa mía), me sentía responsable: estaba frustrada, ya que la prensa estaba afuera de la casa de mi familia y ellos no tenían ni idea de "la Chapocarta", nombre que dieron a mi tuit.

Estaba sola luchando contra los demonios, mi propio equipo y hasta algunas amistades. Pero no lo borré. Mi equipo me exigía que pidiera disculpas públicas. Me volví a rehusar. ¿Por qué disculparme? ¿Qué pasa con la libertad de expresión? Sería autocensurarme. Algo me decía que tenía que mantenerme fuerte y leal a mi pensar.

El acercamiento

Habían pasado tres años del famoso tuit. Estaba grabando en Miami *Dueños del Paraíso* (irónicamente otra narcoserie, nombre que ahora se da a las series y telenovelas cuando sus protagonistas se dedican al narcotráfico, ya sean personajes reales o ficticios). Recibí una llamada de mi santa madre diciéndome que me estaban buscando para una película grande. ¡Si ella tan solo hubiera sabido de quién se trataba en realidad! Como siempre, me preguntó si podía dar mi dirección de correo electrónico. Cuando me buscan por medio de mis padres, prefiero tratar directamente antes de que contacten a mi *manager*, así que di la autorización.

El correo electrónico que recibí no decía mucho: una persona se presentaba y me pedía una cita para hablar del proyecto. Le contesté que el domingo era mi único día libre y que con gusto nos podríamos ver para tomar un café. Me respondió que ni él ni su equipo podían viajar a Miami y me pidió que yo fuera a México. Después de un intercambio de correos explicándole que no podía viajar por el momento, terminé pidiéndole que me mandara el guion para que ni ellos ni yo perdiéramos tiempo. La verdad estaba un poco desesperada por la hermética forma de tratar el asunto.

Después de aproximadamente tres semanas me llegó un nuevo correo. Ahí se leía: "Somos los abogados de Joaquín Guzmán Loera."

Entendí todo. Mi cabeza se fue rápidamente a las "fantasías" de periodistas que, años antes, me preguntaban si *El Chapo* Guzmán me había contactado a raíz de mi tuit, algo que en su momento me causó gracia. Mi corazón se paró por unos segundos antes de empezar a latir a una velocidad increíble. Creo que de hecho tuve un mini infarto. Empecé a sudar, palidecí, mis manos temblaban.

Joaquín Guzmán Loera fue arrestado el 22 de febrero de 2014, y el correo electrónico de su abogado era de septiembre del mismo año. No recuerdo el día. "Si no pueden venir, entiendo; yo voy. ¿Cuándo?", les dije.

La única manera de que yo no faltara a la grabación de la serie era ir y venir el mismo día. Los vuelos al Aeropuerto Internacional de la Ciudad de México no eran opción. Así que renté un avión privado. Como buena escorpión, prefiero tener las cosas bajo mi control. ¿Valía la pena el gasto? Ni siquiera lo pensé.

Hice los arreglos necesarios para salir en mi siguiente día libre. Esa jornada, recuerdo, me desperté a las seis de la mañana, pues había programado el vuelo a las ocho, rumbo a Toluca, Estado de México. En realidad no dormí la noche previa; si acaso logré pegar los ojos fue por una hora. Me bañé, tomé café; ese café me supo diferente. No sabía qué me esperaba, mis decisiones eran robóticas, estaba como hipnotizada, no quería pensar mucho, no me quería arrepentir. Al llegar al hangar, sentí la necesidad de decirle a alguien que tomaría un vuelo. Me pregunté: "¿Qué tal si algo me pasa? Nadie va a saber." Antes de viajar siempre llamo a mis padres, pero tampoco era opción.

Miles de preguntas me venían a la mente mientras caminaba lentamente hacia el *jet*. El calor húmedo de Miami no me ayudaba, ya estaba sudando. Sabía que estaba poniendo en riesgo muchas cosas. Tomé una foto de la cola del avión y se la mandé a Jessica, mi amiga casi hermana. Estaba segura de que ella no me haría preguntas: "Amiga, asegúrate que yo regrese hoy mismo; si no, busca este avión. Sin preguntas, por favor, no te preocupes", a lo que contestó: "Estaré pendiente, que Dios te acompañe."

Seguí caminando, cada vez más cerca del avión; mi familia se me venía a la mente, mi trabajo. Una vez que los pilotos me dieron la bienvenida a bordo, por alguna razón dejé de sudar, me sentía en paz. De hecho, entusiasmada. La curiosidad podía más que yo. El vuelo fue bueno; la turbulencia... estaba en mi cabeza. Al llegar al Aeropuerto Internacional de Toluca me aseguré con los pilotos de que regresaríamos esa misma tarde a Miami. Bajé del avión; era aproximadamente la una de la tarde.

Al pisar suelo mexicano sentí algo poco común en mí: una especie de escalofrío que me hizo temblar. Hacía un poco de frío. Otra vez empezó mi cabeza a dar vueltas, mi corazón estaba a punto de estallar, no sabía qué iba a encontrar al otro lado de la pista. Esta vez caminé con prisa, tal vez la taquicardia me dio otro ritmo. Al entrar en el edificio de la terminal para pasar migración, me tomé un par de fotos con los empleados que me reconocieron.

Me detuve al ver a dos hombres vestidos de traje oscuro. Supe que eran ellos porque inmediatamente me dieron la bienvenida con un gesto. Ambos de mediana edad, muy cordialmente me saludaron de mano y me indicaron que me subiera en la parte trasera de un vehículo pequeño, nada ostentoso. Eso me hizo sentir más tranquila. En la película que me había hecho en la cabeza, un convoy de camionetas blindadas con un escuadrón de hombres armados venía por mí. Nada que ver.

Me preguntaron en qué restaurante quería comer. "En el más cercano; unos tacos me hacen feliz", les dije. "De ninguna manera", y aunque estábamos en Toluca afirmaron: "El señor nos encargó que la lleváramos al mejor restaurante de la Ciudad de México; si se entera que la llevamos a unos tacos, nos mata"… Dios mío, Dios mío, ¡¡¡Dios mío!!!

Instintivamente contesté: "¿Cómo? Literal…, ¿los mata?" Parece que les hizo gracia mi tono más que la pregunta; nos reímos, me dijeron que les parecía muy chistosa y me relajé. En realidad fue una broma de muy mal gusto. Terminamos yendo a un restaurante cerca del aeropuerto de Toluca. Estaba casi vacío, pero aun así ellos pidieron que nos dieran una mesa privada. Caballerosamente me jalaron la silla para que pudiera sentarme.

La plática fue muy directa. Durante nuestra reunión me mantuve muy atenta. Tenía la garganta y el estómago cerrados, el hambre se me fue por completo; estaba sedienta, mi boca estaba seca, pero me parecía que podría malinterpretarse si no ordenaba algo de comer, así que pedí algo ligero. Ellos me explicaron que el señor Guzmán había recibido varias ofertas de estudios de Hollywood para hacer la historia de su vida. Estando preso, era un sujeto ideal para "contar" su historia: sería el único narcotraficante (y el número uno, según la DEA) que en vida lo haría.

El señor Guzmán rehusó dar los derechos a todos… excepto a mí. ¡¿A mí?! Darme los derechos de su vida… ¡¿A mí?! "¿Por qué yo?", les pregunté. "Porque la admira, la respeta y confía en usted plenamente. Le tiene respeto porque usted habla la verdad, no se anda con poses, por ese tuit donde a él lo menciona, porque es valiente y porque quiere que actúe en su película, ya que le gustó mucho su trabajo en *La Reina del Sur*."

Lo primero que respondí (después de procesar lo recién escuchado) fue que yo tenía un nombre, una carrera y una hermosa familia, lo cual no estaba dispuesta a perder haciendo una comedia romántica acerca del señor Guzmán. Lo que yo quería era documentar la vida del hombre a quien la nación más poderosa del mundo había nombrado enemigo número uno. Quería hacer algo que nadie hasta esa fecha había logrado, no por falta de ganas, sino por el hermetismo y desconfianza que, por mí, Guzmán Loera dejó atrás. Les dije que no podría decir mentiras acerca de quién es él, que esto era algo vital para poder seguir adelante. Ellos me respondieron: "Quiere decir la *verdad*, dejar las cosas claras acerca de muchos falsos, quiere hablar de su infancia y del porqué empezó en el negocio." Agregaron que mi tuit, en el que le pedía varias cosas, lo había hecho pensar. Acepté. Me hicieron varias preguntas acerca del mundo del cine, estaban muy interesados. Terminamos de comer, pidieron la cuenta y me llevaron de regreso al aeropuerto.

Una vez que me dejaron ahí, y ya mucho más relajada al ver que se despedían de mí diciéndome adiós con la mano mientras yo cruzaba la pista para subirme al avión, pude sentir que la garganta se me abría, la taquicardia ya no me acompañaba. Abracé a los pilotos; han de haber pensado que las mexicanas somos muy apasionadas. Me devolvieron el abrazo. Ya en el avión, mi cabeza seguía dando vueltas y trataba de recapitular cada palabra dicha en la reunión. ¡No lo podía creer! El señor Guzmán estaba dispuesto a darme el testimonio de su vida a mí, Kate del Castillo Negrete Trillo. Todo el vuelo me fui pensando en la gran responsabilidad que me había echado encima. Al llegar a Estados Unidos, subieron perros antidrogas al avión, me revisaron todo, y yo, "cara de palo." ¡Estaba segura de que mis nervios delatarían con quién estuve! Sentía que los perros me olerían... En fin, mil cosas me pasaron por la mente. Taquicardia de nuevo. Me hicieron varias preguntas; "cara de palo", estaba segura de que alguien de la DEA me había seguido. Paranoia. Ya en mi departamento le mandé un mensaje a Jessica: "Ya en Miami, amiga, todo bien."

Al día siguiente, en mi llamado para *Dueños del Paraíso*, irónicamente tenía que hacer una escena en la que mi personaje, Anastasia Cardona, traficaba droga en Estados Unidos. Nunca me sentí tan "en personaje." No podía creer cómo la realidad y la ficción, a veces, no están tan lejanas.

En Miami conocí a uno de los dos productores que, por su experiencia en la industria de Hollywood, sería perfecto para presentarlo con los abogados del señor Joaquín Guzmán Loera e iniciar el proyecto.

La segunda fuga

La noche del segundo escape de Joaquín Guzmán (el 11 de julio de 2015), me encontraba en un bar de Los Ángeles celebrando una de las peleas que mi amigo Óscar de la Hoya patrocina en apoyo de los nuevos boxeadores. Admiro la disciplina del box, más si se trata de apoyar talentos nuevos. Siempre me han parecido trágicas y fascinantes las vidas de los pugilistas.

Recibí una llamada telefónica y me quedé muda al escuchar que Joaquín Guzmán Loera había escapado. El techo del lugar (azul celeste) y su barra llena de botellas de tequila se volvían cada vez más pequeños a pesar de mi cercanía. La mesa de billar donde mis amigos mostraban su talento se hacía, con cada frase, más caótica, junto con mi palpitar. Colgué sin que la persona al otro lado de la línea terminara su reporte. Se me bajó la presión, todo se tornó un mundo de cristal, frágil, con un ritmo lento, casi en pausa. Mi visión se volvió borrosa, no escuchaba nada más, el sonar de las bolas de billar me retumbaba en el vientre. ¿Y ahora? ¿Qué pasaría con el proyecto? Salí corriendo del lugar sin dar explicaciones.

Una vez en mi casa, abrí mi computadora. El sonido de las bolas de billar y los golpes secos de los boxeadores todavía me taladraban, esta vez en la parte alta de mis sienes. Joaquín Guzmán Loera se había escapado, por segunda vez. Me pareció increíble, como a todos (es decir: inverosímil). Un escape de película, sin duda.

Mientras el señor Guzmán estaba preso, yo le pregunté a uno de sus abogados si podría mandarle una nota, pues quería agradecerle por confiar en mí. La respuesta fue positiva; se la harían llegar. Él respondió con una carta escrita con su propia letra; se refería a mí como "amiga" y firmaba "Joaquín Guzmán L." Me impresionó mucho ver una carta de su puño y letra, en la que describía, entre otras cosas, su cena de Año Nuevo: "Amiga, me dieron pavo y una coca de a litro." No fue solo una carta; todas las guardo aún.

Todo me daba vueltas. ¿Cómo iba a cumplir con el proyecto? Cuando estaba preso todo era más fácil. Yo planeaba mandar a un escritor al Altiplano para que se sentara con él y escuchara la historia de su vida de principio a fin, y así empezar a darle vida a la película. Sería tan fácil… Pero ahora todo estaba acabado. Reflexioné: ¿qué sería de México? Pensaba en las personas que estaban a cargo de la seguridad de Joaquín Guzmán. ¿Qué iba a pasar? ¿Cómo nos vería el resto del mundo?

La narcopolítica… México, mi doloroso y golpeado México. Me invadió una fuerte electricidad, me entraba por las manos y los pies… Frustración, indignación. ¡¿Una vez más?! No dormí esa noche, aunque es usual en mí, ya que sufro de insomnio. Pero hay un abismo enorme entre aceptar el insomnio como un amante que llega en las noches, como dice el libro del escritor Alberto Ruy Sánchez, y un insomnio por angustia e incertidumbre. Alberto dice en su libro *Elogio del insomnio*: "Porque este insomne goza sus insomnios. En medio de la obscuridad, cada insomnio es felicidad luminosa, la luz que se vuelve el ámbito donde el inmenso placer de contar y escuchar historias toma existencia." ¡Cómo te recordé, querido amigo Alberto! Mi existencia era *la* historia y ahora se me había escapado de las manos.

Al poco tiempo fui a Marbella. Desde hacía años no visitaba España, donde había grabado una de las escenas más fuertes de *La Reina del Sur*: Teresa Mendoza se entera de la traición del padre del hijo que espera y, ahí, en Puerto Banús, zarpan en el *Sinaloa*, el barco nuevo de Mendoza; una vez en alta mar, *El Pote*, perro guardián de *La Mexicana*, termina con la vida de Teo Aljarafe, padre del hijo que Teresa lleva en el vientre: "La traición no la perdonan en mi tierra"... ¿Irónico? Sin duda.

En Marbella me encontré con uno de los productores que colaborarían en la película sobre *El Chapo*. No había mucho que decir: solo nos vimos a los ojos con cariño y un poco de humor. Al enterarnos de la fuga, cada uno había padecido la frustración en su respectiva soledad. Nos abrazamos, seguros de que ya no habría proyecto. Muy en el fondo existía cierta decepción. No lo sé. Nos despedimos en total desesperanza.

La llegada de Sean Penn

Pasó algún tiempo hasta que volvieron a contactarme. Estaba estupefacta. ¿Cómo podían acercarse cuando todo el mundo estaba buscándolos? El señor quería que yo siguiera adelante con el proyecto. Me comuniqué con los productores inmediatamente. Las circunstancias habían cambiado. Uno de ellos me dijo que Sean Penn quería sentarse a platicar conmigo. En ese instante comencé a investigar sobre él, no como actor, sino como filántropo, como activista, como ser humano. Es un hombre consciente de lo que pasa en el mundo y realmente ha hecho algo para mejorarlo. Acepté.

Nos vimos en un hotel en Santa Mónica, California. Era 22 de septiembre, y el productor ya estaba ahí. A los pocos minutos llegó Sean, en *jeans* y una chamarra tipo James Dean. Les advertí que yo no tenía mucho tiempo, ya que ese día recibiría

la ciudadanía estadounidense. Sean paseaba su mirada pro-
funda, penetrante; mejor aún, limpia, transparente. Al menos
eso sentí. Su cabello, completamente canoso y abundante, su
cara con marcas de experiencia, me dieron total tranquilidad.
Confianza absoluta.

Me sorprendió su manera de dirigirse a mí, cordial pero al
grano. Lo que los dos queríamos era hacerle preguntas al señor
Guzmán, conocer su historia para poder documentar, discutir
el proyecto y, finalmente, reforzar las palabras de mi tuit: "tra-
fiquemos con amor…"

Me disculpé con Sean y el productor y me fui a recibir mi
ciudadanía. Llamé a mi papá para comentarle los sentimientos
encontrados que tenía en ese momento, no de mi plática con
Sean precisamente, sino acerca de convertirme en ciudadana
americana. Fue un debate emocional dentro de mí pero pensé
que, votando en Estados Unidos, podía ayudar más a mis paisanos inmigrantes que, como yo, buscan mejores oportunidades
de vida y que, con el dolor que eso conlleva, tienen que salir de
nuestro país.

Viajé a Guadalajara el 25 de septiembre a celebrar el cumpleaños de un gran amigo. Antes de ir, avisé a los abogados del
señor Guzmán de mi viaje, pues quería preguntarles en persona
si era posible agendar una reunión con el señor. Los vi en el restaurante del hotel donde me hospedé con mis amigos. Los abogados y yo nos pusimos de acuerdo en cómo me iba a comunicar
con Joaquín Guzmán: por chat.

No lo podía creer: entablé comunicación con el hombre más
buscado del mundo en ese momento. Las manos me temblaban, sudaba, no podía expresarme bien. Así es como planeamos
nuestro encuentro. Le dije que me acompañarían los produc-

tores (quienes financiarían el proyecto) y Sean Penn, un famoso actor de Hollywood. Con Sean a bordo, tendría más credibilidad. Aceptó. Contacté a mis tres acompañantes y les pregunté si de verdad estarían dispuestos a que nos reuniéramos con él.

Joaquín Guzmán Loera vive horas extras, consideré. Para él, mientras más pronto nos juntemos, mejor. Así es que hice arreglos entre nosotros cuatro y su gente; sería un viaje fuera de la ficción de las películas que Sean, los productores y yo estábamos acostumbrados a realizar. Me quedó claro que es verdad que entre actores hay una conexión y un lenguaje mudo entre miradas. Un periplo sin regreso, no podíamos echarnos para atrás, ya era demasiado tarde, era un hecho.

El viaje fue organizado y pagado por mí; sin embargo tiempo después Sean me dio una parte del dinero que gasté. Lo pensé como una inversión para el proyecto, el cual podría ser una película, pero también un documental, un libro, etcétera. Tenía en mis hombros un peso gigante. Estaríamos visitando al prófugo número uno, gracias a la confianza que depositó en mí. ¡¡¡¡Qué presión tan cabrona!!!!

Cara a cara

El día anterior a nuestro viaje Sean estuvo en mi casa para ultimar detalles. Yo tenía un par de invitados y el maravilloso mariachi Los Reyes, que me acompaña cuando la nostalgia por México me gana. Sean y yo nos tomamos una foto con ellos.

Me preparé para la partida. Llena de preguntas y temores, pero también decidida y fuerte, no estaba sola.

Fue el 2 de octubre de 2015. Fui la primera en llegar al hangar en la ciudad de Van Nuys, California. El vuelo estaba programado para las ocho de la mañana. Calurosa mañana. Me pregunté si mis tres compañeros llegarían, o si tal vez habían decidido no arriesgarse a última hora. Yo traía puestos unos *jeans* negros, botas, una *tank-top* negra, una chamarra gris y mi cinturón de la Virgen de Guadalupe; así me sentí más protegida. Le preparé a Joaquín Guzmán un *itakate* con una de mis películas (*La misma luna*); otra de Sean Penn (*21 gramos*) dirigida por el mexicano que nos ha hecho sentir tan orgullosos recientemente, Alejandro González Iñárritu; mi tequila; el libro que escribí hace tiempo, *Tuya*, y un libro de poemas de Jaime Sabines. ¿Por qué? No sé. Siento que en el fondo quise tocar su corazón, quise tal vez sensibilizarlo con poesía y cine.

Así que mientras esperaba a mis acompañantes, revisé todo. Mandé mensajes de texto a los tres, asegurándome de que tenían la dirección correcta del hangar. En la sala de espera, un hombre se sentó frente a mí y me saludó como si me conociera, luego se ofreció a servirme café. Lo miré con desconfianza: ¿sabría algo? Tal vez era de la DEA, o tal vez un infiltrado del gobierno americano que nos saboteaba el viaje. Amablemente acepté el café para ver si, mediante su comportamiento, podía descubrir su verdadera identidad. No lo logré. Paranoia.

Al fin llegaron mis compañeros, con una sonrisa. Respiré. Siempre respiro y me tranquilizo, pero esta vez no ocurrió así. Los tres me saludaron con un fuerte y significativo abrazo. Estaba por demás decir algo. Nuestras miradas estaban ajenas a todo lo que pasaba alrededor. Entendimiento entre camaradas, todos de diferente nacionalidad, por cierto: Sean, estadounidense nacido en Los Ángeles, *surfer* de las playas de Malibú, California; yo, mexicana y ahora también americana, que había dejado mi país para seguir mi sueño como actriz; los productores..., bueno, de ellos mejor no hablo, diré que son simplemente productores exitosos de Hollywood que me ayudarían a financiar el proyecto. Me sentí completa y protegida.

Subimos al avión autofinanciado, me persigné y volamos al viaje más cabrón que jamás haya realizado, por lo menos despierta. Siempre dudaré si lo soñé o realmente lo viví. En el avión se platicó muy poco. Al aterrizar nos esperaba una camioneta del hotel. Y al llegar ahí nos encontramos con uno de los abogados del señor Guzmán, quien nos pidió que, como medida de seguridad y para que no supiéramos adónde íbamos, dejáramos nuestros teléfonos y cualquier otro aparato electrónico que trajéramos. No nos sorprendió.

A los pocos minutos nos recogieron un auto y dos camionetas de seguridad. Fue dentro del automóvil donde nos enteramos de que quien manejaba era nada más y nada menos que uno de los hijos de Joaquín Guzmán. Después de aproximadamente una hora, llegamos a un lugar donde nos esperaban dos avionetas.

Volamos cerca de dos horas y media. Mis colegas y yo le preguntamos al hijo del señor Guzmán si no nos vendarían los ojos, a lo que contestó: "¿Dónde está la confianza? Además, si los dejáramos aquí, ¿sabrían dónde están?" La respuesta era no. La avioneta se movía demasiado, volábamos bajo. Sean se llevó un par de mis uñas clavadas en su brazo. Recordé que traía mi tequila; sin dudar le di un buen trago y lo compartí con mis acompañantes para amenguar los nervios de la turbulencia. Aterrizamos.

Un par de pick-ups nos esperaban. Viajamos alrededor de siete horas, entre la selva. No habíamos comido. Al llegar al

lugar donde sería el encuentro me abrieron la puerta del copi-
loto y nuestro anfitrión me recibió con un abrazo. Deduje que
era él porque me llamó "amiga", ya que ni tiempo tuve de ver su
cara en ese momento. Cuando finalmente le vi el rostro no lo
podía creer; en verdad era él. Ya era de noche. De ahí en adelante
no pude quitar mi mirada del hombre que había escapado por
segunda vez de un penal de máxima seguridad. Tampoco quería ver mucho alrededor. "Mientras menos sepa, mejor", pensé.

Nos esperaba una cena muy mexicana. A pesar de llevar tantas
horas sin comer, el hambre se me quitó por completo. Yo tradu-
cía simultáneamente entre Sean y el señor Guzmán, muy con-
centrada en no cambiar palabras o ideas. Dentro de las muchas
cosas que se hablaron, Sean preguntó al señor Guzmán si podía
escribir un artículo para la revista *Rolling Stone*, lo cual me sorprendió totalmente. Yo no tenía conocimiento alguno de eso.
También le preguntó si era posible tomarnos una foto para veri-
ficar nuestro encuentro, y él accedió. Cuando nos colocamos en
un espacio donde había una pared blanca, vi por primera vez un
arma; nunca vi hombres armados mientras estuve ahí.

Después de varias horas de plática, el tequila tuvo sus efectos
en mí, los cuales no pasaron inadvertidos para nuestro anfitrión, quien me dijo que sería mejor que me fuera a dormir. Yo
estuve de acuerdo. El señor Guzmán dijo que él me acompaña-
ría. Hubo una pausa en la mesa, mis acompañantes me vieron
con preocupación.

El señor Guzmán respetuosamente jaló mi silla y me acompañó. Caminamos por un pasillo, él me tomó del brazo. El corazón me latía a una velocidad que no sabía que era posible. En
ese corredor, mientras caminaba del brazo de Joaquín Guzmán
Loera, no sé de dónde me salió valor para hablar. Pensé que si le

molestaba lo que estaba por decirle, tal vez esas serían mis últimas palabras: "Amigo, no se te olvide lo que te pedí en mi tuit; tú puedes hacer el bien, eres un hombre poderoso." Él me veía con esa mirada penetrante que me atravesaba el cráneo; muy atento me siguió escuchando. Continué con voz firme: "Y nuestro proyecto también va a servir para resarcir de alguna forma a las víctimas del crimen organizado, amigo, ¿cómo ves?"

Tal vez mi voz estaba firme, pero todo por dentro me temblaba, me sentía una nada. Su mirada (que no me había quitado de encima) se clavó aún más en la mía. Mini infarto, me quería morir. Segundos que me parecieron eternos, hasta que me contestó: "Amiga, tienes un gran corazón, eso me parece muy bien." Yo seguía temblando por dentro; su mano en mi brazo me sirvió para no desvanecerme. Él siguió hablando; me dejó claro que yo dormiría en la cama que estaba separada de las otras dos por un biombo, para mi privacidad. Después agregó que ya no lo vería, que él nunca duerme donde sus invitados por seguridad de estos. Me abrazó y me agradeció haberle dado unas horas de felicidad. Y se fue.

No sé cómo caminé hasta el biombo, que me sirvió de bastón. Me acosté completamente vestida, pensando que si había que correr estaría lista; también por pudor, siendo la única mujer ahí. Cansada, con la presión del encuentro y los efectos del tequila, con todo y mi insomnio, me dormí.

Creo que una hora después nos despertó el abogado y emprendimos el viaje de regreso. Una tormenta se avecinaba, por lo cual no pudimos tomar las avionetas que nos habían llevado. Me pidieron que yo manejara de regreso y así lo hice. Llovía fuerte. Después de varias horas de camino, llegamos por fin al hotel a bañarnos y recoger nuestras cosas. En el avión de regreso a Los Ángeles íbamos solo Sean y yo, ya que los productores viajarían a diferentes destinos. La verdadera pesadilla la viví después del viaje. A partir de entonces, me pregunté: ¿los productores, Sean y yo tendremos una historia que nos unirá para siempre? No lo sé. Y eso no define quién soy. Gracias a Dios.

Las quejas logran efectos

Anabel Hernández

Joaquín Guzmán Loera, *El Chapo*, líder del cártel de Sinaloa, decidió recientemente denunciar los abusos que dice sufrir en el Cefereso número 1, el Altiplano, donde está preso desde su recaptura, el 8 de enero de 2016, tras haberse fugado de ese mismo penal el 11 de julio de 2015.

Además de los señalamientos públicos hechos por su esposa, Emma Coronel Aispuro, y por sus abogados, él mismo, de su puño y letra, hizo llegar mensajes a dos jueces federales. Del 5 al 14 de marzo, *El Chapo* envió tres comunicaciones para denunciar que está al borde de un infarto, sonámbulo y casi mudo, a consecuencia del trato que, afirma, le dan en el penal.

Aunque el gobierno federal ha minimizado los señalamientos del capo y sus familiares y afirma que son falsas las denuncias de malos tratos, al menos los dos jueces han tomado en serio sus denuncias y comienzan a ejercer presión sobre las autoridades federales para conocer las verdaderas circunstancias en que se encuentra quien es considerado, por el gobierno de Estados Unidos, como el narcotraficante más poderoso del mundo.

Con base en dichos mensajes, el 5 de marzo, el juez Primero en Materia de Amparo y Procesos Federales en el Estado de

México concedió una suspensión de plano y ordenó a las autoridades federales que "cesen de inmediato" las acciones de las cuales se queja el capo. El 14 de marzo, al recibir un segundo mensaje de Guzmán Loera, el juez exigió al director general del Altiplano, Salvador Almonte, rendir informe sobre los presuntos abusos y entregar las constancias del pase de lista, las cuales serían pruebas claras para desmentir o confirmar los dichos del preso número 3870.

Por su parte, el juez Tercero de Distrito de Procesos Penales Federales en el Estado de México, Raúl Valerio Ramírez, tras las quejas de *El Chapo*, el 9 de marzo advirtió al director del penal que deben darse las garantías de defensa adecuada y debido proceso. De no hacerlo, el gobierno federal estará propiciando una reposición del procedimiento a favor del capo.

Estos son los reclamos de *El Chapo*, en sus propias palabras, desde el Altiplano.

Al borde de un infarto

La primera nota fue enviada al juez Primero en Materia de Amparo y Procesos Federales en el Estado de México el 5 de marzo. En ella Guzmán aclaró que cuando llegó al Altiplano estaba sano.

"Manifestando que sí me están dando medicamento para la presión pero así siempre la traigo alta, casi diario por la razón que no duermo, casi por la razón que me pasan lista en el día cada hora y en la noche actualmente dos veces y como ya voy a cumplir dos meses con esa práctica el sueño se a (*sic*) retirado, me siento mal de salud yo ago (*sic*) la aclaración que yo no estoy enfermo nada más que me dejen dormir y ya estar sano como cuando llegue a éste lugar", escribió.

Se quejó de que mientras al resto de los internos les pasan lista cuatro veces al día (a las 5:45, 9:30, 15:30 y 21:30 horas), a él le pasan lista 13 veces. "Por esa razón casi no duermo y por eso estoy mal de salud, de que sirve que me den medicamento el medicamento me baja la presión y el casi no dormir me altera estoy propenso a que me provoquen un infarto..."

Esa nota, de la cual tiene copia *Proceso*, forma parte del expediente del amparo 298/2016 tramitado ante el Juzgado Primero, que resolvió otorgarle la suspensión de plano.

Pese al amparo concedido el 7 de marzo, Guzmán emitió un nuevo mensaje, ahora al juez Tercero de Distrito de Procesos Penales Federales en el Estado de México, Raúl Valerio Ramírez, quien lleva la causa penal 135/2001 en su contra.

Ante el juez, el capo reiteró que sí le proporcionan su medicamento "pero casi no duermo y eso hace que la presión la traiga siempre alta; ya mañana cumplo dos meses en estas condiciones.

"Me siento mal de salud, día a día más, ya traigo el estómago suelto hace 3 días, yo no estoy enfermo lo que ocupo es que me dejen dormir y me alivio de todo lo que siento", añadió.

Asimismo dijo que no tiene acceso a la tienda donde los internos pueden comprar agua purificada y accesorios de aseo personal, ni le han permitido hacer la llamada telefónica a su familia, a la que por ley tiene derecho, ni tampoco ha podido tomar el sol; insistió en los constantes pases de lista.

Pese a la presunta incomunicación en la que se encuentra, Guzmán Loera pudo enviar este mensaje escrito al juez en la cédula de notificación de un tema relacionado con su proceso legal que le entregó en el penal un actuario.

El juez pidió al director un informe, y el 7 de marzo Almonte envió el oficio SEGOB/OADPRS/CGCF/CFRS1/DG/3050/2016, en el que afirmó que "no incurrirá en desacato" en referencia a la resolución judicial otorgada a favor de Guzmán Loera.

El 14 de marzo Guzmán envió un nuevo mensaje, ahora al Juzgado Primero, que lo amparó contra los presuntos abusos. En la nota afirmó que los malos tratos en el Altiplano continuaban pese a la orden judicial. Entre esos malos tratos está la segregación: "Permanezco solo al resto de la población ya casi me vuelvo mudo y no e (*sic*) tomado el sol las 24 horas enserrado (*sic*) me sacaron dos veces de veinte minutos y una de quince minutos porque me sentía mal pero cuando me han sacado esas tres veces desde que estoy aquí que y son más de dos meses no había sol a donde me sacaron en el área de segreg (*sic*) conductas especiales y los cuartos no tenían sol, a esa hora ya que fue por la tarde", señaló el capo.

"No tengo tienda, no he llamado con mi familia y asta (*sic*) la fecha sigo tomando medicamento para la presión alta ya que casi no duermo porque tengo que estarme levantando a pasar lista ya estoy pasando lista 17 veces por 24 horas estoy mal de salud por la razón de que no me dejan dormir." Y afirmó que ahora ya no son 13 sino 17 las veces que le pasan lista cada día.

Para aclarar el fondo del tema, el 14 de marzo el Juzgado Primero ordenó a las autoridades responsables de la prisión de máxima seguridad que en 24 horas remitieran las pruebas de que están cumpliendo con la suspensión de plano ordenada. "De igual forma, se les requiere para que en el mismo término informen a este Juzgado en qué horario toman lista al interno", y pidió copias de las constancias del pase de lista a Guzmán Loera.

Lo niegan

Aunque el gobierno federal ha catalogado a Guzmán Loera como un preso de máxima peligrosidad y afirma que lo tiene bajo la más estricta vigilancia, en realidad no lleva registros de los pases de lista al capo, por medio de los cuales las autoridades penitenciarias deben constatar que está vivo y en su celda.

Así respondió Almonte al juez Primero en Materia de Amparo y Procesos Federales en el Estado de México. Su respuesta contradice de fondo los argumentos del gobierno federal de que tienen al capo bajo vigilancia extrema por los antecedentes de sus fugas y alta peligrosidad.

"Imagínese el absurdo de que por un lado nos están diciendo que el señor representa un alto riesgo institucional y por el otro nos están también diciendo que no llevan registro del pase de lista", dice en entrevista con *Proceso* Carlos Castillo, uno de los abogados del equipo de defensa de Guzmán Loera.

Castillo explica que las constancias relativas al pase de lista son el instrumento para terminar con la disputa entre Guzmán Loera y el gobierno, ya que con ellas puede corroborarse si son ciertas o no las quejas del capo de que no lo dejan dormir, lo que presuntamente le está causando problemas de salud que ponen en peligro su vida.

Señala que, como cárcel de máxima seguridad, en el Altiplano se llevan estrictas bitácoras de todos los pases de lista. "No se mueve nada, nadie avanza, nadie se mueve, nadie puede caminar de un lado a otro sin que esto sea anotado y registrado, se llevan bitácoras.

"El señor Guzmán, al momento de que le hacen el pase de lista, además es videograbado; no puede ser que las autoridades penitenciarias manifiesten que no hay ningún registro", señala, e informa que el juez no quedó satisfecho con esa respuesta y ordenó al director justificar su dicho.

Castillo informó que están solicitando los servicios de un médico avalado por el Poder Judicial para que haga una evaluación de su cliente con el fin de demostrar que su mal estado de salud es real.

Emma Coronel ha denunciado que el capo teme por su vida. Su equipo de defensa, encabezado por el abogado José Refugio Rodríguez, ha afirmado que Guzmán Loera tiene la presión alta porque no lo dejan dormir.

Por su parte, el gobierno de Enrique Peña Nieto, por conducto del comisionado nacional de Seguridad, Renato Sales, desmiente que haya malos tratos y dice que se trata de una campaña para victimizar a *El Chapo*.

El juez Tercero de Distrito de Procesos Penales Federales en el Estado de México, quien recibió la queja de Guzmán el lunes 7 de marzo, ordenó el miércoles 9 al director general del Altiplano permitir que Emma Coronel ingrese, no solo como visita familiar sino también como persona de confianza, a todas las diligencias relacionadas con la causa penal 135/2001.

"La citada Coronel Aispuro aceptó y protestó el cargo como persona de confianza del procesado en comento, de ahí que legalmente le resulta no solo el derecho sino la obligación de estar presente en el proceso, esto en estricto apego a las garantías de defensa adecuada y debido proceso", ordenó el juez en el mismo escrito donde quedó transcrita la queja de *El* Chapo.

Valerio Ramírez advirtió al director del Altiplano que no cumplir con lo ordenado "podría conllevar una eventual reposición del procedimiento" a favor de Guzmán Loera.

En los últimos años las violaciones al debido proceso en México han significado la liberación de varios acusados, incluyendo personas con cargos de tráfico de drogas, como Martín Alejandro Beltrán Coronel, presunto sucesor de Ignacio Coronel en la plaza de Jalisco.

Mantuvo comprada a
toda autoridad en México

Jorge Carrasco Araizaga

Joaquín Guzmán Loera llegó a ser el narcotraficante más importante en tiempos recientes gracias a la protección de las autoridades mexicanas de todos niveles, sobre todo después de su fuga del penal de máxima seguridad de Puente Grande, Jalisco, en enero de 2001.

Pagó millones de dólares por su protección, armó un ejército particular y confrontó con violencia extrema a sus enemigos para hacer del cártel de Sinaloa una de las organizaciones delictivas más grandes y prolíficas del mundo.

Movilizó por lo menos 200 mil kilogramos de cocaína y obtuvo ganancias por 14 mil millones de dólares, gracias a que llegó a tener el control de la mayoría de la cocaína que se transportaba y distribuía en el continente americano, desde los países del sur hasta Canadá. Su operación se extendió hacia África y Asia, incluidas China e India como proveedores de precursores químicos para las drogas de diseño.

En un cuarto de siglo Guzmán Loera pasó de ser un eficiente operador para mover droga desde Colombia a Estados Unidos a liderar "una empresa de continua actividad delictiva" responsable de fabricar y distribuir cocaína, heroína, metanfetaminas y mariguana destinadas principalmente a Estados Unidos.

Considerado por algunos en Sinaloa como un moderno Robin Hood, Joaquín *El Chapo* Guzmán, de 59 años, además de hacerse acompañar por sus guardias armadas, acostumbraba cargar un fusil AK-47 (o *cuerno de chivo*) de plata y una pistola calibre .45 de oro con incrustaciones de diamantes. Sus dos escapatorias de penales de máxima seguridad en México (la primera en enero de 2001; la segunda en julio de 2015), su capacidad económica de corrupción y los grupos de fuerza que desarrolló lo convierten en uno de los narcotraficantes más peligrosos.

Tal es el perfil delictivo de *El Chapo* Guzmán que el gobierno estadounidense presentó ante la Corte Federal del Distrito Este de Nueva York, en Brooklyn, el 20 de enero de 2017, un día después de que el gobierno de Enrique Peña Nieto lo extraditara, a unas horas de la llegada de Donald Trump a la Presidencia de Estados Unidos.

El traslado a Nueva York

Joaquín Guzmán Loera fue entregado la tarde del 19 de enero, después de un rápido movimiento de los tribunales en México. En menos de 24 horas, la Suprema Corte de Justicia de la Nación (scjn) y el Quinto Tribunal Colegiado en Materia Penal de la Ciudad de México negaron y dieron por concluidos los dos amparos que tenían detenida su extradición, autorizada por el gobierno de Peña Nieto desde mayo de 2016.

El Chapo fue sacado del Cefereso número 9, una cárcel de alta seguridad en el desierto de Ciudad Juárez, y entregado a la

PGR. Los agentes de la Procuraduría de inmediato lo pusieron en manos de sus pares estadounidenses, quienes lo trasladaron a una prisión de supermáxima seguridad en Nueva York.

Cuando Guzmán Loera fue presentado ante la Corte Federal de Brooklyn, el Departamento de Justicia le hizo saber los 17 cargos que hay en su contra, entre ellos tráfico de cocaína, heroína, metanfetaminas y mariguana; conspiración, uso ilegal de armas, homicidio y lavado de dinero.

Por todos esos actos ilícitos la fiscalía pide cadena perpetua, luego de que el Departamento de Estado, en su solicitud de extradición, se comprometió con el gobierno de México a no aplicarle la pena de muerte, aun cuando fuera condenado a ella.

La pretensión de la justicia estadounidense, que refiere casi 40 años de actividad delictiva, contrasta con lo ocurrido en México, donde Guzmán no ha podido ser sentenciado por narcotráfico, a pesar de las acusaciones que se le han hecho desde los noventa.

En más de 20 procesos que se le han abierto desde entonces por homicidio, producción y tráfico de mariguana y cocaína, y otros delitos contra la salud, ha salido absuelto, sin contar los 10 que actualmente siguen en su contra. De acuerdo con su historial judicial, la justicia mexicana no ha podido declarar a Guzmán Loera como narcotraficante (*Proceso* 2052).

El capo enfrenta seis procesos en Estados Unidos en cortes federales de Nueva York, Nueva Jersey, Illinois, Texas y California. Solo estas dos últimas pidieron a México su extradición. La SRE la concedió y tuvo el aval del Poder Judicial de la Federación.

La defensa del capo se concentró en esas dos peticiones, pero la SRE acordó con Estados Unidos extraditarlo por nuevos cargos en otras jurisdicciones a condición de que no se le condene a muerte o, en su caso, que esa pena no se ejecute.

En su sesión privada del 18 de enero, ninguno de los cinco ministros de la Primera Sala de la SCJN hizo suya la petición del abogado de *El Chapo*, José Refugio Rodríguez, de que revisaran la negativa de amparo decidida por un juez de primera instancia.

Los ministros consideraron que no había ninguna violación constitucional en la extradición y determinaron que los expedientes pasaran al Quinto Tribunal Colegiado en Materia Penal en la Ciudad de México para que este resolviera en definitiva. La determinación de los ministros no fue comunicada oficialmente por la Suprema Corte, pero se conoció en el máximo tribunal y la noticia se difundió.

Más tardaron los ministros en resolver que los tres magistrados del Colegiado en confirmar por unanimidad la extradición el día 19 y dar por cerrado el caso. De inmediato *El Chapo* fue sacado de la prisión de Ciudad Juárez y enviado a Nueva York.

Declaración de inocencia

En su primera comparecencia ante la Corte Federal de Nueva York, el 20 de enero, *El Chapo* se declaró inocente de todos los cargos. Su primera audiencia quedó programada para el 3 de febrero.

El Departamento de Justicia presentó ante esa Corte Federal los cargos desde septiembre de 2014, mientras Guzmán estaba recluido en el penal de Almoloya, en el Estado de México, de donde se fugó en julio de 2015.

Estados Unidos se llevó más de 20 años para armar su expediente. Intervinieron la DEA, el FBI, el Servicio de Alguaciles, del Departamento de Justicia, así como el Departamento del Tesoro y la Agencia de Alcohol, Tabaco, Armas de Fuego y Explosivos, del propio Departamento del Tesoro, y el Departamento de Seguridad Interior.

La investigación comprende de 1989 a 2014, periodo en el que, de acuerdo con los documentos presentados ante la Corte Federal, hay una constante: la protección de la autoridad en México, en particular desde 2001, cuando *El Chapo* se fugó por vez primera de un penal de máxima seguridad y se encaminó a convertirse en "el narcotraficante más notorio del mundo."

En un memorando que el Departamento de Justicia presentó el 20 de enero ante la Corte para reforzar su acusación, se asegura que Guzmán logró controlar "a funcionarios gubernamentales corruptos de todos los niveles de México y gobiernos de otros países a través de sobornos."

Esos pagos le permitieron proteger sus embarques de droga de México hacia ciudades de la frontera norte, así como asegurar su paso cuando cruzaban a territorio de Estados Unidos.

Para las autoridades estadounidenses, la corrupción fue clave para que el capo solidificara su poder en México: "Una piedra angular de su estrategia fue la corrupción en cada nivel de gobierno: local, municipal, estatal y nacional, además de extranjeros, a quienes les pagó para asegurar que él y el cártel de Sinaloa tuvieran libertad de traer toneladas de cocaína desde América del Sur y moverlas libremente a Estados Unidos."

Precisan que los pagos le garantizaron, además de ese libre paso, que los miembros de su organización no fueran detenidos y que las disputas territoriales se resolvieran a favor de la organización que lideraba.

Dan un ejemplo: el soborno por alrededor de 1 millón de dólares en efectivo a funcionarios encargados de perseguirlo y, con ello, asegurar el paso libre de un cargamento a través de México. El documento omite la fecha y los nombres de los funcionarios involucrados, y asegura que hay testigos dispuestos a declarar sobre los pagos de Guzmán Loera a políticos y funcionarios encargados del cumplimiento de la ley en México para asegurar que esta no se aplicara.

El memorando menciona que un exfuncionario de Ciudad Juárez podría testificar sobre el pago de "cientos de dólares por mes" para dejar en libertad a los miembros del cártel que fueran detenidos, liberar las rutas por donde pasaban los cargamentos de droga y dar protección armada a los camiones cargados con droga que circularan por esa área.

En 2009, los primeros cargos

En el historial delictivo de su acusado, el gobierno estadounidense dice al juez que Guzmán comenzó desde adolescente cultivando mariguana y amapola para la producción de heroína. "Con el paso de los años dedicó sus esfuerzos a hacer crecer su organización e incrementar y mejorar el poder del cártel de Sinaloa, a menudo a través de la tortura y el asesinato."

Abunda: "Como líder del cártel de Sinaloa, operó con impunidad en los más altos niveles del mundo del narcotráfico mexicano, mientras aseguraba su éxito continuo y que no fuera detenido, a través de pagos de sobornos a funcionarios gubernamentales y oficiales encargados del cumplimiento de la ley."

Señala que, aun durante sus encarcelamientos, Guzmán Loera continuó manejando sus operaciones de narcotráfico y exitosamente complotó para escaparse de la cárcel. Una vez libre, continuó supervisando las actividades de su "imperio de tráfico de drogas."

Asentó que desde 2009, cuando el Departamento de Justicia presentó por primera vez cargos contra él en Nueva York, junto con los otros jefes del cártel de Sinaloa "históricamente (…) aseguraron su protección política y judicial en común."

En su acusación, el gobierno estadounidense se lanzó contra el liderazgo de lo que se dio en llamar La Federación, como se conoció a la organización sinaloense entre finales de los ochenta y la década pasada. Además de *El Chapo*, incluyó a los hermanos Arturo y Héctor Beltrán Leyva, a Ignacio Coronel Villarreal y los hermanos Ismael y Jesús Reynaldo Zambada García. Con excepción de Ismael, el resto están muertos, detenidos o extraditados.

Arturo Beltrán Leyva fue ejecutado por la Marina en 2009; Héctor está combatiendo su extradición, autorizada en diciembre de 2016; *Nacho* Coronel fue abatido por el Ejército en 2010, y Jesús Zambada fue extraditado a Estados Unidos en 2012.

De acuerdo con el expediente, La Federación operó mediante arreglos de cooperación y cercana coordinación con los proveedores de cocaína en América del Sur. "A través de una cadena de policías corruptos y contactos políticos, La Federación dirigió el transporte a gran escala de narcóticos que involucraba el uso de activos de transporte por tierra, aire y mar, embarcando múltiples toneladas de cocaína desde América del Sur, a través de América Central y México, para finalmente meterlas a Estados Unidos."

Aunque los líderes a veces tenían diferencias y peleaban entre sí, "históricamente coordinaron sus actividades delictivas, compartieron y controlaron las rutas del narcotráfico en México, resolvieron conflictos territoriales, minimizaron su violencia interna y se aseguraron una protección política y judicial en común."

Además, se valieron de sicarios que cometieron cientos de actos de violencia, incluidos asesinatos, secuestros, torturas y cobros violentos de deudas por droga.

Esa acusación no solo incluyó la droga que entró a Nueva York o que fue asegurada, sino también abarcó los cargamentos que fueron asegurados fuera de la jurisdicción estadounidense.

9

EL JUICIO

El juicio, el narcoespectáculo día por día

La sala del juzgado federal a cargo de Brian Cogan, en el octavo piso de la Corte Federal del Distrito Este, en Brooklyn —donde se enjuicia a Joaquín *El Chapo* Guzmán Loera—, se volvió un foro de intrigas, traiciones, escándalos y morbo, por los argumentos y declaraciones que se hicieron en torno a la vida del delincuente mexicano más famoso del mundo.

El juicio a *El Chapo*, el "capo de capos" del narcotráfico de México (como lo pinta ante los miembros del jurado el gobierno de Estados Unidos), absorbió en tres días la atención de prensa y público internacionales. El caso ha sido una bomba noticiosa y de suspenso desde que arrancó la primera audiencia, el 13 de noviembre de 2018.

La sesión inició a las 9:30, pero seis horas y media antes, a las puertas de la Corte en Brooklyn comenzó a formarse una fila con decenas de reporteros de varios países, quienes querían asegurarse un lugar en la sala donde juzgarían al narcotraficante sinaloense. Solo 40 lo lograron; otros, más de 70, fueron enviados a otro recinto, donde se transmitió la audiencia en video y audio en vivo.

La sesión empezó como si fuera el primer episodio de una narcoserie. El juez informó al equipo de abogados y a la fiscalía que una de las integrantes del jurado (sufría de ansiedad y pánico) debía ser reemplazada: no tendría capacidad de ser imparcial a la hora de emitir su veredicto, por el pavor que le causa el capo sinaloense. Otro integrante del jurado se quejó porque la duración del juicio (calculada en tres o cuatro meses) lo llevaría a la ruina, pues está desempleado.

Cogan suspendió la sesión para reunirse con la defensa y la parte acusadora a fin de reemplazar a los dos jurados. Ese proceso tardó más de cinco horas. Por las medidas extremas de seguridad que tomaron los alguaciles federales, y con la venia de Cogan, a los reporteros se les prohibió salir de la sala; no pudieron ir ni al baño.

Después de que Adam Fels, en nombre del equipo de siete fiscales federales, presentara la argumentación de apertura sobre las acusaciones contra Guzmán Loera, tocó el turno a Jeffrey Lichtman, uno de los tres defensores del narcotraficante. Y soltó la bomba: "Todo el gobierno de México, hasta el actual presidente (Enrique Peña Nieto) y el anterior (Felipe Calderón) reciben cientos de millones de dólares del narcotráfico", declaró Lichtman ante el jurado.

La defensa de *El Chapo* argumentó que el historial delictivo que el gobierno estadounidense achaca a su cliente es un mito. Sostuvo que el verdadero jefe de jefes del cártel de Sinaloa es Ismael *El Mayo* Zambada.

Lichtman añadió que su afirmación de que el presidente y el expresidente mexicanos recibieron cientos de millones de dólares de parte de *El Mayo* Zambada, y no de *El Chapo*, se demostraría durante el juicio.

Los testigos de la parte acusadora son, en su mayoría, narcotraficantes mexicanos, algunos ya enjuiciados y en espera de sentencia, que piensan que será benévola gracias a acuerdos que firmaron con el Departamento de Justicia, mediante los cuales varios de ellos se comprometieron a traicionar a *El Chapo*.

La "nota" que surgió de la primera audiencia fue la declaración de Lichtman. Ese día los reporteros salieron disparados a transmitir esa nota a sus redacciones; ya habría tiempo para detallar en otros textos las actitudes de *El Chapo*, quien apareció vestido con traje azul, camisa azul, corbata a rayas de azul tenue y zapatos cafés. Su esposa, Emma Coronel, fue ataviada con un elegante vestido negro.

Segundo día

La ansiedad noticiosa por la segunda audiencia creció de manera natural entre la prensa. El día 14 se repitió el rito. Hubo incluso reporteros que llegaron a las puertas de la Corte a las 2:00 horas, pese a un frío que calaba.

Las reglas de seguridad estaban ya mejor organizadas. Los guardias abren las puertas a las 7:00 horas. Se hace fila bajo la minuciosa vigilancia de los agentes para pasar el primer punto de revisión: el arco detector de metales.

Es obligatorio quitarse chamarras, sacos, gorras y bufandas, para, junto con el reloj, cartera, bolso, teléfonos celulares, monedas, plumas, libretas, computadoras y cualquier aparato electrónico, ponerlos sobre la banda que los pasa dentro del túnel para detección de objetos peligrosos. Luego de esta revisión, el celular de toda persona (excepto los de los abogados) debe entregarse.

Dentro de la Corte está estrictamente prohibido hacer llamadas o tomar fotografías.

A los reporteros que previamente se registraron ante la Corte para cubrir el juicio de *El Chapo* se les permite no entregar su teléfono, computadora u otros objetos personales, a condición de que los dejen en la sala de prensa temporal que se instaló en el sexto piso. Armados con libretas y plumas, los reporteros suben al octavo piso para ser sometidos a otro escrutinio de seguridad.

Hora y media antes de que Cogan iniciara la sesión, los reporteros y los pocos civiles que deseaban presenciar el evento, se formaron frente a las miradas inquisidoras de los guardias federales.

A las 8:30 horas, y de lunes a jueves (que serán los días de las audiencias), nuevamente los integrantes de la fila son sometidos al mismo proceso de revisión que se hizo a la entrada, pero ahora todos, sin excepción, deben quitarse los zapatos y ponerlos con sus demás cosas sobre la banda del aparato que detecta objetos peligrosos.

Tras superar la prueba, el reportero o civil debe anotarse en una libreta para que también se le asigne un número.

Gracias a ese número (y por un gesto de amabilidad del juez, luego de que recibió una carta de los reporteros que se quejaron de que ni al baño se les permitió salir durante la primera audiencia) habría libertad para salir cuando fuera necesario, pero con la condición de que al volver a entrar en la sala del juicio, habría que someterse nuevamente al protocolo de escrutinio del octavo piso.

La audiencia del 14 de noviembre tenía reservadas varias sorpresas. La sesión de apertura comenzó con una decisión del juez, a petición de la fiscalía, que a las 3:00 de la mañana le envió una moción para determinar irrelevante parte del argumento de apertura de Lichtman. Cogan la aceptó e instruyó al jurado a desestimar la declaración según la cual presuntamente *El Mayo* Zambada pagó cientos de millones de dólares a Calderón y Peña Nieto.

Aunque la defensa protestó, el magistrado federal desechó el asunto al explicar al jurado que ese supuesto corruptor de presidentes no era el enjuiciado.

Tiernas miradas

El Chapo se notaba nervioso al entrar en la sala ese día. Con la mirada buscó a su esposa entre el público, para saludarla con una sonrisa desde lejecitos. Al narcotraficante dos alguaciles federales lo vigilan todo el tiempo y le tienen restringidos los movimientos en el juzgado: lo sientan ante la mesa de su defensa y solo puede hablar con sus abogados o los asistentes de estos.

Aclarado el punto de la irrelevancia de la presunta corrupción de Peña Nieto y Calderón para el juicio de *El Chapo*, el juez dio la palabra a la defensa, la cual anunció que llamaría a su primer testigo. *El Chapo* se quedó tranquilo; sus abogados ya le habían adelantado que se trataba de Carlos Salazar, un exagente de aduanas del gobierno de Estados Unidos que en 1990 descubrió un túnel por el que presuntamente entraba cocaína de México a territorio estadounidense.

El segundo testigo del día fue el exquímico forense de la DEA Robert C. Arnold, quien en un laboratorio de San Diego se encargó, en 1990, de someter a prueba la cocaína confiscada en Arizona por Salazar, para garantizar la autenticidad del alcaloide y su nivel de pureza.

Ninguno de los dos testigos relacionó durante la sesión de preguntas de la fiscalía a *El Chapo* con el túnel ni con la cocaína confiscada; por ello la defensa declinó cuestionarlos.

El Chapo aprovechó el aburrido interrogatorio para lanzar miradas y sonrisas breves a su esposa. Emma usaba pantalón negro y un elegante saco gris.

La ternura de ese intercambio de miradas no pasó inadvertida para la prensa ni para los miembros del jurado, que aunque tienen siempre de frente al acusado, de vez en cuando miraban a su izquierda para ver a la ya también célebre mujer.

Los movimientos y gestos de *El Chapo* y su esposa daban la impresión de ser parte de una coreografía orquestada por el equipo de abogados que encabezan Eduardo Balarezo y Lichtman. Pareciera que la ternura de la famosa pareja está diseñada para sensibilizar al jurado, mostrar que la joven esposa y el desalmado narcotraficante (como lo llama el gobierno estadounidense) son un simple agricultor y la antigua ganadora de un concurso de belleza, nacidos y acunados en pueblos pobres de la Sierra Madre Occidental y padres de unas gemelas.

Pasadas las 13:30 horas el juez dio un receso para el almuerzo. En la cafetería del tercer piso la señora Coronel atrapó nuevamente la atención de la prensa. Se sentó en una de las mesas junto a dos ayudantes del despacho que Balarezo abrió en Nueva York cuando se hizo cargo del caso de *El Chapo*. Consciente de ser objeto de miradas y comentarios, Emma se movía con una soltura que no parecía improvisada. Entre los periodistas se hacían comentarios. Algunos se preguntaban sobre el costo de su vestimenta. Otros hablaban de los labios de la mujer, "demasiados gruesos para ser naturales."

El Rey

El tercer testigo del Departamento de Justicia fue otra sorpresa para los reporteros. Al estrado subió Jesús Zambada García, *El Rey*, hermano menor de *El Mayo*.

Con el overol azul de recluso federal de Estados Unidos, lo primero que dijo *El Rey* fue: "Desde 1987 hasta mi captura en 2008 pertenecí al cártel de Sinaloa, y establecí el sistema contable para el cobro de la venta de cocaína en Estados Unidos." *El Chapo* lo miraba fijamente y de frente. Un capo vestido de traje observando a otro que fue su socio y subalterno... y que ahora lo traicionaba.

De *El Mayo*, dijo *El Rey*: "es mi hermano y uno de los líderes principales del cártel de Sinaloa, uno de los narcotraficantes más poderosos de México."

La fiscal en ese instante presentó como "documento de prueba" una fotografía de Ismael Zambada: es la más reciente del narcotraficante en poder del gobierno de Estados Unidos y es la que se tomó con el fundador de *Proceso*, aunque sin que apareciera en ella Julio Scherer. Era nada más del rostro de *El Mayo*.

—¿Podría identificar a otro de los líderes del cártel de Sinaloa? —preguntó la fiscal.

—Sí. Otro de los líderes principales es Joaquín Guzmán Loera, *El Chapo* —respondió el hermano de *El Mayo*.

—¿Ve usted en esta sala al señor que menciona?

—Sí.

—Describa cómo está vestido.

—De traje, con corbata color guinda y la camisa como rosa —dijo *El Rey* mirando hacia el lugar donde se encontraba Guzmán Loera.

Desde que *El Rey* entró en la sala, *El Chapo* no dejaba de mirarlo de frente.

Guzmán estaba nervioso, cruzaba los brazos, se ponía la mano en el mentón para tallárselo ligeramente, ponía su mano derecha sobre su rodilla y constantemente golpeaba con el tacón el piso alfombrado. Intentaba atenuar su intranquilidad buscando a Emma con la mirada. Intentaba sonreírle; ella le sonreía.

Jesús Zambada (extraditado a Estados Unidos en abril de 2012) hizo un recuento minucioso de la estructura de mando del cártel de Sinaloa. Sostuvo que desde 1987, cuando comenzó a trabajar para *El Mayo*, había oído hablar de Guzmán Loera. "Era socio de mi hermano en la importación de cocaína de Colombia", dijo.

El del 15 de noviembre fue un interrogatorio que, además de largo, se volvió tedioso. Lo interrumpió el juez a las 16:30 horas, plazo determinado como final para todas las audiencias a lo largo del juicio.

En el receso, cuando *El Rey* era escoltado para salir de la sala y a menos de tres metros, intercambió una mirada con *El Chapo* y lo saludó con la cabeza. Guzmán movió las cejas e hizo una mueca que quiso ser sonrisa, para inmediatamente buscar con la mirada a su esposa y, desde lejos, sonreírle.

El Rey regresó el 15 de noviembre para seguir en el interrogatorio que le hacía la integrante del equipo de fiscales. Entró en la sala con su overol azul; debajo de las mangas cortas se veía que usaba una camiseta anaranjada. Era un día frío. Zambada pidió a uno de los alguaciles algo más para cubrirse. No le bastaba la calefacción de la Corte.

No era el caso de *El Chapo*, quien vestía otra vez traje con camisa blanca y corbata azul. Ya no se veía nervioso como el día anterior, cuando se enfrentó a *El Rey*, a quien posiblemente dejó de ver en 2008. Pasaron los años y se acabaron las lealtades.

Emma entró en el edificio con un abrigo negro; se lo quitó para acceder a la sala. Estaba otra vez de pantalón negro, blusa blanca y saco negro, elegante, que al frente le cerraba con un solo botón dorado. Para esa última audiencia de la primera semana del juicio de su esposo, se puso unos lentes de marco de carey de un morado ligero. Su cabello azabache suelto, bien cepillado, le caía a la espalda; tenía el aire de una estudiante joven, casi de intelectual.

El Chapo prácticamente se dedicó todo ese día a no dejar de ver de frente al otro narcotraficante presente en la sala. En muy pocas ocasiones volteó hacia Emma. Esta, mientras tanto, se miraba constantemente las uñas, pintadas de azul, y se acomodaba los lentes.

El menor de los hermanos de *El Mayo* exponía a detalle, y guiado por las preguntas de la fiscal, la red de sobornos del cártel de Sinaloa al Ejército, a la PGR, a las policías Federal y Judicial e incluso a la Interpol. El criminal delineó labores de soborno que hizo presuntamente a nombre de *El Chapo* y del cártel de Sinaloa, cuando fue jefe de la plaza de la Ciudad de México.

"Mi responsabilidad como jefe de la plaza era controlar a las autoridades gubernamentales a través de sobornos a los altos mandos del Ejército y de la policía para que dieran protección y seguridad a los cargamentos de droga y actividades del narcotráfico", apuntó.

La fiscal le preguntó si alguna vez hizo un pago para sobornar a alguien a nombre de *El Chapo*. "Así es", contestó tranquilo.

—A nombre de *El Chapo* entregué dinero a autoridades militares, a grupos de operaciones especiales y en una ocasión a un general —dijo *El Rey*.

382 ESPLENDOR Y CAÍDA DE EL CHAPO

—¿A cuál general? —preguntó la fiscal.

—Al general Toledano.

—¿En qué época?

—Aproximadamente en 2004, para un trabajo en la plaza de Guerrero.

Siguió: "A nombre de *El Chapo* entregué al general 100 mil dólares, de parte de él, que me pidió saludara al general de parte de él y que le diera un abrazo también de su parte."

El 17 de agosto de 2004 el general Gilberto Toledano Sánchez asumió el puesto de comandante de la 35 Zona Militar, con sede en Chilpancingo. El soborno supuestamente tenía la finalidad de facilitar las actividades de *El Chapo*.

—¿A qué funcionario de más alto nivel en el gobierno federal hacía pagos por soborno? —preguntó la fiscal.

—Se pagaba 1 millón de dólares al director (*sic*) de la PGR; otros 500 mil dólares como a un general. A las autoridades de más alto nivel, mi hermano *El Mayo* Zambada y *El Chapo* se encargaban de los pagos. Lo hacían a través de abogados, pero yo llevaba el dinero de ellos —respondió.

La sesión terminó y el Departamento de Justicia no acabó con el interrogatorio a *El Rey*, el cual continuará el lunes 19 de noviembre.

Afuera de la Corte la nieve se acumuló, tal como prometió el servicio meteorológico. Al frente del edificio y detrás de las vallas de seguridad había unos cuantos camarógrafos esperando captar la salida de Emma Coronel.

El Rey Zambada, apabullado por la defensa

Escoltado por los dos alguaciles federales que nunca le quitan la vista de encima, Joaquín *El Chapo* Guzmán estaba tranquilo y sonriente al ingresar a la sala del juez Brian Cogan. Sabía que sus abogados tenían un as bajo la manga.

La segunda semana de audiencias de su juicio en la Corte Federal del Distrito Este en Brooklyn prometía declaraciones escandalosas sobre la narcocorrupción gubernamental, militar y policial en México. Jesús Zambada García, *El Rey*, exsocio de *El Chapo* en el cártel de Sinaloa, era el "testigo" estelar del gobierno de Estados Unidos en la cuarta y quinta audiencia.

El Rey prometía mucho para incriminar a *El Chapo*. La semana anterior el "contador" del cártel de Sinaloa había detallado las operaciones de trasiego de drogas, lavado de dinero, complots de asesinatos y corrupción de la organización criminal a la que perteneció hasta 2008.

El 19 de noviembre de 2018 Guzmán vestía traje gris, camisa malva, corbata guinda y zapatos cafés. Su esposa, Emma Coronel, llevaba pantalón negro de mezclilla, blusa blanca, saco negro y zapatos negros de tacón de aguja. Como en las audiencias anteriores, intercambió miradas y gestos de ternura con su marido.

Gina Parlovecchio, una de las fiscales del equipo del Departamento de Justicia, el que acusa a *El Chapo* de narcotráfico y lavado de dinero, estaba entusiasmada por las respuestas que recibía de *El Rey* Zambada.

"En una ocasión, a principios de 2002, visité 'al compa' *Chapo* en la sierra; estaba (en la ranchería) Las Coloradas rodeado de unos 20 o 30 pistoleros", comenzó *El Rey*, en referencia al tiempo posterior a la fuga de su exsocio del penal de alta seguridad de Puente Grande, Jalisco.

Con las respuestas ensayadas con Parlovecchio, *El Rey*, hermano menor de Ismael *El Mayo* Zambada, pintaba un cuadro de criminalidad, corrupción e impunidad en la vida de Guzmán.

"En una ocasión, cuando yo vivía en la Ciudad de México (plaza bajo su control) me fue a ver un teniente coronel que trabajaba para la organización (el cártel de Sinaloa); me dijo que iban a capturar a *El Chapo*, que lo tenían rodeado (los militares en la sierra) y que ya estaban muy cerca de él", relataba Zambada bajo la atenta, fría e inquisidora mirada de Guzmán Loera.

El Rey afirmó que le preguntó al militar qué se podía hacer para evitar la captura y que presuntamente este le dijo que el capitán a cargo de la operación quería 250 mil dólares. Zambada agregó de inmediato que se comunicó con su hermano y "en unos 15 minutos resolvió el problema."

El exintegrante del cártel de Sinaloa y testigo del gobierno de Estados Unidos dio detalles de otros viajes que hizo para ver a *El Chapo*. Concretamente lo describía ante el jurado neoyorquino como un narcotraficante y calculador asesino a sangre fría.

El delincuente, licenciado en contabilidad, contó que hacia 2003 *El Chapo*, en alianza con *Nacho* Coronel, decidió llevar a cabo un plan "para matar" a José Luis Santiago Vasconcelos, cabeza de la SIEDO, quien (según los miembros del cártel de Sinaloa) era incorruptible.

El revés

El Rey se mostraba muy seguro al responder a la fiscal Parlovecchio. Todo cambió cuando fue el turno de la defensa de *El Chapo* de hacer las preguntas. William Purpura, uno de los tres abogados de Guzmán, soltó los misiles.

Con sus preguntas, y en menos de dos horas y media, Purpura puso a *El Rey* Zambada entre la espada y la pared, y desmoronó astutamente las acusaciones contra Guzmán.

—Entre los años 2004 y 2008 usted habló de que tenía sus propios clientes en la Ciudad de México y que su "compadre" Joaquín *El Chapo* Guzmán le compraba a usted mercancía, ¿cierto? —preguntó Purpura.

—Así es —respondió *El Rey*.

—Si era usted proveedor de *El Chapo* Guzmán, ¿no tendría que estar usted por encima de él (en el escalafón de mando) en el cártel de Sinaloa? —continuó el abogado, quien exhibió el organigrama con las fotografías de los capos de la organización criminal que la misma fiscalía había colocado en un atril.

Zambada, ante la obviedad de la conclusión, optó por el silencio.

—¿Cómo se ve usted ahí? ¿Bien? —machacó Purpura con sorna, y colocó la foto de *El Rey* sobre la de *El Chapo*.

—Yo estoy abajo de él en el aspecto de líder —se defendió *El Rey*, entre risas de algunos de los presentes en la sala y la cara de alegría que mostraba *El Chapo*, sentado entre sus otros dos abogados, Eduardo Balarezo y Jeffrey Lichtman.

En la gráfica con fotografías armada por la fiscal Parlovecchio (quien durante dos días y medio, en tres audiencias, había cuestionado a *El Rey* sobre la cúpula de mando en el cártel de Sinaloa entre 2004 y 2008), la pirámide de mando mostrada al jurado la componían Juan José Esparragoza, *El Azul*; *El Mayo* Zambada; *El Chapo* Guzmán y *Nacho* Coronel como líderes; y Jesús Vicente Zambada Niebla, *El Vicentillo*, y *El Rey*, como sublíderes.

El Rey contó ante los miembros del jurado que, como proveedor e importador de cocaína colombiana, *El Chapo* Guzmán era su cliente para enviar mercancía de la Ciudad de México a Nueva York: "Me compró como 13 toneladas de cocaína entre 2004 y 2008, a 13 mil dólares el kilo", aseguró.

También acusó a *El Chapo* de ser el autor intelectual de asesinatos de narcotraficantes y policías, entre ellos el de Rodolfo Carrillo Fuentes, hermano de Amado y Vicente, líderes del cártel de Juárez; el de Ramón Arellano Félix, del cártel de Tijuana; el del gatillero y lugarteniente de estos, Juan Pablo Ledezma, *El JL*, y los de varios comandantes de la siedo.

Antes de que lo interrogara Purpura, Zambada (sonriente y tranquilo) explicó con lujo de detalles que él y su hermano, *El Mayo*, ayudaron a Guzmán Loera a salir de Jalisco en un helicóptero para irse a un rancho en Villa del Carbón, Estado de México, tras su fuga de Puente Grande el 19 de enero de 2001.

En una audiencia previa (el día 13, cuando arrancó el juicio), Lichtman había advertido que usarían las mismas armas del Departamento de Justicia para demostrar que las acusaciones contra su cliente eran inventos y parte del mito que la DEA hizo del narcotraficante sinaloense.

Con soltura, Purpura confirmó lo que adelantó su colega en la defensa de *El Chapo*. En el careo, el defensor expuso al testigo estrella del Departamento de Justicia como un mentiroso, usando la transcripción de las declaraciones que hizo *El Rey* en 2014, 2015 y 2018 a los fiscales, luego de haber sido extraditado a Estados Unidos (en abril de 2012), cuando decidió cooperar con la DEA y el FBI para incriminar a *El Chapo*.

Por ejemplo, Purpura le dijo a *El Rey* que, en su declaración ante los fiscales, se le olvidó contar "un pequeño detalle sobre la fuga de *El Chapo*"; se refería al helicóptero, del cual él presuntamente se encargó de conseguir las coordenadas de vuelo.

"El helicóptero existió..., tal vez se me olvidó mencionarlo", se defendió, nervioso, *El Rey* Zambada.

Lo mismo hizo Purpura con el caso de los asesinatos de Rodolfo Carrillo Fuentes, Julio Beltrán, Ramón Arellano y por lo menos tres policías federales. "Usted nunca mencionó a su 'compadre' *El Chapo* Guzmán en los complots para llevar a cabo esos asesinatos", indicó.

Sorpresas

La cuarta audiencia de su juicio fue una aparente victoria para Guzmán, quien, cuando el juez determinó el receso para el almuerzo, aprovechó para juntar los labios y lanzar un beso a su joven esposa, quien le respondió de la misma forma.

Al concluir esa jornada de interrogatorios a *El Rey* Zambada, muy contento *El Chapo* volteó en dirección a Emma y levantó el pulgar derecho en señal de triunfo; sabía que la quinta audiencia deparaba sorpresas escandalosas para el sistema político mexicano.

Y así fue. El 20 de noviembre *El Rey* Zambada soltó la bomba. Afirmó que entre 2005 y 2007 Genaro García Luna, secretario de Seguridad Pública del gobierno de Felipe Calderón, recibió en sobornos del cártel de Sinaloa y del de los hermanos Beltrán Leyva unos 56 millones de dólares.

En respuesta a preguntas específicas de Purpura (que mostraban mucho de lo que Guzmán posiblemente reveló a sus abogados sobre el historial criminal del hermano menor de *El Mayo*), *El Rey* agregó que otro sobornado en 2005 fue un funcionario del entonces jefe de Gobierno del Distrito Federal, Andrés Manuel López Obrador.

—Hablemos de corrupción —comenzó el abogado—. ¿Su hermano *Mayo* Zambada tenía un interés particular en García Luna?

—Correcto.

—¿Entre los años 2005 y 2006, usted y su hermano *Mayo* se reunieron con García Luna en un restaurante?

—No recuerdo ahora —reviró *El Rey*.

Para "refrescarle la memoria", el abogado recurrió, como ya lo había hecho en la sesión anterior, a las declaraciones que hizo *El Rey* en 2012 ante fiscales del Departamento de Justicia y agentes de la DEA.

"Perdón, perdón, señor", corrigió *El Rey*, luego de que la traductora le leyera el documento que contenía su testimonio. "Yo no dije que mi hermano *El Mayo* se reunió con García Luna; dije que nos reunimos con él yo y el abogado de mi hermano, Óscar Paredes", aclaró.

—¿La reunión con García Luna fue en un restaurante? —volvió a cuestionar el abogado de Guzmán.

—Así es.

—¿Le entregó a García Luna un portafolios con 3 millones de dólares?

—Correcto.

El abogado de Guzmán Loera enseguida preguntó sobre el propósito del soborno millonario a quien también fuera titular de la AFI en el sexenio de Vicente Fox.

El Rey respondió que su hermano quería que García Luna asignara como jefe de la AFI, en Culiacán, a un comandante de apellido Vigueres.

—¿Su hermano *El Mayo* tenía en el bolsillo a Vigueres? —preguntó Purpura.

—Correcto.

—¿Hubo una segunda reunión con García Luna cuando ya era secretario de Seguridad Pública?

—Correcto.

—En un portafolios usted le entregó de 3 a 5 millones de dólares, ¿correcto?

—Sí, había dinero.

—El dinero que le entregó en 2007 era de parte de su hermano *El Mayo*, ¿correcto?

—Correcto.

El abogado quiso saber el motivo del presunto segundo pago millonario a García Luna. Zambada explicó que ese soborno era para garantizar que a su hermano se le permitiría con toda tranquilidad manejar el negocio del trasiego de narcóticos y evitar que lo arrestaran.

Los supuestos conocimientos sobre corrupción de García Luna por narcotráfico no pararon ahí. Purpura tenía muchas preguntas y no las desaprovecharía ante un testigo del gobierno de Estados Unidos claramente acorralado y nervioso.

El abogado de *El Chapo* se dirigió a *El Rey* para que dijera si estaba enterado de que García Luna tenía "compromisos" con Arturo Beltrán Leyva, líder del grupo de los Beltrán Leyva con el que el cártel de Sinaloa libraba en esos momentos una guerra a muerte. Zambada aseguró que estaba enterado de esos compromisos.

Purpura formuló una pregunta sobre un hecho presuntamente ocurrido en 2006 o a principios de 2007, cuando los hermanos Arturo y Héctor Beltrán Leyva, así como Édgar Valdés Villareal, *La Barbie*, y Gerardo Álvarez Vázquez, *El Indio*, juntaron 50 millones de dólares para dárselos a García Luna con el fin de garantizar la protección al grupo delictivo.

—Eso se decía—, dijo *El Rey*.

—Vamos a 2005… ¿Quién es Regino? —Y Purpura deletreó el nombre.

—Era secretario de Gobierno.

—¿Secretario de Gobierno cuando Andrés (Manuel) López Obrador era el jefe de Gobierno de la Ciudad de México?

—Así es.

—¿Cuánto dinero le dio a Regino en 2005?

—No estoy seguro, pero fueron algunos millones de dólares.

El funcionario del gobierno de López Obrador supuestamente pidió el dinero porque le iba a garantizar protección al cártel de Sinaloa y como adelanto a favores posteriores, porque, dijo Zambada, les aseguró que tarde o temprano sería secretario de Seguridad Pública. En 2005 Gabriel Regino estaba a cargo de la Dirección de Asuntos Internos de la ssp capitalina.

Antes de que los alguaciles retiraran a El *Chapo* de la sala, este buscó nuevamente con la mirada a Emma, le sonrió y otra vez en señal de victoria levantó el pulgar derecho.

La aprehensión, narrada paso a paso
por su captor

J. Jesús Esquivel

Sonriente, Victor J. Vazquez, agente de la DEA, subió al estrado para ser interrogado por la fiscal Andrea Goldbarg sobre cómo fue que, vestidos con uniformes de la Marina de México, efectivos de la DEA, de la CIA y del Cuerpo de Alguaciles de Estados Unidos capturaron a *El Chapo* Guzmán el 22 de febrero de 2015.

En realidad este semanario ofreció detalles de la captura en la edición 2020 de *Proceso*, correspondiente al 19 de julio de 2015 y en la cual se citaron fuentes no identificadas. Ahora, tras el testimonio de Vazquez en la Corte en Brooklyn (donde se lleva a cabo el juicio contra Guzmán), el reportero puede decir abiertamente que fue este agente de la DEA quien le dio la información.

Para confirmar lo que en aquel momento reveló, Vazquez mostró al reportero videos y fotografías de la captura, que tomó con su celular en la habitación del hotel Miramar, en Mazatlán. En una de las fotos aparece una mano sobre la cabeza de *El Chapo*. Esa mano es del agente de la DEA.

Al mando

Durante su testimonio, el 17 de enero de 2019, Vazquez dijo que actualmente es supervisor de grupo de la DEA en Lima, Perú; que nació en Durango y que de diciembre de 2008 a julio de 2014 trabajó en México en lo relativo a dos organizaciones de narcotráfico: La Familia Michoacana y el cártel de Sinaloa.

Contó que en enero de 2014 recibió la asignación de "capturar a las tres cabezas del cártel de Sinaloa: Rafael Caro Quintero, *El Mayo* Zambada y Joaquín Guzmán Loera."

Describió que en el arranque de aquel año "se incrustó" con un grupo especial de efectivos de la Semar de México para conseguir ese objetivo, dejando fuera a la PF porque sus integrantes "estaban corrompidos y coludidos con los narcos."

Destacó que fue el 19 de enero de 2014 cuando inició oficialmente el operativo de captura de los tres capos. Junto con los marinos instaló una base de operaciones en La Paz, Baja California Sur. "Íbamos contra el cártel más poderoso del mundo", narraba, contento, el agente de la DEA.

Además de contar con la asistencia tecnológica de agencias federales de Estados Unidos, los marinos mexicanos llevaron a La Paz un poderoso arsenal y 17 helicópteros artillados Black Hawk para desplazamiento y ataque, los cuales fueron proporcionados por el gobierno estadounidense al mexicano en el sexenio de Felipe Calderón, como parte de la Iniciativa Mérida.

"Estuvimos casi un mes en La Paz. Fuimos allí por temor a la corrupción, a que se filtrara lo que estábamos haciendo; no queríamos informar a nadie", explicaba al jurado el agente de la DEA.

El Chapo observaba a Vazquez con mucha atención, como para no perderse ningún detalle de lo que relataba, interrogado por Goldbarg. La gente hablaba con autoridad, dando a entender que él, y no los marinos, era quien llevaba la batuta de la operación.

Llegó el 13 de febrero de 2014. Vazquez anotó, que al atardecer, él y unos 40 o 45 marinos salieron de La Paz rumbo a Culiacán en cuatro helicópteros artillados. El objetivo era capturar a *El Mayo* en un rancho donde presuntamente estaba escondido.

"Fuimos al rancho. Lo cateamos, pero no lo encontramos; permanecimos dos días más en la zona y no pudimos localizar a *El Mayo*", contó el agente de la DEA.

Para ilustrar su narración de este operativo fallido, la fiscalía presentó dos videos tomados por el mismo agente. Uno, grabado cuando volaban rumbo al rancho, a las afueras de Culiacán; otro, dentro de la casa donde no encontraron a *El Mayo*. Lo único que localizaron en el lugar, de acuerdo con lo dicho por Vázquez, fueron cientos de armas largas enterradas en tinacos en las inmediaciones del rancho.

El agente y los marinos no regresaron a La Paz; de Culiacán se trasladaron a la base de la Semar en Topolobampo.

"Estando en Topolobampo decidimos ir por Joaquín Guzmán Loera", apuntó el agente de la DEA al arrancar la audiencia 31 del juicio contra *El Chapo*, la mañana del 17 de enero.

Ya sin los helicópteros, sino en autos y camionetas, el 16 de febrero de 2014 Vázquez y los marinos fueron a Culiacán.

El agente continuaba contando la historia en primera persona, sin dejar de dar a entender que él, un agente extranjero, era el jefe de ese equipo de marinos mexicanos.

Los objetivos inmediatos de Vazquez eran dos allegados de *El Chapo*: *Cóndor*, su guardaespaldas y lugarteniente más cercano, y *Nariz*, el mandadero del capo.

Por medio de informantes y por la intercepción de mensajes de texto y llamadas telefónicas que desde Estados Unidos hacían la DEA y otras agencias para apoyar a Vazquez, este y los marinos capturaron a *Nariz* en su casa, en Culiacán. El mandadero de *El Chapo* comenzó a hablar y al instante reveló cuáles eran las guaridas de su jefe.

Para resaltar la labor de su testigo, Goldbarg presentó como documento de prueba la foto de *Nariz*. En el interrogatorio al que Vazquez lo sometió la madrugada del 17 de febrero de 2014, el detenido dijo que *El Chapo* estaba en una casa de seguridad identificada con el código número 3. "Pero me estaba mintiendo; *El Chapo* estaba en el (código) 5", destacó el agente de la DEA.

Esa madrugada y hasta ya entrada la tarde, Vazquez y los marinos mexicanos catearon cinco casas de seguridad en Culiacán. Casi todas tenían puertas reforzadas de acero y túneles que se conectaban con la red de aguas negras. Los pasadizos estaban bajo las tinas de baño, que se levantaban con sistemas hidráulicos y eléctricos.

La código 5 fue diferente. La fiscalía presentó como documento de prueba un video tomado por Vazquez afuera de la casa y dentro de ella, donde se ve a *Nariz* activando el sistema de levantamiento de la tina, y cuando el agente de la DEA y los marinos se turnan para abrir a golpes la puerta reforzada de la residencia.

En torno a estos hechos, y como documentos de prueba de la fiscalía, se presentaron fotografías de Vazquez vestido con uniforme de marino mexicano, armado con un rifle de alto poder y una pistola.

Cuando por fin ingresaron en la casa 5, corrieron al baño de la recámara principal y levantaron la tina para entrar en el túnel.

El agente de la DEA acotó que, aunque no encontraron a Guzmán, "algunos marinos que se metieron al túnel le aseguraron
que escucharon al capo correr dentro del pasadizo. No pudieron perseguirlo."

En esa residencia localizaron armas de alto poder, drogas
y un álbum de fotografías, en el que había algunas de dos hijos de *El Chapo*: Ovidio y Joaquín. Vazquez los identificó a
pedido de Goldbarg.

Entre las fotografías de armas mostradas por la fiscalía en la
Corte en Brooklyn destaca una pistola calibre .38 súper con las
iniciales JGL en las cachas incrustadas con piedras preciosas.

La aprehensión

Luego de ese fracaso, el grupo de Vazquez capturó a otro lugarteniente de *El Chapo*, *Picudo*, quien les dijo que su jefe se había
ido a esconder a Mazatlán.

Entre las 4:00 y las 4:30 horas del 22 de febrero de 2014,
Vazquez y los marinos llegaron al hotel Miramar, en Mazatlán.
El agente narró que frente al inmueble estaban estacionadas
dos patrullas de la Policía Municipal, pero que no interfirieron
con el operativo.

"Éramos unos 24 elementos", dijo el agente, aún sonriente y
orgulloso.

Vazquez enfatizó que él se quedó en el *lobby* y que fueron los
marinos los que subieron al cuarto piso y capturaron a *El Chapo*,
quien dormía con su esposa, Emma Coronel. También estaban
sus pequeñas mellizas y una niñera. Abajo ya habían detenido a
Cóndor, quien no opuso resistencia.

"Lo bajaron al estacionamiento; los marinos querían que yo confirmara su identidad. Tomé mi celular y me fui a donde lo tenían. Le dije: 'Eres tú, eres tú' y lo paré", añadió Vazquez, dando a entender que a *El Chapo* lo tenían hincado sus captores.

Tocó el turno de Eduardo Balarezo (otro de los abogados de *El Chapo*) para interrogar al agente. Guzmán estaba muy atento.

—¿Cuál era su papel en esa operación en Mazatlán? —preguntó el abogado.

—De asesor y proveer información.

—¿Iba usted armado?

—¡Objeción! —gritó la fiscal Goldbarg, pero Vazquez ya había respondido que no.

—¿Era usted el único agente estadounidense presente en esa operación en el hotel Miramar? —insistió Balarezo. A Vázquez le cambió el rostro y, sin poder esconder su incomodidad y enojo, no contestó.

La fiscal objetó y solicitó al juez una sesión privada junto con los abogados de *El Chapo*.

Al reanudarse el interrogatorio de Balarezo, a Vazquez se le notaba molesto. El abogado continuó preguntándole si iba armado, si estaba seguro de que él no entró en la habitación donde fue capturado *El Chapo*, pero la fiscal objetaba y objetaba y pedía sesiones privadas con el juez.

Arrinconado, Balarezo hizo su jugada: solicitó que se presentara la fotografía que Goldbarg expuso como documento de prueba, en la que se ve a Vazquez armado y vestido con el uniforme de la Marina mexicana.

"¿Qué es esto que lleva usted colgando del hombro?", le preguntó Balarezo a Vazquez, mientras dibujaba en la fotografía un círculo rojo sobre el cañón del rifle de alto poder que portaba.

Mirando hacia Goldbarg, Vazquez parecía implorarle con los ojos que objetara, pero el juez lo obligó a responder. "Un arma", dijo muy molesto y titubeante el agente de la DEA.

—¿Por qué portaba el rifle?

—Objeción –insistió Goldbarg, pero el juez denegó.

—Para protección. Culiacán es una ciudad peligrosa, dominada por el cártel de Sinaloa —respondió Vazquez.

—¿Tenía usted autorización para portar armas en México?

—Objeción —volvió a gritar Goldbarg.

—Con su teléfono usted tomó video y fotografías del momento de la captura, ¿no es cierto? —preguntó Balarezo.

—Objeción.

—Aceptada la objeción —concedió el juez Brian Cogan.

—¿Ve esta fotografía? —insistió Balarezo mostrando la imagen de la captura de *El Chapo*, donde al sinaloense se le ve con el torso desnudo, y sobre su cabeza, una mano.

—Sí.

—¿No es esta su mano, la que está sobre la cabeza del señor Guzmán?

—Objeción —gritó Goldbarg otra vez, sin poder evitar que unos segundos antes, muy enojado, Vazquez dijera: "No."

La fiscal pidió otra sesión privada con el juez. Concluido el cónclave, Balarezo dio por terminado el interrogatorio.

Vazquez se levantó y, antes salir de la sala, volteó a ver a *El Chapo…*

Afloró en Brooklyn la corrupción mexicana y estadounidense

J. Jesús Esquivel

¡Culpable! El veredicto unánime de los 12 integrantes del jurado puso punto final al proceso contra el narcotraficante mexicano más famoso del mundo, Joaquín *El Chapo* Guzmán, luego de un juicio que expuso traiciones, corrupción, mentiras y hasta violaciones sistemáticas a la soberanía mexicana por parte de agentes de la DEA.

La decisión del jurado de hacer a *El Chapo* responsable de los 10 delitos de tráfico de drogas y lavado de dinero que le imputó el gobierno de Estados Unidos bajó el telón a un proceso judicial que empezó el 13 de noviembre de 2018 y concluyó el 12 de febrero de 2019.

El próximo 25 de junio *El Chapo* pisará por última vez la Corte Federal del Distrito Este en Brooklyn, Nueva York, para ser sentenciado por el juez Brian Cogan; la pena que se prevé es la de cadena perpetua.

Poco más de medio centenar de testigos, llevados por el Departamento de Justicia de Estados Unidos, incriminaron a *El Chapo* y revelaron las intrigas que permean la llamada guerra contra las drogas.

Juan Carlos Ramírez Abadía, *Chupeta*, y los hermanos Álex y Jorge Cifuentes Villa, narcotraficantes colombianos, son solo tres de los 14 testigos cooperantes más destacados que en Brooklyn declararon contra *El Chapo*. Sus sentencias serán reducidas por la justicia estadounidense gracias a los acuerdos de cooperación establecidos con la DEA.

Con tal de imponer un castigo ejemplar a *El Chapo*, el Departamento de Justicia cambiará la pena, por ejemplo, de *Chupeta*, quien sin tapujos admitió haber ordenado la ejecución de 150 personas y asesinado él mismo a otra con un disparo en el rostro.

Álex Cifuentes Villa, quien durante meses vivió escondido con Guzmán Loera en las montañas de Sinaloa, sirviéndole como secretario y enlace para la compra de cocaína en Colombia, narró en la Corte en Brooklyn que *El Chapo* y sus socios del cártel de Sinaloa (entre ellos Ismael *El Mayo* Zambada) en 2012 entregaron maletas atiborradas de dólares al venezolano y consultor del PRI J. J. Rendón, para financiar la campaña presidencial de Enrique Peña Nieto.

No solo eso. El colombiano recalcó que en octubre de 2012, ya con Peña Nieto como presidente electo, este recibió 100 millones de dólares de los capos sinaloenses, de los 250 millones que supuestamente les habría exigido para "dejarlos trabajar."

Como criminal, Cifuentes Villa puede no tener credibilidad, pero Jeffrey Lichtman, uno de los tres abogados de *El Chapo*, le hizo admitir, con los documentos oficiales del Departamento de Justicia en la mano, que este presunto acto de corrupción al más alto nivel del gobierno mexicano se lo contó a fiscales estadounidenses y agentes de la DEA a principios de 2014.

Al ayudar a que finalmente Guzmán Loera quede encerrado en la cárcel de máxima seguridad de Florence, Colorado, y gracias al acuerdo de cooperación que tienen con la DEA, *Chupeta* y los hermanos Cifuentes librarán la pena de cadena perpetua y podrían ser castigados con sentencias de entre 10 y 15 años, pese a haber reconocido que metieron decenas de toneladas de cocaína a Nueva York, Chicago, Los Ángeles, Las Vegas y otras ciudades de Estados Unidos.

En el banquillo de la Corte en Brooklyn también fueron sentados Jesús Zambada García, *El Rey*, y Jesús Vicente Zambada Niebla, *El Vicentillo*, hermano e hijo de *El Mayo*, respectivamente. Amigos y compadres de *El Chapo*, estos dos mexicanos, cabecillas del cártel de Sinaloa, desmadejaron las complejas redes de operación de una organización criminal de alcance mundial.

El Rey y *El Vicentillo* explicaron a detalle la forma en que los grades socios y líderes del cártel de Sinaloa (*El Mayo*, *El Chapo* y Juan José Esparragoza Moreno, *El Azul*), con políticos, militares y policías de todos los niveles presuntamente en su nómina, usaron y siguen usando a México como plataforma para el trasiego de grandes cantidades de cocaína, heroína, mariguana y metanfetaminas a Estados Unidos.

El Rey declaró haber sido jefe de plaza en la Ciudad de México y haber manejado a su antojo el Aeropuerto Internacional Benito Juárez para facilitar la llegada de cargamentos de drogas de Centro y Sudamérica y de Asia.

El hermano menor de *El Mayo* Zambada fanfarroneó incluso diciendo haber sido enlace de *El Chapo* para lanzar su guerra contra cárteles enemigos: el de Tijuana, de los hermanos Arellano Félix; el de Juárez, de los Carrillo Fuentes, y el de los hermanos Beltrán Leyva, asentados en Guerrero y Morelos.

Genaro García Luna, secretario de Seguridad Pública en el gobierno de Felipe Calderón, fue uno de los funcionarios mexicanos que, de acuerdo con el testimonio de *El Rey* Zambada, recibieron millones de dólares de los cárteles de Sinaloa y de los Beltrán Leyva.

El Vicentillo

En el mismo tenor, *El Vicentillo* se mostró ante el jurado como el hombre de confianza de su padre y de *El Chapo* para las operaciones de tráfico de drogas, eliminación de enemigos y sobornos de alto calibre para el cártel de Sinaloa. Incluso relató cómo, gracias a sus contactos con funcionarios del gobierno federal, planearon usar buques de Pemex para meter a México cocaína sudamericana.

Aunque ese proyecto con Pemex no se concretó, sí quedó establecido (según sus declaraciones en la corte) el tamaño de los tentáculos de su padre y de *El Chapo* dentro de las estructuras de poder en el gobierno mexicano.

Zambada Niebla era el cooperante del Departamento de Justicia más esperado por parte de la prensa durante el juicio. Al hijo de *El Mayo* (testigo protegido de la DEA) se le atribuye haber pasado al gobierno estadounidense información relevante y valiosa para la ubicación de *El Chapo* en sus capturas en Mazatlán, en febrero de 2014, y en Los Mochis, en julio de 2015.

Con sus declaraciones durante el interrogatorio de la fiscalía y en el contrainterrogatorio al que lo sometió Eduardo Balarezo, otro de los abogados de Guzmán Loera, *El Vicentillo* enmarcó a su padre como el verdadero capo de capos del cártel de Sinaloa y como narcotraficante protegido por la DEA.

Al haber sido declarado culpable, *El Chapo* puede ser la salvación de *El Vicentillo*, pues el próximo abril Zambada Niebla será sentenciado por el juez federal Rubén Castillo, quien está obligado a tomar en cuenta lo que el acusado aportó para que el capo sinaloense quede de por vida en Florence.

Por este favor que hizo a la DEA, *El Vicentillo* podría quedar en libertad dentro de cinco años y no pasar el resto de sus días detrás de las rejas, como debería ser si el gobierno de Estados Unidos lo castigara por los delitos que le imputa.

El Vicentillo, con tono sarcástico y respondiendo a una pregunta de Balarezo, dijo no saber por qué la DEA no ha podido capturar a su padre, si le proporcionó las coordenadas precisas donde este se esconde en la Sierra Madre Occidental, de sus casas de seguridad en Culiacán, la Ciudad de México, Guadalajara y otras entidades.

En respuesta a Balarezo, *El Vicentillo* admitió que una noche, hace tres años, agentes de la DEA lo sacaron de su celda y le pasaron un teléfono para que hablara con *El Mayo*.

El Vicentillo no marcó el número del teléfono de su padre; la DEA lo hizo. Y cuando los agentes le pasaron el celular, *El Mayo* ya estaba al otro extremo de la línea.

El captor

Victor Vazquez, agente especial de la DEA y que ahora comanda esa dependencia federal en Lima, Perú, fue otro de los testigos en el juicio contra *El Chapo*. Fue el agente de la DEA con quien se reunió *El Vicentillo* en un hotel de lujo de la Ciudad de México la noche anterior a su captura, en marzo de 2009.

Su encuentro con Vazquez y otros agentes de la DEA, conforme a lo que testificó *El Vicentillo* en la Corte en Brooklyn, se llevó a cabo por pedido del propio *Chapo* para pasarle información al gobierno de Estados Unidos sobre las operaciones de narcotraficantes enemigos y competidores del cártel de Sinaloa.

El Mayo y *El Chapo* esperaban que, a cambio de la información que le proporcionaría *El Vicentillo*, la DEA dejaría en paz las operaciones del cártel de Sinaloa. No fue así… o lo fue parcialmente.

La DEA doblegó a *El Vicentillo* para que traicionara a *El Chapo*. Vazquez fue llevado al juicio por los fiscales para que presumiera los detalles de la estrategia de la DEA, en supuesta colaboración con la Marina de México, que desembocó en la captura de *El Chapo* en febrero de 2014. El agente dijo ante el jurado que durante varias semanas él comandó un ejército de marinos mexicanos hasta que pudieron detener al capo en el hotel Miramar de Mazatlán.

Vazquez se autoproclamó héroe. No uno estadounidense sino mexicano, porque en videos y fotografías del hecho se le vio vestido con el uniforme de la Marina de México y portando armas de alto calibre; actos, ambos, que la Constitución prohíbe a extranjeros en territorio mexicano.

Vazquez aseguró que él coordinó la captura de *El Chapo* en Mazatlán, pero que físicamente no participó en el arresto del capo dentro del hotel Miramar, porque esa fue tarea de los marinos mexicanos.

La narración de Vazquez ante el jurado en Brooklyn contradijo lo que en julio de 2015, aunque bajo el anonimato, afirmó a

Proceso: que él, sus colegas de la DEA, de la CIA y de los Alguaciles de Estados Unidos, y no los marinos mexicanos, fueron quienes arrestaron a *El Chapo*.

Balarezo lo cuestionó sobre ello. Al agente de la DEA se le fueron las sonrisas y el fanfarroneo cuando el abogado lo hizo contradecirse. Vazquez rechazó haberse vestido de marino mexicano, haber sido él quien arrestó a Guzmán Loera y haber portado armas de alto poder en territorio mexicano.

Las mismas pruebas que presentó la fiscalía para que Vazquez presumiera su papel en la captura de *El Chapo* en Mazatlán, Balarezo las usó para exponer a un agente de la DEA que cometió perjurio ante un jurado y en una Corte Federal, sin que hubiera consecuencias.

Combate en entredicho

El dramatismo, la corrupción y el morbo fueron común denominador a lo largo de las 38 audiencias del juicio y los seis días que le tomó al jurado deliberar para al final declarar culpable a *El Chapo*.

Los tediosos testimonios de testigos sin credibilidad y los miles y miles de documentos de prueba que presentó la fiscalía ante el juez Cogan para incriminar a *El Chapo* abren interrogantes para el futuro de la cooperación bilateral en el combate al narcotráfico y apuntan hacia un fracaso de la guerra estadounidense contra ese delito.

El narcotraficante supuestamente más poderoso del mundo ya está anulado, pero los cárteles de Sinaloa y de Jalisco Nueva Generación siguen metiendo drogas al por mayor en Estados Unidos.

De acuerdo con las cifras de Washington, en promedio cada día mueren 130 estadounidenses por sobredosis de droga. Es decir, el enjuiciamiento y próximo castigo ejemplar a *El Chapo* no alivia ese problema de salud y educación que está asesinando a miles de personas.